U0532320

经济发展理论

[美] 约瑟夫·熊彼特（Joseph Schumpeter） 著

魏媛 徐霖 译

The Theory of Economic Development

地震出版社
Seismological Press

图书在版编目（CIP）数据

经济发展理论/（美）约瑟夫·熊彼特著；魏媛，徐霖译. -- 北京：地震出版社，2021.6
书名原文：The Theory of Economic Development
ISBN 978-7-5028-4914-6

Ⅰ.①经… Ⅱ.①约… ②魏… ③徐… Ⅲ.①熊彼得（Schumpeter, J.A. 1883-1950）—经济发展理论 Ⅳ.① F091.354

中国版本图书馆 CIP 数据核字（2020）第 077898 号

地震版　XM4633/F（5617）

经济发展理论

［美］约瑟夫·熊彼特　著
魏媛　徐霖　译
责任编辑：李肖寅
责任校对：王亚明

出版发行：地震出版社
　　　　　北京市海淀区民族大学南路 9 号　　　　邮编：100081
　　　　　发行部：68423031　　68467991　　　传真：68467991
　　　　　总编室：68462709　　68423029　　　传真：68455221
　　　　　证券图书事业部：68426052
　　　　　http: //seismologicalpress.com
　　　　　E-mail：zqbj68426052@163.com

经销：全国各地新华书店
印刷：北京彩虹伟业印刷有限公司

版（印）次：2021 年 6 月第一版　2021 年 6 月第一次印刷
开本：710×960　1/16
字数：224 千字
印张：17
书号：ISBN 978-7-5028-4914-6
定价：68.00 元

版权所有　翻印必究
（图书出现印装问题，本社负责调换）

序

　　本书所提到的某些思想最早可以追溯到1907年。1909年时，我终于把这些思想整理完毕，此时关于资本主义社会的纯粹经济特征的分析框架已经成形，而且自那之后没有发生重大的改变。这本书于1911年的秋天以德文首次出版，在它出版之后的十年内没有再版。十年之后，我勉强同意了出版第二版，删除了第七章，并重写了第二章和第六章，对文章其他的部分也增减了一些内容，这是发生在1926年的事。德文版的第三版仅仅是第二版的重印，没有什么变化，现在的英文译本是根据德文第二版翻译的。

　　如果我说本书再版时除增加了一些说明注释之外没有进行任何修改，是因为我对本书的每一个细节都很满意，相信书中的论点是完善的，就等于说我对本书初次出版后自己所说和所做的，产生了认识上的偏差。尽管我认为书中的框架（或者可以称为"观点"）和结论基本上是正确的，但是对于其中的很多内容，我现在持有另外的看法。在这里，为了说明情况，我举一个例子进行说明。读者可以在第六章发现,当我第一次提出经济周期理论时,我想当然地认为它是单一的波浪式运动,也就是朱格拉周期。但我现在相信至少存在着三种或三种以上这样的经济周期运动;而当前经济周期理论家面临的最重要的问题是把这些经济周期区别开来,并对它们之间相互作用产生的经济现象进行描述。但是,我没有打算把这些要素写入到本书后来的版本之中。因为,书籍如同孩子一样,一旦它们离开"父母"的怀抱,就已经自成一体,它们拥有自己的生活,我们不应该去干涉那些"离家的人"的生活。因此,对我来说最好的处理方法是尽量保持这本书的原貌,不去"破坏"它。因为这本书已经开拓出了自己的道路,不论是对是错,在浩如烟海的德国文献中,它已经在自己所处的时代和领域占有一席之地。如果没有我的好朋友陶西格教授的建议,我就不会出版这本书的英文译本。

基于同样的原因,我也没有像我伟大的导师庞巴维克教授那样对待自己的作品——他耐心地关注每个反对或批评的意见,并在随后再版的书中针对这些意见加上自己的评论。对于认真评论我的观点的人,我更倾向于把争论降低到最低程度,这不是因为我对他们缺乏敬意,恰恰我认为获得他们的批评是我的荣幸,但是,我不得不承认至今还没有遇到实质性的、能够让我信服的反对观点。

虽然我现在关于"事实"研究和"理论"研究之间关系的想法和1911年时有所不同,但是我仍然相信经济学不能丢掉提炼出来的理论。理论无疑是重要的,因为它是我们分析现实问题的工具。尽管不断出现的未经分析的事实,尤其是统计上的事实对于我们的理论研究来说非常重要——事实会为经济理论结构提供大量素材——但在任何给定的阶段,一些必备的经济理论知识是处理出现的新事实的先决条件。如果关于这些新出现的经济理论没有发展，还停留在当初刚提出来的阶段，那么可以说这个理论是不好的理论，但却不能说它不是一种理论。举个例子，我现在仍然未能让自己相信利息的来源这个经济问题是既不重要又索然无味的。无论如何，我还是希望通过对货币、信贷、利息和经济周期方面的更加"现实"的研究，提供更详尽的资料，而这些资料正是现在的研究所缺少的。

本书中的论点形成了一个连贯的体系，这倒不是因为事先做过考虑周密的计划。大约25年前，我刚开始做利息理论、经济周期理论方面的研究时，还没预见到它们会和企业家的利润、货币、信用等其他问题联系在一起，但这整个过程引导我得出了现在的结论。结论表明，这些经济理论是正确的，并且可以和均衡理论相对应。均衡理论过去是，现在仍是传统经济理论的核心。起初，我用了"静态"和"动态"来表达这两种结构关系，但是现在——遵从弗瑞希教授——我不再用这两个词表达这样的结构意义。这两个词已经被其他的词所代替，我也发现它们不断地为我现在的研究工作提供很大的帮助。这种情况在经济学范畴之外的领域也得到了证实，即我们所谓的文化演进理论。这种区别本身也遇到过很多批评，然而，这非常符合生活实际，比如经营一家公司所产生的现象和创立一家新的公司所产生的现象是有区别的。对那些喜欢钻研词语源流的人来说，如果他们觉得有必要做"机械的类比"，就应该提及一种动物学上的类比，因为"动态"和"静态"这两个词是由约翰·斯图亚特·穆勒引入经济学的，穆勒可能是从孔德那里引入的，而孔德又告诉我们，他是从动物学家德·布雷维尔那里借用来的。

在此，我要诚挚地感谢我的朋友雷德维斯·奥佩博士，他用难能可贵的好意承担了需要耗费大量精力的翻译工作，必须说这种工作是非常困难的。我们决定删去原版第一章和第三章中的两个附录，以及某些部分的段落和小节。

另外，我也对某些说明做了改动，有些地方整页改写了。由于本书中的论点本身没有做任何的修改，所以做一张更改前后的对照表我认为是多余的。

约瑟夫·熊彼特

美国马萨诸塞州坎布里奇

1934年3月

目 录

CONTENTS

第一章　给定环境制约下的经济生活的循环流转　001

第二章　经济发展的基本现象　057

第三章　信贷与资本　096

第四章　企业家利润　131

第五章　资本的利息　161

第六章　经济周期　219

第一章

给定环境制约下的经济生活的循环流转[1]

社会的发展过程实际上是不可分割的整体。如果把它比作洪流，那社会的研究者就是徒手从中提取经济这个概念，并把一类事物称为经济的勇士。这样的事实本身就包括了一种抽象的概念，即关于经济的概念。任何一个事实都绝不仅仅或纯粹是经济的，它总会包含其他方面的内容，而且这些内容往往更为重要。然而我们也有权谈论科学方面的关于经济的一些事实；同样，我们也有权书写一部文学史，尽管一个民族的文学和它所处环境中的其他要素都存在着不可分割的联系。

社会事实是人类行为的结果，而经济事实是经济行为的结果。因此，我们可以将经济行为定义为人们以取得物品为目的所采取的行为。在这个意义上，我们可以研究行为的经济动机，或是研究经济在社会生活中的影响力，等等。但是，我们所关注的仅仅是通过交换或生产来获得物品的经济行为，

---

[1] 这个题目是参考菲利波维奇使用的表述方式而选定的。参阅他的《概论》，第Ⅱ编，绪论部分。——原注

因此我们应该将经济行为的概念限定在获得物品的这种行为上，而把其他比较广阔的研究领域归属于经济动机和经济影响力这两个概念。

经济研究的领域首先应该限定在经济行为这个概念上。必须指出的是，每个人都有经济行为，区别只是或多或少而已；每个人都必须是经济主体或依附于某个经济主体。随着社会群体中成员之间的分工越来越细致，我们就可以把人们分为两类：一类是直接经济行为者，他们的主要活动是经济行为或商业活动；另一类是间接经济行为者，他们的经济行为在社会生活中居于次要地位，被其他方面所掩盖。这种情况下，经济行为被特殊的团体活动所代表，尽管社会其他成员也必定会发生经济行为。这个特殊群体的活动构成了经济生活，这样一来，我们所说的经济事实不再是一个抽象的概念，尽管经济生活在某种程度上和我们普通人的日常生活具有非常密切的关系。

接下来，我们要谈一下经济发展。说明并阐述经济发展的规律是本书的目的所在。在提出我们的论点之前，我们首先应该在本章中提供一些必要的原则，熟悉一些概念，这些可能在我们以后的分析中会用到。其次，我们需要掌握过去已有的经济理论的工具。从方法论意义上来说，我完全摒弃了在书中撰写注释这一做法。关于这些，我只是想让大家注意到本章虽是经济理论这一大的主题中的一部分，但是并不要求读者真正具有论证这些知识的能力。再次，由于我们的论证较少需要理论上的知识，因此我会尽可能地用简单的词语而非专业的术语来讲解。关于这些，大家可以参考我的另一本书[1]。

当我们探讨经济现象的一般表现形式、一致性或它们的关键点时，我们希望它们是"未知"的，是需要进行调查、探索的事物；然后，我们想要深入探索它们，把它们变成"已知"的，这和其他任何一门科学处理它们的研究客体是一样的。当我们成功发现两种现象之间明确的因果关系时，如果其中的"原因"不是经济现象，那么我们的问题就解决了。这样便完成了经济

---

[1] 《理论政治经济学的本质和主要内容》——原注

第一章 给定环境制约下的经济生活的循环流转

学家在研究中所能做的事情，其他的就应该交给对应的学科来解决。反之，如果其中的"原因"本质上属于经济现象，我们必须继续探索，以求解释这些现象，直到能够对这些现象进行非经济领域的解释为止。这种研究路径对一般的理论研究和具体的个案研究来说都是适用的。举个例子，如果我们能论证地租差别是由于土地的质量不同造成的，经济学解释就到此为止；再比如，如果我能证明某种特定的价格运动是由于政府的商业管制造成的，那作为一个经济学家我已经做到了极致，因为政府进行商业管制的目的不是为了通过交换或生产获得产品，因此超出了纯粹经济事实这一概念的范畴。我们总是把经济数据和非经济数据联系起来作为因果关系的一般形式来进行描述，而这无疑是可行的。每个具有实践经验的人都知道，经济自身具有独特的逻辑性，需要我们有意识地进行准确表达。为了做到这些，同时为了简便起见，我们以一个孤立的社区作为样本考虑。在这个孤立的社区中，我们同样可以看到在复杂的环境中可以看到的事物的本质，这也是本书的主旨。

我们需要勾勒出心中所想象的经济机制的主要特征。为此，我们可以假设存在一个商业上有组织的国家，其中私人财产、劳动分工和自由竞争占主导地位。

如果一个人从来没有见过或听过这种国家，那么当他发现一个农民生产谷物是为了满足一个遥远城市的面包消费需求时，他不禁要问，这个农民怎么会知道城市的消费者想要面包，并且恰好是那么多呢？而当他了解到这个农民根本不知道谷物被运往哪里，被谁消费掉时，他一定会大吃一惊。此外，他可能还会观察到，谷物必须经过一些人的手才能给到消费者，但是除了最后卖面包的人，其他人都不知道最终的消费者是谁；甚至这些卖面包的人也是一般的生产者或者购买者。农民很容易回答摆在他面前的这个问题，即长期的经验[1]，部分是继承于他人的。前人告诉他为了达到最大利益应该生

---

[1] 参阅维塞尔所著的《自然价值》，维塞尔在这本书中首次提出了这一点，并阐明了其意义。——原注

▲美国伊利运河通航,绘于1829年。19世纪初期以前,美国从东部港口向西到内陆去的货物运输,主要靠马拉牛拽的大篷车队,严重不利于经济发展。于是美国建设了从伊利湖东端至哈得逊河上游的伊利运河,于1817年始建,1825年竣工。伊利运河打通了五大湖和西北地区的贸易和移民,由伊利湖到纽约的货运,只需要从前1/10的费用,使当时比费城和波士顿小得多的纽约,迅速发展成为美国最大的港口和城市。

产多少谷物,经验也告诉他要考虑需求的大小。他尽量维持着这个产量,只有在外界环境发生重大变化时才会逐渐调整产量。

在进行其他作物的核算时,农民依旧采用这种方式,他们在很大程度上受到习惯的影响,而不是像大企业家一样进行精准的核算。在一定的限度内,他知道自己必须购买的物品的价格;他知道自己必须付出的劳动的多少(不论他是根据纯粹的经济学原理来衡量劳动量,还是用不同于别人的眼光衡量在自己土地上的劳动量);他知道耕作的方法,这是从历年的经验中得到的。经验还告诉他,所有卖给他东西的人也都知道他的需求大小。所有经

第一章　给定环境制约下的经济生活的循环流转

济节奏中最引人注目的是经济周期[1]的循环流动，经济周期的运动相对来说是比较快的，并且每个周期整体运行的步骤都是基本相似的，因此经济交换的运行机制是非常精确的。经济周期支配着个人的活动。农民必须生存，要么直接依靠前一个经济周期生产的产品，要么依靠这个经济周期生产的产品获得的收入。此外，经济周期还使得他卷入难以摆脱的社会和经济关系的网络中。这些关系给他带来了一定的生产方法和生产资料。所有这一切把他紧紧束缚在既定的人生轨道中。这种经济的力量对我们来说具有非常重要的意义，需要我们仔细研究。在这里必须要说明的是，在接下来的分析中，我们假定每个人在每个经济周期都是依靠前一个经济周期生产出来的产品为生的，只要生产延伸到过去，或者只要一个生产要素的产品持续不断地流动，那就是可能的。这是为了尽量简化我们的阐述。

现在我们可以把上面所说的农民的例子进行归纳并推广。假定所有人都出售他们的产品，某人既是生产者也是消费者，当他消费自己生产的产品时，角色又变为顾客。他的私人的消费数量也是由市场价格决定的，这就意味着他可以通过减少对自己生产的产品的消费来间接增加对其他产品的消费；相反，此人消费自己生产的产品数量也是由市场价格决定的，这就是说，他消费自己的产品实际上也是体现在市场中的。就这一点来说，商人和农民所处的位置是一样的——在同一时刻为了他们自己的生产和消费，既是买家，又是卖家。当然，对工人也可以这样看，他们所提供的生产服务可以和市场上其他种类产品列为同一类别。现在，每一个商人根据他自己的经验来生产产品并寻找买家，这一点和农民是一样的，扩大一点说，每个人都是一样的。排除掉由于各种原因可能出现的干扰因素的影响，所有的产品都必须被卖掉，因为它们确实是根据经验得知的市场消费量而生产出来的。

---

[1] 经济周期，是指经济运行中周期性出现的经济扩张与经济紧缩交替更迭、循环往复的现象。一个经济周期可以大致分为衰退、谷底、扩张和顶峰四个阶段。——译者注

关于这一点，我们进一步进行说明。屠户能出售多少肉取决于他的消费者，比如裁缝要购买多少肉，购买价格是多少，但是这又取决于后者的营业收入；而裁缝的收入又取决于他的顾客（如鞋匠）的需求量和购买能力，而鞋匠的购买力又取决于他的顾客的需求量和购买力；如此循环，直到我们找到那个收入取决于将自己的货物售卖给屠户的消费者。这种相互连接和联系，在经济体系的构成之中是随处可见的，不论人们选择从哪个方向进行这种体系的研究。从研究点向上开始进行研究也好，向下开始进行研究也罢，在经过了若干步之后，最终会回到研究的起始点。这种分析不会自然而然地停止，也不会由于出现了一个偶然因素而走向歧途，因为我们的研究要素更多的是在决定其他要素，而不是由其他要素来决定。

如果想要让整体框架更完整，或许我们不应该用惯性思维来看待消费行为。举例来说，我们每个人都认为自己是面包的消费者，而不是土地、服务、钢铁等产品的消费者。但是，如果我们把每个人都看作这些东西的消费者，也仍然能够清楚地看到个人生产的产品在经济循环流动体系中的运行方式[1]。现在，每种商品的每个单位，都不是按照相同的循环路径到达相同的消费者手里的，也就是说它们不总是像之前的商品在前一个经济周期所经历的生产过程那样，经过相同的循环路径到达相同的消费者手里。但是我们可以假定，在不改变实质内容的前提下，这样的循环流动是会不断发生的。我们可以想象，生产力这个永不衰竭的资源年复一年地被重复使用，就是为了让生产的产品和之前一样，到达相同的消费者手里。如果这样的事情发生，那物品循环流动过程的结果就都是相同的。因此，在经济体系中，一种需求总对应着一种供给，而且，在这个体系中不是只有一种商品，还有许多互补品，这些互补品就是人们所拥有的其他物品，人们会根据以往的交换经验和

---

[1] 参阅A.马歇尔的《原理》第Ⅵ编，以及他的演说《老一代和新一代经济学家》。对他来讲，这个概念具有相同的作用。——原注

第一章　给定环境制约下的经济生活的循环流转

条件，用它们来交换其他的物品。根据所有的商品都能找到与之对应的市场这一事实，当所有物品的出售者都以购买者的身份出现，并且他们用各种交换手段获得充足的物品以维持他们在下一个经济周期的消费和生产时，经济生活的一个循环流动就结束了。

由此可见，生活中各个家庭或生产者都是根据以往经验给定的数据和同样由经验确定的生产方式来进行生产的，但这并不意味着在他们的经济活动中就不可能发生变化。经验给定的数据可能会发生变化，人们一旦注意到了，就会根据这种新的、变化了的数据来进行生产活动。但是人们会尽可能地遵从已经习惯的生产方式和方法，只有在外界环境发生较大变化时才会有所改变。因此经济系统不会由于它自身的创新性而随意变化，而是在任何时候都和先前的状态相联系，这就是"威泽尔的继续性原则"[1]。

如果经济系统真的不会"自行改变"，那么，我们简单地假定它总是倾向于维持原状。我们并没有忽视任何影响研究的要素，这样做也只是想用理想的精确性来表达一个事实而已。如果我们描述一个完全没有变化的制度，这确实是一种抽象式的假设，然而为了表述实际发生的事情的本质，我们将暂时这样做。这样做和传统的理论并不相悖，至多只是习惯的说法有些不同，而后者却不能表述清楚我们的论点[2]。

通过另一个途径，可以得出相同的结论。一个社会在一个经济周期内生产和销售的一切产品的总和，可以称为社会产品[3]。为了我们的研究目的，不必更加深入地钻研这个概念的意义。社会产品本身并不是作为"社会产品"而存在的。它并不是系统活动自然导致的结果，就像经济制度本身也不是一

---

[1] 最近在关于货币价值的著作《社会政策协会论文》（1909年的会议报告）中有所阐述。——原注

[2] 参阅《理论政治经济学的本质和主要内容》第Ⅱ章。——原注

[3] 这一点要特别参阅亚当·斯密和A.马歇尔的著作。这个概念几乎和经济学一样古老，众所周知，它有一段丰富的历史，因此在使用它时一定要非常谨慎。对于有关的概念还可以参阅费希尔的著作《资本与收入》、A.瓦格纳的《奠定基础》以及庇古的《优惠关税和保护关税》，在此书中，庇古大量运用了"国民总利得"这个概念。此外还可以参阅他的《福利经济学》。——原注

种按照统一计划运行的"经济"一样。然而这是一种有益的抽象思考。我们可以想象，在经济周期快结束时，所有个人生产的产品在某个地方凑成了一大堆，然后根据某种原则进行分配。因为这个假设不包含对事实的重大改变，因而是可以成立的。然后我们可以说，每一个人都对这个巨大的社会资源作了贡献，又从这个社会资源中得到一些东西。对每一种贡献，在制度的某一处有着与之相应的另一个人的请求权；每一个人的份额都在某个地方随时准备着。由于所有人都从经验得知，为了得到他们所需要的东西，他们必须贡献多少（考虑到每一份额包含一定贡献这个条件）；这个制度的循环流转就结束了，所有的贡献和份额必须互相抵消，不论根据什么原则去进行分配。至此为止我们所做的假设是，所有的相关数量都是由经验给定的。

用我们大家都熟悉的方法，可以进一步提炼我们的分析架构，使我们对经济系统的运转规律有更加深入的认识。我们假定所有的这些过去的经验都烟消云散了，所有与需求和生产相关的数量都必须被重新确定[1]，这同样的一群人，仍然具有相同的文化、口味、技术知识，对消费品和生产品有着相同的最初存量[2]，但是没有过去经验的帮助，他们必须通过自觉的努力，寻找到能将自身经济利益最大化的办法。我们并不就此以为人们在真实的经济生活中有能力做出这种努力[3]，而是想要以此说明经济行为的理性，且不考虑现实中观察到的家庭和厂商的真实心理反应[4]；我们也不想勾勒经济发展史的轮廓，我们想要分析的，不是经济过程是如何历史地发展到我们实际所观察到的情况的，而是在任何特定的发展阶段，它的经济运行机制或组织是如何运

---

1 这个方法是里昂·瓦尔拉斯使用的方法。——原注
2 正如每一个J.B.克拉克的读者所知的那样，我们必须严格看待这些存量：不是按照它们的自然形态——例如多少张犁，多少双靴子等——而是作为累积的生产力，可以在任何时候没有损失、没有摩擦地转变成需要的任何特定的商品。——原注
3 因此，时常对纯粹理论提出的反对意见不免是一种误解：说它假定享乐主义的动机和完全合理的行为是经济生活中实际发挥作用的唯一力量。——原注
4 当然，稍后还要引用心理学，来说明实际行为与合理图画的偏离。在以后各章中我们主要讨论的是这样的偏离：习惯的力量和非享乐主义的动机。——原注

第一章　给定环境制约下的经济生活的循环流转

转的。

要详细阐述上面这些分析，就需要用到我们现在大都熟悉的一些概念。经济活动可以有任何动机，甚至是精神方面的，但是经济活动的意义在于满足人们的需求。因此，我们从需求这一事实中得到的概念和命题非常重要，其中最重要的是效用的概念以及由它衍生出来的边际效用[1]，或者用一个更现代化的词语——选择系数[2]。我们继续提出一些原理，即资源在各种可能的需求范围内的分配、互补品与竞争品等，由此我们可以推演出一些概念：交换比率、价格以及古老的经验——供求法则[3]。最后我们得到关于价值体系及其均衡条件的初步思想[4]。

一方面，生产是由所用原材料的物质属性和自然进程决定的。这也属于经济活动，因为如约翰·雷在其编著的《资本社会学理论》[5]中所言，经济活动只是观察自然过程并对其进行充分加工利用的结果；自然过程中有多少事实与经济方面相关，是难以尽述的。人们已经熟知的理论类型在具体的经济事件中可能具有很重要的作用，也可能没有任何意义，比如物质收益递减规律[6]这一理论。某一事实对于经济福利的重要性和它对于经济理论的解释的重要性没有必然联系。但是，像庞巴维克[7]的例子所表明的那样，我们也可能在任何时候把新的生产技术引入我们的生产中。社会组织和我们所谈论的经济

---

[1] 边际效用指在一定时间内消费者增加单位商品或服务所带来的新增效用，也就是总效用的增量。在经济学中，效用是指商品满足人的欲望的能力，或者说，效用是指消费者在消费商品时所感受到的满足程度。——译者注

[2] 选择系数，指不同个体在同一种环境条件下被淘汰掉的百分率。——译者注

[3] 供求法则，指在完全竞争的市场条件下，需求与供给会自然地逐步趋于平衡状态，此时社会上各种商品的供给量和需求量相等，标志着社会资源达到最优配置。——译者注

[4] 这里请读者参阅边际效用理论及其后继者的全部文献。——原注

[5] 这部著作具有强大的洞察力和创见，值得学者阅读。——原注

[6] 收益递减规律，是指人类的经济活动都是通过投入得到产出，但产出的增加赶不上投入的增加，最后必定会达到收益递减的状态。换句话讲，从投入得到产出的活动，其效率最后必然是递减的。——译者注

[7] 他关于收益随着生产周期的增加而增加的规律，在我看来，似乎是把时间要素成功地引入到了生产方程中。——原注

组织不属于同一类，但在处于经济理论的领域之外，仅作为技术事实的"数据"这一点上，社会组织和技术事实是处于相同的地位的[1]。

而在另一方面，我们可以对生产的核心进行更为深入的探讨而不仅仅局限于它的物质和社会两个方面，这是每一个生产行为的具体目的。一个经济人在进行生产时除了知道生产什么之外，还清楚地知道生产方法和生产的数量。显然，在给定方法和客观需要的框架内，没有论据能够证明必须生产"什么"和"为什么"进行生产。这样，生产目的只能是创造有用的东西、创造消费品。在一个没有交换的经济系统内，只存在关于消费效用的问题，因为在这种情况下，每个人生产产品都只是为了直接满足自己的消费需要。这种情况下，个人对产品生产需要的性质和强度，在可行的范围内，对生产起着决定性的作用。给定的外部条件和个人需求显然是经济过程的两个决定性因素，它们之间互相配合，共同决定了经济的结果。生产跟随着需求，可以说生产被需求拉着走。就交换经济的情况来说，在其细节真实有效的前提下，情况也是一样的。

生产的第二个方面决定了它一开始就是一个经济问题。它必须同生产中的纯技术问题区分开来。它们之间存在一种可以经常从经济生活中看到的微妙的对立，这就是企业中作为个体的技术经理和商业经理之间的对立。我们经常看到生产过程中一方建议改变，而另一方却总是拒绝，比如，工程师会推荐一种新的生产方式，而商业主管会以该方式不能增加效益为由拒绝采用。工程师和商业主管都可以表达他们自己的观点，他们的目的都是恰当有效地管理企业，而他们的判断来自对这种恰当性的认知。抛开误解和对知识、事实的不了解等因素，他们之间在判断上存在的差别就仅仅来自他们对恰当性的不同理解。当商业主管提到"恰当性"时，明显指的是商业利益，

---

[1] 由于这一点及其他原因，约翰·穆勒关于生产和分配的明显区分，在我看来是不能令人满意的。——原注

第一章　给定环境制约下的经济生活的循环流转

▲《药剂师实验室的内部》，1818年，荷兰画家约翰内斯·耶尔热胡伊斯绘制。画中一个药剂师正在为顾客调制药品。穿过门口，可以看到学徒正在工作。

我们可以这样表述他的观点：某种生产方式所需要的资源，如果用在其他地方，会产生更大的利益。商业主管认为在一个非交换的经济中，生产过程的改变不会增加需求的满足，相反，还会减少这种满足。技术人员眼中的"恰当性"又是怎样的呢？如果全部生产的唯一目的是需求的满足，那把资源用在有损于满足需要的生产方法上确实不具有任何经济意义。只要商业主管的异议在客观上是站得住脚的，那他不听从工程师的意见就是正确的。在此，我们不考虑由于技术使得生产工具日臻完善而带来的半艺术性的满足。实际上，在现实生活中，我们可以观察到当技术和经济效益相冲突的时候，技术因素会做出让步。但是，这并不否认技术的独立性、重要性以及工程师观点

011

中的合理性成分。因为，尽管在实际经济生活中，经济目的支配着技术的运用，但弄清楚生产技术的内在逻辑性而不考虑实际应用中的障碍，还是很有意义的。这一点我们可以举例说明，假设蒸汽机的所有部件都符合经济的恰当性，而且也被充分地利用，如果给蒸汽机更多的燃料，让有经验的人去操作它，并进行技术改造来提高工作性能，让它在工作中发挥更大的作用，但却不能带来经济效益的话，那这样做就没有任何意义，也就是说，如果为了提高蒸汽机的性能所增加的燃料、人力、技术改进以及原材料的成本大于它所能产生的经济效益时，这样做就不具有任何经济意义；但是如果仅考虑在现有的条件下如何让蒸汽机更有效率地运转，及在现有的知识条件下能够对蒸汽机进行何种程度的改进等，这样做还是很有意义的。因为当所有这些条件都具备时，一旦这些技术变得有利可图，它们就可以立即被付诸实践。不仅如此，对于每次技术的改进都做认真思考，使得放弃那些技术并不是由于对现实条件的无知而是对经济原理的深思熟虑，也是非常有益的。总之，在特定的历史阶段所使用的各项生产技术和方法不但包含经济的内容，而且也包括物质的内容。物质方面的内容具有其自身的问题和逻辑性，要把这些想清楚——首先不去考虑经济效益方面的因素以及最终起决定性作用的因素，而是纯粹考虑技术的意图——如果经济因素在其中不具有任何决定作用的话，将这些新的技术运用到实际中就是技术意义的生产。

归根到底，目前就是"权宜之计"决定着技术的生产和经济的生产，两者之间的差别在于这种权宜之计的性质不同。两者相同的是，不同角度的思考方式首先向我们展示了技术的生产和经济的生产之间的基本对比，然后又指明了一个同样的区别。从技术和经济两方面考虑，生产其实没有"创造"出任何物质意义上的新东西。在这两种情况下，它都仅能影响或控制事物和生产过程，或者说"力量"。为了方便后面的论证，我们现在需要提出一个新的概念——"组合"，它包括"利用"和"影响"，涵盖许多对物品不同

第一章　给定环境制约下的经济生活的循环流转

的使用方法和处理方法；包括位置的改变，以及物理的、化学的和其他的生产过程。所涉及的这些方面无非是改变我们的需求现状，改变事物和力量之间相互作用的关系，把某些事物组合起来而把另一些事物拆开来。从技术上和经济上考虑，生产意味着在我们力所能及的范围内，把事物和力量组合起来，并对它们施加影响和进行控制。每种生产方法都意味着这样一种特定的组合。不同的生产方法只有通过组合方式的不同来进行区别，也就是说，要么根据它们所组合的客体，要么根据它们之间的数量关系来区别。对我们来说，每一个具体的生产方法都是这种组合的具体体现。这个概念可以延伸到交通运输领域等。总之，从广义上来说，"组合"可以被运用到任何生产领域中。每一个企业，甚至整个经济系统的生产条件，我们都可以称为"组合"。这个概念在我们的分析中起到了很重要的作用。

但是在现实中，经济和技术的组合并不是一致的，前者考虑的是现实中存在的需求和手段，后者考虑的是生产的基本方法。技术生产的目的确实是由经济系统决定的，技术只为人们需要的物品研究生产方法。经济现实并不一定会把生产方法贯彻到符合它们自身的逻辑上并在技术上至臻至善，而是执行屈从经济的方法。任何没有考虑经济条件的方法都会被修改，这说明经济的逻辑胜过技术的逻辑。因此，我们在现实生活中，看到围绕我们的是有缺陷的绳索而不是钢缆，是有缺陷的耕畜而不是参赛的良驹，是较原始的手工劳动而不是完美的机器等。经济上的最优和技术上的完善并不相悖，然而它们在实际中却经常背道而驰，这不是因为我们无知、懒惰，而是由于技术上低劣的方法可能仍然是最适合特定经济条件的方法。

"生产系数"代表在一单位产品中各种生产要素的数量关系，是生产组合最基本的特征。在这一点上，经济因素和技术因素是相互对立的。以经济利益为主的观点不仅需要在两种不同的生产方法之间做出选择，还需要在特定生产方法的前提下，去考虑生产系数的影响，因为在某种程度上个别生产方法需要用到的生产资料是可以互相替代的,也就是说,一种生产资料的短缺可以通过另一种生产资料的增加来代替,但是这不会改变既有的生产方法。比如,在蒸汽机的例子中,可以通过增加手工劳动的人数来弥补蒸汽动力的减少,反之亦然[1]。

通过用生产力组合的概念,我们对生产过程的特征进行了界定和描述,这个组合的结果就是生产出产品。我们现在必须准确地界定哪些要素要被组合到一起,通常来说,各种可能的物品类型和"驱动力"都可以以不同形式组合到一起。他们的大部分是由已经生产出来的产品组成的,只有很少一部分是自然形成的。当然,从物理属性来说,很多"自然驱动力"实际上也扮演着产品的角色,比如电流。它们部分包括物质方面的东西,部分包括非物质方面的东西。此外,把一种物品解释为产品还是生产资料,常常是人们如何进行解释的问题。比如,劳动力既可以被看作被工人消费的产品,也可以被看作原始的生产资料。通常来说,一种物品属于这种分类还是属于那种分类取决于个人的出发点或立场,因此,同一个物品对一个人来说可能是消费品,但对另一人来说可能是生产资料。同样,一件物品的特征通常取决于它被指定的用途。在理论文献,尤其是早期的理论文献中,到处可以看到关于这些问题的讨论,在此我们只是指出这一点,接下来我们将讨论更为重要的问题。

人们通常根据物品与最终消费行为的距离依次将它们分类[2]。按照这样的原理,消费品排在第一位,直接生产消费品的物品组合排在第二位,其他的以此类推,逐渐到更低的位次。必须牢记的一点是,只有在消费者手中并准备用来作为消费品的物品才能排在第一位。以面包师烘烤出来的面包为例,严格来说,它只有和送面包的工人劳动组合到一起时才能被列为第一位。而

---

[1] 卡弗在《财富的分配》中,对于文中所说的"变动"已经做了清楚的解释。——原注
[2] 参考K.门格尔的著作《国民经济学原理》和庞巴维克的《资本利息的实证理论》。——原注

第一章　给定环境制约下的经济生活的循环流转

位次较低的物品，如果不是自然界赋予的，那它总是由位次较高的物品组合而产生的。尽管这种排位可以用其他的标准进行表示，但为了我们的研究目的，最好还是把一个物品归类到它曾经出现过的最高位次上。比如，劳动就是处于最高位次的物品，虽然它出现在产品生产的各个阶段，但是它在最初阶段就会出现在所有的生产中。在连续的生产或要素组合过程中，每种物品通过和其他较高位次或较低位次的物品的组合就被加工成为消费品；通过借助其他与之相搭配的产品，它最终到了消费者手中，这如同一条河流，借助汇合到其中的条条小溪，冲破岩石等的层层阻拦，最终变为干流。

我们必须考虑这样一个事实，那就是我们会看到随着位次由低到高，物品会越来越失去自己的特性，即只做一种用途而不做其他用途的那些明确的特性品质。物品所处的位次越高，它们就越会失去自身特有的属性，即只用于特殊目的的功效；它们的潜在用途越广泛，对生产就越具有普遍性意义。我们继续沿着物品生产次序的逻辑系统往上走，会不断碰到各种物品，它们的种类越来越不容易被辨别，属性也变得越来越多、越来越广，它们关于自身内容方面的概念变得越来越空洞，但是它们所代表的范畴变得越来越大，它们的家族体系也变得越来越单薄。简单来说，我们所选择的立足点离最终的消费品越远，处于第一位次物品的数量就越来越多，它们是由处于较高位次的相同物品组成的。当任何一种物品全部或部分由相类似的生产资料组合而成时，我们就说它们在生产中是相关联的。因此，我们可以说物品之间的生产关系是随着它们所处位次的提高而联系更加紧密的。

如果我们沿着物品的层级关系上溯，就会发现我们的目的所在，即生产的最终要素——劳动、土地[1]。所有其他物品都包含其中至少一种要素，大

---

[1] O.埃菲尔兹特别强调了这一点。古典经济学片面地强调了劳动的重要性，这一点和他们所得到的某些结论具有紧密的联系，而实际上，只有庞巴维克一人在这一点上达到了一致性。埃菲尔兹对劳动和土地的强调，也是一项重要的贡献。——原注

经济发展理论

▲18世纪热气球、飞艇设计图。热气球是人类最早发明的飞行器，18世纪，法国造纸商孟戈菲兄弟受到纸屑在火炉中不断升起的启发，开始用纸袋试验热气球。1782年，他们进行了第一次飞行试验，乘客是一只羊、一只鸡和一只鸭子。试验时，孟戈菲兄弟使用废旧皮靴做燃料，因此，当时的人们相信热气球是靠恶臭的气体而飞上天空的。热气球与飞艇寄托的正是人类的飞行梦想。

部分物品两者都包括。我们可以把所有的物品分解为"劳动和土地"，在这种意义上，我们可以把所有的物品看作劳动和土地所提供服务的组合体。但是，消费品却是其中非常特殊的一类，因为它们具有直接被消费的特征。而其他的物品都是"生产出来的生产资料"，一方面它们只是"劳动和土地"这两种原始生产资料的体现，另一方面它们又是潜在的消费品，或者说是潜在消费品的一部分。目前为止我们找不到任何理由，显然以后我们也不会找

第一章　给定环境制约下的经济生活的循环流转

到任何理由来揭示为什么我们把它们看作独立的生产要素[1]。我们把它们分解为劳动和土地，同样可以分解消费品，或者按照相反的做法，把原始生产要素看成潜在的消费品。这两种观点，都只适合于生产出来的产品，因为它们没有独立的存在形态。

现在的问题上升为：劳动和土地这两种生产要素彼此之间具有什么样的关系，是其中一个比另一个重要，还是它们的作用根本不同？我们不能从哲学、物理或其他角度来进行回答，而只能从经济学的角度进行解读。需要注意的是，对这个问题的回答在经济学领域内不具有普遍的意义，只有在某个理论体系特定的范畴内才是有效和具有意义的。比如，重农学派[2]看重土地的重要性——这样的回答本身是完全正确的，因为他们的回答主要是想说明他们的观点，即劳动不能够创造任何具有物质属性的物品。我们无法反驳这个观点本身，可以探讨的是在经济学领域内这一概念具有多大的作用，取得了多大的成果的问题。同意重农学派的这个观点，并不妨碍我们对他们的进一步论证持反对意见。亚当·斯密[3]认为劳动比土地重要，这种论点本身没有错误，甚至把这个观点作为研究的出发点也是恰当的。它表达了这样的一个事实：对土地的利用不需要我们做出任何其他物品的牺牲，如果我们想从土地这个生产要素中获得物品，我们也可以接受这个观点。亚当·斯密认为来自自然的生产力都可以看作是自由获取的，但是放在整个经济体系中看，这并不符合社会的现实情况，因为现实中土地是被地主占有的。显然他认为在没有土地私有权的社会里，劳动力就是进行经济效益核算时的唯一要素。他的

---

[1] 生产要素是经济学中的一个基本范畴。现代西方经济学认为生产要素包括劳动力、土地、资本、企业家才能4种，随着科技的发展和知识产权制度的建立，技术、信息也作为相对独立的要素投入生产。这些生产要素进行市场交换，形成各种各样的生产要素价格及体系。——译者注

[2] 重农学派是18世纪50～70年代的法国资产阶级古典政治经济学学派。重农学派以自然秩序为最高信条，视农业为财富的唯一来源和社会一切收入的基础，认为保障财产权利和个人经济自由是社会繁荣的必要因素。——译者注

[3] 亚当·斯密（1723—1790年），英国第一个著名的经济学家，也是西方最杰出的经济学家。他的《国富论》是古典经济学的奠基之作。斯密也因此声名显赫，成为西方经济学的奠基人。——译者注

经济发展理论

出发点本身可能是站得住脚的，但这种观点现在看来是不正确的。大多数古典经济学家[1]都把劳动要素放在第一位，尤其是李嘉图[2]。他们之所以这么做，是因为通过地租理论[3]已经排除了土地及其价值的决定因素。如果地租理论本身能够站得住脚，那我们一定会对这个概念感到满意。即使像约翰·雷这样擅长独立思考的人也会满意并接受地租理论。当然，这里还有关于我们所提的问题的第三种回答，即一些经济学家否定了"劳动与土地一个比另一个重要"的判断。我们的观点与他们一样。在我们看来，劳动和土地这两种生产要素在生产中都是不可或缺的，它们之间是平等的。

至于劳动与土地这两种要素如何起作用的问题，又可以有不同的回答，而且这个回答和上一个问题的回答没有任何联系。例如，埃菲尔兹认为劳动起主动作用，而土地起被动作用。他这样认为的理由很明显。他认为劳动在生产中代表主动性的因素，而土地则是展现劳动成果的客体，这一观点是无可非议的，但是他并没有给我们带来关于劳动和土地关系的新知识。在技术生产的层面上，他的这一观点并不可取，对我们阐述观点也起不了太大的作用。我们只关心个人在对经济的思考和行为中，这两种原始生产要素所起的作用大小，在这种关系中，这两者所起的作用是一样的。劳动和土地一样是被节约使用并根据经济原则对其价值进行判断的，也就是说这两种要素在经济上的考虑是一样的，而且除此之外，它们均不涉及别的方面的考虑。既然

---

[1] 古典经济学，凯恩斯理论出现以前的经济思想主流学派，由亚当·斯密开创。主要追随者包括大卫·李嘉图、托马斯·马尔萨斯和约翰·穆勒。一般说来，该学派相信经济规律，特别如个人利益、竞争等决定着价格和要素报酬，并且相信价格体系是资源配置的最有效的方法。——译者注

[2] 大卫·李嘉图（1772—1823年），英国资产阶级古典政治经济学的主要代表之一，1817年发表《政治经济学及赋税原理》，建立起以劳动价值论为基础，以分配论为中心的理论体系。他继承了亚当·斯密理论中的科学因素，坚持商品价值由生产中所耗费的劳动决定的原理。他提出决定价值的劳动是社会必要劳动，决定商品价值的不仅有活劳动（物质资料的生产过程中劳动者的脑力和体力的消耗过程），还有投在生产资料中的劳动。——译者注

[3] 指古典经济学的地租理论。李嘉图认为，土地的占有产生地租，地租是为使用土地而付给土地所有者的产品，是由劳动创造的。地租是由农业经营者从利润中扣除并付给土地所有者的部分。——译者注

第一章　给定环境制约下的经济生活的循环流转

在原始生产要素方面除了土地和劳动，没有其他要素与我们的研究目的相关，那我们就应该把这两种要素放在同等的位置来看待。在这种解释上，我们同意其他边际效用理论家的观点。

尽管我们对"土地"这个生产要素没有更多的理论阐述，但对于"劳动"这个生产要素，我们却应该仔细认真地进行研究。我们暂且不讨论生产劳动和非生产劳动、直接用于生产的劳动和间接用于生产的劳动之间的区别，也不考虑与之类似的脑力劳动和体力劳动、熟练的劳动和不熟练的劳动之间的区别，而是对其他两种劳动的区别进行评论——它们非常重要，因为我们可以从评论中得出对我们的研究至关重要的观察结果。它们就是领导的劳动和被领导的劳动之间的区别，以及独立劳动和工资劳动之间的区别。区分领导的劳动和被领导的劳动是一个根本性的问题，这里有两个主要特点。第一，领导的劳动在生产组织结构的等级中处于较高的位次，它对一般"执行的"劳动进行领导和监督，正是这一职能似乎把它从其他类别的劳动中独立了出来。由于执行的劳动与土地的各种用途一致，从经济的观点看，它们所起的作用是绝对相同的，但领导的劳动与执行的劳动以及土地的作用相比，明显处于支配和主导的地位。因此，领导的劳动似乎形成了第三种生产要素。将领导的劳动与被领导的劳动区分开来的另一个特点就是它本身的性质：领导的劳动具有创造性，能够为自己订立生产的目标。对于独立劳动和工资劳动之间的区别，我们同样可以追溯到领导的劳动和被领导的劳动之间的区别。独立劳动由于具有领导的劳动的职能，因此它具有一些特性，而在其他方面，它和工资劳动没有任何区别。因此，我们可以得出这样的结论：如果一个个人独立进行生产，并做一些执行的工作，那么可以把他看成两个个体，一个是领导者，一个是普通的工人。

很容易看出，监督管理职能本身处于较高位次等级的特点，并不构成实质性的经济区别。在工厂中，仅仅根据一个工人的位次在另一个工人之上，即一个工人处于领导和监督地位这一情况,并不能使他的劳动在本质上变成不同性质的东西。从这种意义上来说,即使"领导者"不动一根手指,没有直接对生产做出贡献,他仍然在执行普通意义上所说的劳动,确切地说,好像一个看守者一样。"领导者"自身具有的其他要素在生产中起到更大的作用,那就是他决定生产的方向、方法和数量。即使上述处于较高位次的管理者在经济上没有多大的重要性——也许更多的是社会学上的重要性——但人们能够看到管理者的决策职能与其他劳动者在本质上具有不同的特征。

但是我们可以看到,任何工作都会出现做出决策的必要性。例如,一个修鞋匠的徒弟,不论事情大小,如果他自己不做出某些决定,不独立地解决一些问题,那他就无法做好修鞋这件事。虽然"做什么"和"怎么做"是师傅教过他的,但是这并不意味着他自己不具有某种必要的独立性。当一个电力公司的工人到一个家庭去修理照明系统时,他仍然必须自己决定"做什么"和"怎么做"。一个代理商可能不得不参与到商品价格制定的决策中,因为价格制定关系到他能够获得的利润空间——而在这一过程中他既不是"领导者"也不是"独立的劳动者"。一家企业的领导或独立的所有者肯定要做出大量的决定和决策,但是"做什么"和"怎么做"也是有人教给他的。他首先知道怎么去做——他已经掌握了生产中所需的技术以及与生产有关的全部经济数据,还有其他很多需要做决定的事情,这种决定和修鞋匠的徒弟需要做的决定只是在程度上存在区别而已。至于"做什么"的问题是需求本身已经决定好的。他没有设定具体的目标,而是由周围的环境驱动他按照一定的方式去做。当然经济数据可能会发生变化,这取决于他的决策能力,即如何快速、成功地对这种变化做出反应。不过,对任何工作做决策都是这样的,不能根据事情的表象做决定,而是需要根据已经掌握的事物的某些特征来做决定,尤其是根据顾客直接表现出来的需求趋势做决定。他不断屈从于这些趋势,并对它们进行分析,因此只有不是很重要的要素才是

第一章　给定环境制约下的经济生活的循环流转

他所不知道的。从这种角度出发，我们就可以认为只要人们在自己的经济行为中根据已知的外界环境来做决定——这也是经济学以及我们在这里所研究的——那么他们究竟是领导者还是被别人领导就变得不再重要了。前者的行为和后者的行为都服从相同的规律，而建立这种规律，并表明表面上偶然的东西实际上是被严格确定的，这是经济理论研究的根本任务，也是我们这里所要研究的。

一般来说，生产资料和生产过程没有真正的领导者，或者可以说真正的领导者是消费者。那些领导企业的管理者只是在执行根据需求和供给已经确定了的生产，而他们所用的生产资料和生产方法也是给定的。个人只有作为消费者并表达对某种物品的需求时才能对生产产生影响。从这种意义上来

▲古老的意大利地图，由亨利克斯·洪迪斯绘制，1631年在荷兰阿姆斯特丹出版。

说，不仅是企业的领导参与了生产管理，其实每个人都参与了生产管理，尤其是从最狭隘的意义上来说的那些从事生产的工人。除此之外，个人对企业的领导没有任何意义。过去支配经济系统的数据是人们所熟悉的，如果这些数据不变，经济系统就会按照同样的方式运转下去。人们对数据可能发生的变化并不敏感，但从生产的原则来说，人们会尽可能地适应这些变化。他不会自发地改变任何的东西，只是改变那些外界条件已经按照它们自己的规律改变的东西，消除经济数据和自己经济行为之间的不一致，这种不一致的出现是由于给定的经济条件已经发生改变，而人们仍然按照以前的生产方式进行生产而产生的。任何个人都可以采取与我们假设的观点不一样的方式安排生产，但是只要生产的改变是来源于外界的压力，那么经济系统中就不存在任何创新。如果个人采取不同的行动，那么我们就可以看到实质上不同的现象。但在这里，我们只关注经济事实所固有的内在逻辑。

根据我们的假定，也可以这样说：劳动的数量是由给定的环境决定的。这里我们要附加一个问题，这个问题是以前没有解决的，那就是任何时候都存在的劳动供给量的大小。显然，一定数量的人做多少工作不是一开始就明确确定的。如果我们暂且假定，雇用个体劳动的最佳数量是已知的，这样就为雇用规定了尺度，界定了严格的范围和数量，在这个尺度上的每个点，每种具体雇用劳动的预期效用就可以和它的非效用进行对比。来自日常生活的众多声音提醒我们，提供给我们面包的劳动是一项任务比较重的工作，人们只有在不得已的情况下才会从事这项工作，如果有其他的选择，人们会丢弃这份工作而从事其他工作。这里明确显示了将要完成的工作量。在每一个工作日的开始，这种对工作的比较自然有利于促进人们努力完成工作。但是，随着人们在工作中需要获得的满足越来越多，工作的动力就会越来越低，同时，它所比较的产生非效用的劳动的数量就会越来越多。因此，对工作的比较变得越来越不利于工作的继续，直到对每个工人来说，劳动所增加的效用

第一章　给定环境制约下的经济生活的循环流转

与所增加的非效用达到平衡，这种不利影响才会停止。当然，这两种效用的对比产生的驱动力因人而异、因国而异。在这些差异中，有一个根本性的要素可以说明工人和国家历史的形成，但是这不会影响理论原则的本质[1]。

　　因此，劳动和土地只是生产力量。衡量任何质量的劳动数量都是困难的，但是这是可以办到的，如同在实际中，不管事情有多么复杂，我们都可以给土地的服务规定某种可以衡量的物质标准。如果只有一种生产要素，比如我们假设一种质量的劳动能够生产出所有的物品——如果我们假定从自然界获得的原材料都是免费的，那么我们的假设（劳动能够生产所有的物品）就是可以成立的，而这样就不会产生任何经济问题——或者土地和劳动两个生产的要素彼此独立工作，它们都能够独自生产出性质不同的产品，从事生产的人就需要为他的经济计划制定相应的衡量标准。例如，如果某种价值确定的消费品的生产需要3个单位的劳动，而另一种和它价值相同的消费品需要2个单位的劳动，那么他就可以决定生产行为了。但是在现实中，情况并非如此。实际上，生产中的各个要素共同起作用。现在，我们假定生产1件价值确定的产品需要3个单位的劳动和2个单位的土地，但是2个单位的劳动和3个单位的土地一样能够生产同样价值的产品，生产者该选择哪种生产方法？显然，此时要有评价标准来对这些生产组合进行比较，而我们就需要这样的标准。我们可以把这个问题称为"配第的问题"[2]。

　　这个问题的解决方法给我提供了一个理论——"归属理论"。生产者想要衡量的是他的生产资料数量的相对重要性。他需要一个标准来管理他的经济行为，也需要一些可以指导他安排生产的指标。总之，他需要一个价值的衡量标准。但是他只对他直接消费的物品才会有标准，因为只有这些消费品

---

[1] 详尽说明，请参阅《理论政治经济学的本质和主要内容》第Ⅰ和第Ⅱ编。这一原则显然仅对努力的一定成果有效，这是一个明确的结论，比如每小时的实际工资。——原注
[2] 威廉·配第（1623—1687年），英国古典政治经济学创始人，最先提出了劳动决定价值的基本原理。他的《政治算术》提到了这一问题。——译者注

才能够立即满足他的需求,他对这些商品的需求强度是衡量这些物品对他的重要性的基础。对于储存的劳动和土地的服务,是缺乏这样的标准的,我们也可以说,对于生产出来的生产资料,同样也没有这样的统一标准来进行衡量。

显然,这些其他的物品也有它们自身的重要性,因为它们同样是为满足直接需要服务的。它们对满足需要做出了贡献,因为它们对消费品的生产有着直接作用。它们的价值来源于这些消费品,而这些消费品的价值也会投射到它们身上。即价值"回归"到这些其他的生产资料身上,而它们依据这些"回归的价值",在经济结构中占有自己的位置。对储存的生产资料的总价值或两个原始生产要素中的一个的总价值进行确切数量的衡量和表达被证明在特定的时候是可行的,因为它们的总价值通常是无限大的。然而,对实际的生产者或经济理论来说,知道这个总价值是没有必要的。这不是放弃每一个生产可能性的问题,也不是放弃生产存在性的问题,而只是把某种数量的生产资料划归到这一目的或那一目的的问题。例如,一个单独的个人如果没有两种原始生产要素中的任何一个,是没法进行生产的,他也就不能对任何一个生产要素的价值进行准确的衡量。在这种程度上讲,穆勒关于劳动和土地的服务是不确定的、不可衡量的观点[1]是正确的。但是,他说在具体的生产中,人们不能分清产品中的"自然因素"和劳动,这种观点是错误的。的确,从物质上来说,这两种要素是不可分割的,就经济生产的目的来说,这种划分也是不必要的。在经济生产中,每个人都清楚地知道什么是必要的,也就是说,人们满足的增加是由于生产资料的增加。但是,在这里我们不对"归属理论"做过多的研究和探讨[2]。

---

[1] 参见阿什利编的《原理》,第26页。——原注
[2] 参见K.门格尔、维塞尔以及庞巴维克,他们最先对这个问题进行了研究。也可以参考《理论政治经济学的本质和主要内容》第Ⅱ编,还有我刊登在《政治经济学、社会政策和管理杂志》(1909年)上的《归属问题评论》。我们不涉及由边际生产理论产生的更为复杂的问题,因此没有必要谈目前更加准确的形式。——原注

第一章　给定环境制约下的经济生活的循环流转

与消费品的使用价值[1]不同，生产物品的价值是"收益价值"，或者可以说是生产力价值。与消费品的边际效用[2]相对应，后者便是边际生产效用，或者用一个常用的术语——边际生产率[3]。劳动或者土地的单位价值的重要性是由它们的边际生产率决定的，它也可以这样定义：一单位给定存量的劳动或土地所能生产出来的最重要的产品的价值。这个价值表明了每一个具体劳动的服务或土地的服务在社会总产品的价值中所占的份额，因此可以明确地把土地的服务或劳动的服务称为"产品"。对于不完全熟悉价值理论的人来说，这些简短的说明是不能囊括它们的全部意义的。请读者参阅J.B.克拉克[4]的《财富的分配》一书，书中克拉克准确阐述了这一理论的意义[5]。在这里，我想强调，从纯粹经济论述的角度来说，克拉克的描述是对"劳动产品"这一概念唯一精确的阐述。我们仅在这个意义上使用这个词，也是在这个意义上，我们认为在交换经济中，劳动和土地的价格，即工资和地租，是由它们的边际生产率决定的。因此，在自由竞争的经济中，劳动者和地主得到了他们各自的生产资料或者产品。我们在这里稍微提及一下这个在现代经济理论中几乎没有任何争议的论题，在以后的阐述中这个论题会变得更加清晰。

下面的观点对我们来说也是很重要的。在实际中，人们之所以能够那么容易地利用他的生产资料的价值，是因为这些生产资料所生产的消费品是

---

[1] 使用价值是一切商品都具有的共同属性之一。任何物品要想成为商品都必须具有可供人类使用的价值；反之，毫无使用价值的物品是不会成为商品的。使用价值是商品的自然属性。——译者注

[2] 边际效用，指在一定时间内消费者增加一个单位商品或服务所带来的新增效用，也就是总效用的增量。在经济学中，效用是指商品满足人的欲望的能力，或者说，效用是指消费者在消费商品时所感受到的满足程度。——译者注

[3] 边际生产率，指在各种产业中每多增加一单位的生产要素（如劳工、资本等）所能增加的生产量。当边际生产率过低或接近0时，表示该产业的发展规模已经接近饱和，人力、物力应转投向其他产业。当生产要素中只有一个是可变的（如：资本），则边际生产率就是边际产量。——译者注

[4] 约翰·贝茨·克拉克（1847—1938年），美国经济学家，美国经济协会创始人、第三任会长。他提出了边际生产力的概念与生产耗竭理论，并研究出根植于边际效用的需求理论。——译者注

[5] 对边际概念的不同理解导致了许多误解。关于这一点，请参阅埃奇沃思的论文《分配理论》，刊登于《经济学季刊》（1904年），尤其是他对霍布森反对克拉克的观点的答复。——原注

人们所熟知的。由于前者的价值依赖于后者的价值,所以,生产的消费品过于单一时,生产资料必须改变。为了调查研究生产资料价值的本质,我们希望能够忽略给定经验的影响,并允许其他未生产过的消费品的存在,我们也必须从这一点出发,即个人还不清楚应该如何在现有的可能性中作出选择。因此,他首先会把生产资料用在生产那些对于他来说最迫切需要的产品上,然后他会用来生产那些排在其后迫切性不断降低的产品。此外,他每做一个生产的决策都必须考虑,有哪些需要是由于生产了当时来说较为急需的物品而未得到满足的。只有当更迫切的需要不会由于他的决策而变得不可能满足时,他的每一步的生产选择才是经济的。只要还没做出生产选择,那生产资料的价值就是不确定的。每种经过深思熟虑的生产资料生产的可能性,都会有每一增量的特定价值与之相对应。至于生产出来的产品中究竟哪些价值与特定的增量具有确定的联系,这只有在人们作出了生产选择并经受了经验的考验之后才能显现出来。一个给定的需要在比它更迫切的需要得到满足之前是不会得到满足的,这一基本的条件将导致所有的生产资料必须按照它们不同的使用可能进行分组,从而使得每一个物品的边际效用相等。在这种制度安排下,个人将根据给定的条件和自身的观点找出最有利的生产安排。如果他这么做了,那他就可以说,自己已经尽可能地充分利用了这些环境。他将努力实现生产资料的最合理的生产安排,改变每一个已经考虑过的或所执行的生产安排,直到生产安排达到最佳状态。如果没有现成的经验可以借鉴,那他必须自己摸索,一步一步地实现这种生产安排。如果可以从先前的经济周期中获得这些生产安排的经验,他就会试着遵循同样的生产路径。如果这种经验所基于的条件已经发生变化,那他就会适应新的生产条件,并调整他的生产行为和评价以使得它们适应新的条件。

在所有的情况下,每种物品都有确定的生产使用方法,因此它们对需求的满足也是确定的,这样反应物品增量的效用指数就能够表达人们的这种确定的满足，它能够表明物品的每次增量在个人生产中的地位。如果出现一种新的生产可能性，就必须根据这个价值去重新考虑生产安排。但是，如果我们返回到人们已经作出的并产生这种效用指数的"选择行为"，我们就会发现，每种生产安排中，是另一种效用而不是这种已经确定的效用在起决定作用。如果我已经把某种物品按照3种生产安排可能性进行了分类，当第4种生产可能性出现的时候，我将会根据已经在前3种生产可能性中实现的满足去考虑它。然而，就这3

▲《圣路易斯的奇迹》，手稿发表于1844年的巴黎。画面上是穿着中世纪服装的法国资产阶级。

种生产可能性的划分来说，这种效用指数是不起决定作用的，因为这种效用指数是在对3种生产可能性进行划分之后出现的。但是，每一种物品都有一个确定的效用范围，它反映了这种物品所有用途的效用，并提供给该物品一个确定的边际效用。生产资料也是如此，就像我们前面所说的，通过它的"产品"，或者按照维塞尔[1]的表述，通过它的"生产贡献"。

由于所有的生产都涉及在各种互相竞争的生产可能性之间作出选择，并且，这种选择往往意味着放弃生产其他物品，那么产品的总价值就绝不是一种净收益，而是减去可以生产出来的其他产品价值后的剩余。后者的价值代

---

[1] 弗里德里希·冯·维塞尔（1851—1926年）奥地利经济学家、社会学家，奥地利学派主要代表人物之一。维塞尔继承和发展了门格尔的主观价值论。——译者注

表被选定生产的产品的反向价值，同时可以衡量被选定生产的产品的满足程度。在这里，我们要提出成本要素的概念。成本是一种价值现象。对生产者来说，生产某种物品所花费的成本是一种消费品，本来可以用相同的生产资料获得，但是由于生产安排导致它不能被生产出来，因此，对劳动这种生产资料来说，它的使用包含着一种牺牲，其他生产资料和劳动是一样的。对劳动的支出，还有一个条件必须得到满足，就是每一次劳动的支出所产生的效用都应该至少能够弥补由于劳动的支出而产生的反效用。然而，有一个事实是不能改变的——在这一条件范围内，个人选择劳动的支出，与选择其他生产资料的支出是完全一样的。

因此，没有得到满足的需要并不是不重要的，它们带给人们的影响随处可见，每一个生产决策都必须和它作斗争，而且生产者沿着给定的方向把生产推进得越远，这种斗争就变得越困难；也就是说，一个具体的需求得到的满足越多，和它处于同一水平的需求得到满足的强度就越小，因此，通过进一步生产获得的满足的增加量是逐渐减少的。此外，与这个方向的生产相联系的牺牲同时也在增加。这种产品所需要的生产资料必须从越来越重要的需求类别中抽离出来。从一种方向的生产中获得的价值变得越来越小，最终它就会消失。当这种情况发生时，这种具体的生产就结束了。因此，我们可以说生产中存在收益递减的规律，这种规律和产品递减的规律具有完全不同的意义，我们命题的正确与否和这种规律也是毫不相关的[1]。显然，最终起作用的其实是成本递增的经济规律。即将做出的投资的价值最终会上升很多，而通过生产获得的效用的增加最终会消失，即使这种投资的数量不断降低，这种效用最终还是会消失。如果后者变为现实，很显然，此时每个人的需求满

---

[1] 这种与物质递减规律的背离，是我们摆脱古典经济学体系迈出的具有决定意义的一步。这一点可以参阅我的论文《分配理论中的地租原理》，载于《年鉴》，施穆勒编（1906年和1907年）。也可以参阅考怀茨的《收益递减》，载于《社会科学简明辞典》。——原注

足的条件虽然都处于很高的水平，但是本质的现象不会因此而变得不同。

　　生产者对生产中的成本要素的考虑，只不过是在考虑使用其他生产方式来生产产品的可能性。这种考虑对每种生产方式构成了制约，而且被每个生产者所遵循。但在实际中，习惯使得这种考虑变成一句简单的描述，使每个人都可以使用它，而不必每一次都对它进行重构。生产者在实际生产中利用它，如果必要就对它进行调整以适应不断改变的环境；它也不自觉地描述了需求和现有的生产方法之间的关系，而生产者的生产条件和经济视野都可以在它身上得到反映。

　　成本作为其他潜在生产资料的价值的表现，构成了社会资产负债表的负债项目，这是成本现象的最深刻含义。生产者的物品的价值必须和这个表现区分开。因为根据我们的假设，成本代表生产出来的产品有着更高的总价值，但是根据上面的描述，在生产边际上，两者的数量是相等的，因为成本会上升到等于产品边际效用的高度。此时，我们通常称为经济均衡，也是生产处于最有效率的位置的表现。只要能够维持生产给定的最优数据，这种经济均衡就会出现在每一期的生产中。

　　这里有一个非常值得注意的问题。通过上面的论述可以得到两个结论。首先，每种产品最后一单位的增量，将在除了成本之外得不到任何效用的情况下生产出来。这不难理解。其次，在生产中不能得到超出生产物品价值的剩余价值。生产只能实现在经济计划中可以预见的价值，而这个价值是预先潜存于生产资料的价值之中的。在这个意义上，不仅从上述提到的物质的意义上来说，生产不"创造"任何的价值，而且在生产的过程之中，也不会产生价值的增值。在完成生产之前，个人对未来需求的满足取决于对必要的生产资料的占有，这如同之后个人对需求的满足取决于对产品的拥有一样。个人将尽力避免前者的损失，就像力图避免后者的损失一样，而放弃前者也和放弃后者一样，是为了得到相同的补偿。

现在，归属的过程必须重新回到生产的根本要素上来，即劳动和土地的服务。这种过程不能停止在任何已经被生产出来的生产资料上，因为如果这样，同样的争论就会出现的每种生产资料身上。因此，直到现在，没有任何产品能够表明它的价值会超过其中所包含的劳动和土地的服务价值。如同我们前面把生产出来的生产资料分解为劳动和土地一样，现在我们可以看到，在价值评价过程中，这些生产资料只是临时的项目。

在交换的经济中，在自由竞争的条件下，所有产品的价格必须等于在产品中体现出来的劳动和土地服务的价格。因为这个价格就是生产出来的产品所得到的价格，而对于一整套必要的生产资料而言，这一价格应该是可以预先得知的，因为依存于生产资料的劳动和土地服务的价格与依存于产品的劳动和土地服务的价格是一样多的。每个生产者必须把他的全部收入转让给为他供应生产资料的人，而这些人又是另外一些产品的生产者，他也必须把他的收入转让出去，直到最后整个产品的原始总价格回到劳动和土地服务的供应者手里。我们随后将讨论这个问题。

这里我们遇到成本的第二个概念，即交换经济的成本。商人把他必须支付给其他人以获得商品或生产资料的总货币数目看作他的成本，也就是他的生产费用。我们还要把他个人努力[1]的货币价值也纳入成本之中，以完成他的成本核算。这样成本从本质上来说就是劳动和土地服务的总价格之和，而且这些总价值必须等于从产品中获得的收入。从这种意义上来说，生产在源源不断地进行，但是实质上不会产生任何利润。经济系统在最完美的条件下是不会产生利润的，这是一种奇谈怪论。如果我们还记得我们论述的意义，那这种怪论就会消失，至少会部分消失。我们的论断并不意味着如果经济系统处于完美的均衡状态，它的生产就不会有结果，而只是意味着它生产的结

---

[1] 正如西格进行的恰如其分的描述，个人劳动服务是"实际的支出"；参阅他的《经济学导论》，第55页。每一个精打细算的商人目前都把自己的土地地租归为费用支出。——原注

第一章　给定环境制约下的经济生活的循环流转

果会完全流向原始生产要素。正如价值是贫穷的象征一样，利润也是不完美的象征。但是，怪论仍然部分存在着。很显然，生产者按照一般的规则进行生产所获得的东西，比付给他们劳动的工资和可能拥有的土地的地租要多。从超过成本的利润这一点来说，难道就没有一个普遍的净利润率吗？竞争可能会消灭一个行业特殊的剩余利润，但是它不会消灭所有生产部门共同的利润。暂且假定生产者可以获得这种利润，那么他们必须对他们所拥有的生产资料进行价值评估。而这些生产资料要么是原始的生产资料，即个人的努力或者自然要素，这样我们就回到我们研究的出发点；要么是被生产出来的生产资料，这种情况下，它们就被赋予更高的评价，也就是说，体现在其中的劳动和土地的服务必然得到比其他服务更高的评价。然而，这是不可能的，因为劳动者和地主能够与它们先前已经投入的劳动和土地的数量进行有效的竞争。因此，净利润是不存在的，因为即使整个生产过程在许多独立的企业中被分割开来，原始生产服务的价值和价格也总会把产品的价值和价格吸收进去。我不想让读者对这个问题感到厌倦，因此把原本该在此处分析的一部分内容放到后面[1]。

这一点不像某些读者看到的那样，同古典经济学鲜明对立。价值的成本理论，尤其是李嘉图的劳动理论，都强烈表明了相同的结论，比如，把所有收入甚至利息都称为工资的这种趋势，都是由这些理论来解释的。如果在古典时期这些理论没有被清楚表达出来[2]，首先这是因为古典经济学家承认他们理论的推论不是很严格，其次是因为我们的理论显得与事实相悖。庞巴维克确实是第一个清楚表达这个观点的人，即如果生产过程是在理想状态下进行的，那产品的所有价值原则上必须根据劳动和土地的价值进行划分。当然，

---

[1] 参考第4章，尤其是第5章。——原注
[2] 比如洛茨就是这样的，虽然他以极其微弱的形式回避这种直觉；参阅他的《社会科学简明辞典》。在斯密的书中可以看到非常朴实的表述。——原注

◀1619年，20名非洲奴隶被运到北美，在詹姆斯敦登陆。随着资本主义的兴起，非洲变成商业性掳获黑人的场所，这是资本原始积累的主要表现之一。

这要求整个经济系统完全准确地适应生产，所有的价值必须与数据相适应；还要求所有的经济计划都能顺利运转，没有任何事情干扰它们。然而，庞巴维克也指出，两种情况会反复破坏产品的价值和生产资料价值之间的均衡。第一种情况是摩擦。由于许多原因，经济机体的运转并非十分迅速。错误、灾害、懒惰等以众所周知的方式，持续不断地造成损失，但这种损失也是利润的源泉[1]。

在我们转到庞巴维克提到的第二种情况之前，我们先插几句关于两个极为重要的因素的阐述。第一个是风险因素，可以区分为两种：生产技术失败的风险和商业风险。只要这些风险是可以预知的，它们就会对经济计划产生直接的作用。商人们要么把风险准备金包括在他们的成本核算中；要么准备一笔资金来防备一定的风险；要么会考虑并均衡生产的各个部门之间的风险，其办法是避开高风险的部门的生产，直到这些部门生产的产品价格的增长能够带来某种补偿[2]。这些均衡风险的生产基本上不会产生利润。一个采取各种方式防范风险的生产者，在保护他的生产成果时具有一定的优势，但是同时他也付出了相应的成本。风险准备金对生产者来说不是利润的来源，

---

[1] 参阅庞巴维克的注解，《资本利息的实证理论》第4版，第219～316页。——原注
[2] 参见埃默里的相关论述，在我的引文《美国的新经济理论》中，载施穆勒的《年鉴》（1910年）和费希尔的《资本与收入》。——原注

第一章 给定环境制约下的经济生活的循环流转

但是对保险公司来说，却构成了利润的一部分，保险公司主要是把各种风险准备金汇总，以此来应对随时可能发生的意外。较大的风险补偿在表面上看是较大的收益，但是它还要乘上一个概率系数，这样它的真实价值会再次降低，而正是这减少了剩余的数额。任何消费这种剩余的人在事情的发展过程中都会为此付出代价。因此，经常赋予风险要素独立角色，以及与它相联系的独立收益，是没有任何意义的。当然，如果风险是不可预知的，或者在经济计划中是不考虑在内的，那事情就变得不同了。此时，风险一方面是暂时损失的源泉，另一方面又是暂时收益的源泉。

我想阐述的第二个因素是这些收益和风险的主要源泉。它们的数据是自动变化的，而个人是习惯于考虑这些数据的。这些变化创造出了新的情况，而且重新适应新情况是需要时间的。在适应发生之前，经济系统中会发生成本与收入的大量积极或消极的不一致，这说明适应总是存在一定的困难。关于这些变化的知识在很多时候不是那么容易就可以获取的。从知识得出结论也要走出很大的一步，因为在没有准确经验的条件下，这个过程会遇到很多障碍。相对以前，所有产品的生产不可能完全适应变化了的环境和数据，尤其是对于生产耐用消费品的生产者来说。在物品被完全磨损之前它必须经历的时间内，不可避免地会发生条件的改变，这就发生了李嘉图在他书中的第一章第四部分所指出的物品价值决定的特性。它们的收益与成本完全没有联系，而这是必须接受的现实；它们的价值发生了改变，但是这没有改变与之相适应的供应。因此，某种程度上，它们变成一种特殊的收益，这种收益可能高于或低于这种产品中所包含的劳动和土地的服务的总价格。这些现象会出现在商人的眼中，就如同自然事物出现在他们的眼中一样。像马歇尔[1]一

---

[1] 阿尔弗雷德·马歇尔（1842—1924年），近代英国最著名的经济学家，新古典学派的创始人。他于1890年发表的《经济学原理》，被看作是与亚当·斯密《国富论》、李嘉图《赋税原理》齐名的划时代著作，其供给与需求的概念，以及对个人效用观念的强调，构成了现代经济学的基础。——译者注

样，我们称之为准地租[1]。

　　庞巴维克还提到了第二种情况，这种情况可能改变归属的结果，也可能会阻碍产品的一部分价值在劳动和自然的服务中得到体现。众所周知，任何生产中都包含着时间的流逝[2]，除了那种维持生命的原始劳动的瞬间生产。由于时间的流逝，生产资料不仅仅是潜在的消费品，而且它还通过新的本质的特征和消费品区分开来，即时间的距离把它们和消费品区分开。生产资料是未来的消费品，所以它们的价值比消费品低，也不会耗尽产品的价值。

　　这里我们触及一个非常微妙的问题。由于它对本书论述的重要性有限，因此我们在这里仅点到为止。在一个经济体制正常的生产进程中，生产过程年复一年地遵循同样的规律，所有的经济数据都是相同的，那么同产品相比，我们对生产资料是否存在系统性的低估呢？这个问题可以分为两个小问题：不考虑客观和个人的风险系数，在一个经济系统中，满足未来需求的价值是否完全低于满足现在同等需求的价值；在这样的经济系统中，除了时间流逝本身对价值的影响，在时间进程中所发生的事情是如何建立价值评价上的差别的？

　　对第一个小问题肯定的回答听起来似乎很有道理。当场给予某些礼物肯定比许诺将来给礼物更受欢迎[3]。然而，这不是我们这里要处理的问题，而是对收入有规律流动的一种评价。如果可能，让我们想象一下下面的情况。

---

[1] 准地租又称准租，是指在短时间内因使用固定资本而产生的超额利润。因准地租是租用固定性耐久生产设备（如建筑物、大型设备机器等），付给占有者租赁费（租金），其实质亦系超额利润，类似地租，故称准地租。——译者注

[2] 在经济生活中，对于时间的因素，庞巴维克是最具权威的。其次是W.S.杰文斯和约翰·雷。费希尔在《利息率》一书中有关于"时间偏好"这一特殊因素的详细研究。还可以参阅A.马歇尔对时间因素的阐述。——原注

[3] 可以顺便说一下，这一事实并非清楚和简单的，其中的道理需要进行分析，下面就会做出简略的分析。——原注

第一章　给定环境制约下的经济生活的循环流转

某人拥有了一笔终身年金。在他的余生中，需要这笔年金的种类和购买力[1]保持绝对不变。这笔年金数目很大而且十分稳定，这使得他没必要为了防备紧急情况和可能面临的损失而去创立一份基金。他知道自己不用承担照顾别人的义务，也不会突然产生此类欲望。他没有必要以现在的利率将储蓄用于投资——假定有这种情况，我们就应该首先要考虑利息因素，从而陷入循环推理的危险情况中。现在，处于这种经济状态的人，在选择年金的未来分期支付还是时间上与现在较接近的支付时，会不会更看重后者呢？当然不会，因为如果他这样做了，也就是说放弃未来的分期支付而换取对他补偿较小的现在的支付，他就会发现自己最后得到的满足要小于应该得到的。他的行为会导致财产损失，这是不经济的。然而这种行为在现实中还是会发生，就像违反经济理性规则的其他行为常常发生一样。这种现象的发生并不是这些规则本身的一个要素[2]。当然，我们在现实中所遇到的大多数例外并不是违反这些规则所造成的，而是我们的假设与实际情况不符造成的。我们会发现自己很容易对当前的满足感做明显的高估，特别是儿童和文化水平较低的人群，那么此时摆在我们面前的就是要解决经济问题和现实中人们经济观点之间不一致的问题：儿童和文化水平较低的人群只知道瞬间的生产，未来的需求对他们来说遥不可及，他们根本不会看到这些未来的需求。因此，他们经受不住需要广阔的视野才能做出决策的考验。这是很明显的。但是他们通常不需要做出这种决策。对于掌握了需求和满足的手段双重经济节奏的人，在特殊的场合或许会嘲笑这个结论，即任何倾向一方的替换都意味着满足感的缺失，

---

[1] 购买力是人们支付货币购买商品或劳务的能力，或者说在一定时期内用于购买商品的货币总额。它是消费者能够对公司施压降低其产品及服务价格的能力，同时也反映该时期全社会市场容量的大小。一切不通过货币结算的实物收支和不是用来购买商品和劳务的货币支出，如归还借款、交纳税金等，均不属于社会商品购买力范围。——译者注

[2] 费希尔教授，作为在世的对未来满足低估这一要素进行论述的最杰出的学者，把我的反对观点充分地表达了出来。他引用"缺乏耐性"一词来表述这个意思。如同错误一样，非理性的缺乏耐性无疑也是存在的，但它不是事物正常发展过程中的要素。——原注

但是他在原则上不能否定这个结论。

我们的第二个小问题是怎样的？难道生产过程不能够以一种与我们经典的假设不一致的方式进行吗？难道货物的持续流动不能有时微弱，有时强烈吗？尤其是，产量更大的生产方法需要更多时间这一事实，不一定影响现在货物的价值，从而使时间成为物品循环流动的一个因素，难道这不是事实吗？我们对这个问题的否定回答很容易被误解，而只有在未来人们才能明白它的全部含义。我不否认经济生活中时间要素的重要性，但需要从不同的方面去看待它。引入更有效率的生产需要耗费更多的时间，时间要素如何影响生产过程，这是两个完全不同的问题。我们不是谈论引入新生产过程的问题，而是谈论已经处于正常工作状态的由给定的生产过程所构成的循环流动的问题。在这里，任何更有效的生产方法，如同其他有效的生产方法一样，不管生产时期的长短，都会立即取得相应的成果。一种生产方法之所以被认为有效，是因为在相同的时间内，使用相同数量的生产要素进行生产时，这种方法能够比其他方法生产出更多的产品。给定必要数量的劳动和自然要素，这种有效的生产方法就会不断重复进行，而不必进行其他的生产选择，而它们也会源源不断地提供产品。即使产品不是源源不断地提供出来，也不会产生低估未来产品的倾向。理由很简单，如果生产过程定期生产出产品，就不会存在等待产品的情况，因为消费行为能够使自己适应生产，在单位时间内按照相同的速度持续进行，因此不会有低估未来的产品的动机[1]。如果持有现在的物品能保证我们在未来可以得到更多的商品，那我对现在商品的评价可能会比未来商品的评价高。当我有充足的理由确信商品会源源不断地流入，而且我的行为已经适应了这种情况，我就不再对现在的商品给予较高评价，而是对现在和未来的商品做出相同的评价，因而未来"更多的"商品将

---

[1] 谷物在刚刚收获之后，肯定比将来的价格更便宜。不过，可以用储存成本、实际存在的利息以及其他情况来解释这个事实，所有的这些对我们的原则都不会改变。——原注

第一章 给定环境制约下的经济生活的循环流转

▲1861年,大北方铁路的蒸汽火车"威廉·克鲁克斯"号启用,配备了煤水车和汽机。煤水车是一种特殊的车辆,用来运载燃料和水,以保持火车运行。

不再依赖于对现在商品的拥有。我们也可以把前面持有年金的人的例子应用到这种情况上。假设他每月可以领取1000美元,但现在情况不同了,他被许诺在放弃按月领取后,可以在年终一次性获得20000美元。直到第一年的分期付款到期为止,时间因素可能使他感到不是很愉快,但是在收到20000美元之后,他就会感到情况得到了改善,而且他的改善来自新增加的每年8000美元,而不是来自之前的每年12000美元的一部分。

同样的论证也适用于节制要素[1]、等待的必要性等。在这里我推荐读者参考庞巴维克的观点。对我们来说,只需要精确地表达自己的观点。我们不能简单地否认这种低估未来产品现象的存在,这种现象的本质比它的表象要

---

[1] 主要的作者是西尼尔以及庞巴维克,后者在他的《资本利息的历史及其批判》中有论述,最近还有美国的作者麦克恩。也可参阅《帕尔格雷夫辞典》中"节制"一条及其所列举的文献。关于这一因素常常被忽视,卡塞尔的《利息的性质和必要性》是其代表作。我的观点接近维塞尔的《自然价值》和约翰·B.克拉克的《财富的分配》。还可以参阅《理论政治经济学的本质和主要内容》。——原注

037

复杂得多，而且值得注意的是，这种现象的本质和外在表现还没有得到透彻的分析。在这里，我们还必须把创造生产工具的过程和它被创造出来后提供给人们在生产中使用的过程区分开来。不管节制要素在创造生产工具的过程中起到什么样的作用——接下来我们不得不反复提到这一点，首先会出现在下一章关于储蓄的讨论中——等待的必要性肯定不会出现在重复的生产过程中。人们不需要等待经常性的收益，因为人们在需要它的时候就会很自然地得到它。在物品的正常循环流动中，人们不必定期抵挡瞬间生产的诱惑，因为如果人们屈服于瞬间生产，那么生产经营情况就会变得更坏。因此，这里不会发生有收入来源而不去消费的节制问题，因为根据我们的假定，除了劳动和土地之外，没有其他的收入来源。如果节制因素在最初创造生产工具的时候是必要的，那么它就必须在以后的正规产出中得到补偿，这难道是节制因素在正常循环流动中不能起作用的原因吗？首先，在我们的调查过程中，节制要素在必要的生产要素中只起到次要作用。具体来说，新生产方法的引入从整体上说并不需要有预先的货物积累；其次，如同庞巴维克曾表述过的[1]，在这种情况下把节制看作成本的一个独立要素实际上是把同样的项目计算了两次。不论等待的性质是什么，它都不是我们在这里所要考虑的经济过程的一个要素，因为一旦物品的循环流动过程建立起来，在成本花费、生产努力和需要的满足之间就不会存在任何缺口。按照克拉克教授的结论性表述，这两者是同时发生的，而且发生的过程是一种自然的行为[2]。

归属理论说明了所有单个物品的价值。这里只补充一点，即物品的单个价值并不是孤立的，而是互为条件的。这种规则唯一的例外，就是不能由另一种商品来代替的商品，这种商品的生产资料是无可取代的，甚至这些生

---

[1] 费希尔对这个问题的表述（《利息率》，第43～51页）被认为是没有说服力的，因为他把时间贴现看作一个基本的事实，而它的存在是非常显然的。——原注
[2] 克拉克确实把这种"同步性"归因于资本的作用。接下来可以看到，我们并不赞同他的观点。我重申：在利润和损失的加速影响和阻挠下，支出和收益彼此是自动同步发生的。——原注

产资料不能用其他方法生产出来。这种情况是可以想象的，比如由自然直接提供的消费品就可能会发生这种情况，但是这也是一个可以忽略的例外。所有其他物品的数量和价值都处于一种严格的相互关系中，这种关系表现在互补、交换使用的可能性以及互相替代的关系等方面。即使两种物品只有一个共同的生产要素，它们的价值仍然是有联系的，因为两种物品的数量和价值取决于该要素在生产过程中的分配合作，由于该要素是这两种物品所共有的，因此生产中也将遵循边际效用相等的规则。几乎没有必要指出由劳动这个生产要素所引起的生产关系，实际上使得所有物品都具有相互关系。每种物品的数量和价值的确定都受其他所有物品价值的影响，只有在考虑所有其他物品的价值之后，才能对某种物品的价值和数量做出完全的解释。因此，对每个人来说，每种物品的价值构成了他的价值体系，其中各个要素是相互依存的。

这个价值体系表现出了个人全部的经济关系，包括他的生活、观点、生产方法、需求以及经济组合等。个人绝不会同时意识到这个价值体系中的所有部分；相反，这个体系中的大部分都会在个人的意识范围之外。此外，当他进行经济行为的决策时，他并没有关注这个价值体系中所表达出来的所有经济事实，而只是关注手头现有的某些指标。在日常生活中，他根据习俗和经验进行生产，对每种物品的使用都是从它们的价值开始的，而这些物品的价值也是经验告诉他的，但是这种经验的结构和本质是由价值体系给定的。这些价值，经过了它们之间的互相调整，通过个人年复一年的生产得以实现。因此，我们提到的这种价值体系表现出了显著的稳定性。每个经济周期都存在这样的趋势，即它重新回到以前的轨道上，并再一次实现相同的价值。即使这种经久不变的特性被打断，一些持续的特性也会保存下来，因为即使外界条件发生了变化，也不是要做某种全新的事情，而只是要使以前做过的事适应新条件。对每一个新的经济周期来说，已经建立起来的价值体系和给定的生产要素组合都是新起点，也可以说是对下一步生产的有利的预测。

而对个人的经济行为来说，这种稳定性是不可或缺的。实际上，在大多数情况下，人们不能从事创造新经验必需的脑力劳动。我们同样可以看到，在现实中，过去各个时期的物品数量和价值决定着以后各时期物品数量和价值，但凭这一点还不能说明这种稳定性。显著的事实是这些生产的规则经受住了经验的考验，每个人都认为他们不可能比这些规则所教导的做得更好了。我们对价值体系的分析，如同研究经验这座大山的"地质学"，它向我们表明，在人们的需求和视野给定的情况下，物品的数量和价值可以解释为周围环境条件给定情况下的合理结果。

因此，个人生产行为的经验不是偶然的，而是有它合理的基础。在一定条件下，有一种经济行为能够在现有的生产方法和满足个人需求的最好的生产方式之间建立均衡。我们所描述的价值体系和经济均衡的位置是相适应的，这种经济均衡的构成部分是不能改变的（假设所有的数据保持不变），否则，个人体验就会持续变差。因此，只要问题是使他自己适应条件，并服从于经济制度的客观需要，而不是去改变它们，那么对于个人来说，就有且仅有一种行为方式可以采用[1]，只要给定的条件不变，这个行为的结果就不会出现任何变化。

我们假定读者对于竞争和垄断情况下的交换和价格的一般理论是熟悉的。我们会注意到这样一种情况，即普遍存在的交换可能性将自然而然地改变每个人的价值体系。根据基本的原理，资源的各个单位是在各种可能用途之间进行分配的，这是为了获得相同的边际满足，这种基本原理会一直起作用。在交换经济中，我们可以这样简要表述这个基本原理：对所有家庭来

---

[1] 这种情况只有在自由竞争和寡头垄断（这两个词是从技术意义上说的）的情况下才被普遍接受。但是这对我们的目的来说足够了。后来已经证明，古诺的主张（即使在"垄断竞争"领域，也存在这样的事实）是没有错的。——原注

第一章　给定环境制约下的经济生活的循环流转

说，价格必须与消费品的边际效用成比例；对所有生产厂商来说，价格必须与产品的边际生产率成比例。但是一个新的现象表明了这样的事实：在实践中，产品不是按照它们所具有并提供给生产者的"使用价值"来定价，而是根据生产者最终能够从这些产品身上获得的效用来定价[1]。每个人对他的产品的评价尺度以及对他可能拥有的生产资料的评价尺度，是由通过交换或购买获得的物品的评价尺度构成的，而购买是通过出售生产资料的服务获得的收入实现的。完成这些交换或购买行为的最有效的途径是根据经验进行，每一种商品或生产服务都是根据经验来进行估值的。

在交换经济的每个时期，我们可以观察到无数交换行为，交换的全体构成了经济生活循环流动的外部形态。交换规律向我们展示了给定的条件下，循环流动是怎样进行的（即经济生活的循环流动是如何进行的）。交换规律教给我们为什么在条件不变的情况下，这种循环流动不会产生变化，它还教给我们这种循环流动为什么会发生以及如何适应环境的变化。在假定条件保持不变的情况下，每一个连续的时期，同一种类、同等数量的消费品和生产品将被消费和生产出来，这是因为存在这样的事实，即实践中人们是根据反复证明的经验来安排生产和消费的。理论上，我们认为在给定的条件下，人们是根据现有的生产方法的最佳组合来安排生产和消费。但是，连续的生产时期之外还有另外一种联系，因为每一时期都会使用前一时期为它准备的物品，而且每一时期也会生产物品供下一时期使用。为了简化分析，我们现在假定如下情况对事实进行分析阐述，即每一时期只消费前一时期生产的物品，只生产下一时期将被消费的产品。这种将两个经济周期相互衔接起来的办法不会改变任何实质性的东西，而且很容易让我们看清经济周期之间的关

---

[1] 这就是奥地利人过去所谓的"主观交换价值"。熟悉过去50年里理论讨论历史的读者，会如同反对奥地利理论的人一样，认为试图用"效用"来解释价格包含着循环推理，也会想起这种现象如何引起对其所包含的循环推理的控告。——原注

▲《农民家庭的午餐》，瑞士画家阿尔伯特·纽格里斯绘制于1895年。画面中，母亲、孩子和父亲正在吃午餐，食物是热气腾腾的土豆。

系。根据这个假定，每一种消费品不多不少都需要两个经济周期才能完成。

在这种简化的经济过程的每个周期，也必须要进行交换，现在我们将对交换进行分类。第一，把那种仅仅为了将所得的东西再转出去的交换排除在外。理论表明这种交换必然大量存在于每一个贸易经济中，然而在这里，我们对这种纯粹技术性的交易不感兴趣[1]。第二，在每种贸易经济中，都会发生劳动和土地的服务对消费品的交换。毫无疑问，这种交换体现了经济系统中大部分的物品流动，并且连接了物品的来源和出口（生产和消费）。但是，工人和地主出售他们的生产性服务是为了消化已经在手中的消费品，他们出售的这种服务只有在每个时期的末期才能生产产品。进一步说，即使他们出售的服务有一些是为了生产生产者需要的物品，那他们出售生产性服务也是

---

[1] 参阅《理论政治经济学的本质和主要内容》第2篇。——原注

第一章　给定环境制约下的经济生活的循环流转

为了消费品。在每一时期，有一些劳动和土地的服务是没有体现在这一时期即将使用的生产资料中的，那么它们就用来交换上一时期已经生产出来的消费品。这种说法与事实可能有些出入，但这只是为了让说明简单些，并不影响根本原则。在本次交换之前，谁拥有劳动和土地的服务是很清楚的，但是谁是交易的另一方呢？交换行为发生之前，用来交换这些服务的消费品是在谁的手里呢？答案很简单，消费品在这一时期需要劳动和土地的服务的人，也就是那些希望通过增加更多劳动和土地的服务把前一时期生产出来的生产资料变成消费品的人手里，或者在那些想生产新的生产资料的人手里。为了简化，我们假定这两类人在每一时期都做相同的事情，也就是继续生产消费品或生产资料——这是符合贸易经济中的劳动分工原则的。于是我们可以说，在上一时期生产消费品的这些个人，在本期提供了一些消费品给工人和地主，以换取他们在下一时期新的消费品生产中需要的服务；在上一时期生产生产资料的这些人，为了在这一时期继续生产，他们会提供这些生产资料来换取生产消费品的人生产出来的消费品，他们得到所需要的这些消费品就能获取新的生产性服务来继续进行生产。

因此，工人和地主总是只把他们的服务用来交换当期消费品，不管这些服务是直接还是间接体现在消费品的生产中。对他们来说，没有必要把劳动和土地的服务用来交换未来的消费品，或交换对未来消费品的承诺，或申请"预支"当期消费品。这仅是简单的交换行为，而不是信用交易。在这一过程中时间要素不起作用。而所有的产品也仅仅都是产品，不包含其他含义。

对单个的厂商来说，究竟是生产生产资料还是生产消费品，是完全不相关的事。这两种情况下，产品都是当即按照价值得到支付的。个人不需要关心这一时期之外的事情，即使他总是在为下一时期工作。他只是服从需求的指示，而同时经济过程的机制也会认为他在为未来提供产品。他本人不必关心产品进一步的情况，如果要他对产品负责到底，那么他也许根本不可能

043

开始这一生产过程。消费品也只是产品而不是其他任何东西，除了销售给消费者之外不会产生其他结果，它们也不会在任何人的手中形成"基金"来维持劳动者的生产等，更不会为进一步的生产提供直接或间接的服务。因此，关于这些物品存货积累的问题是不存在的。这种机制一旦经过调整，就会自行维持自身的运转。这种机制是如何形成的是另外一个问题。它是如何发展的，如何起作用的，又是两个不同的问题。

我们还可以进一步推论，经济生活的任何地方，即使是交换经济中，生产出来的生产资料也只是短暂的物品。我们在任何地方都找不到它们的库存所发挥的作用，似乎它们是以其本身在完成所有的生产职能。对于生产资料来说，除了为它们所包含的劳动和土地的服务所支付的工资和利息，任何国民总报酬都不是来源于它们；没有任何净收入的要素最终会附着在它们身上；没有任何独立的需求是由它们产生的。相反，每一时期，所有手头的消费品的价值都归因于本期所使用的劳动和土地的服务；因此，所有的收入都是以工资或自然要素的租金形式体现的[1]。据此，我们可以得到这样的结论：劳动和土地为一方，消费品为另外一方，它们之间的交换过程不仅为经济生活的流动提供了主要的方向，而且在我们的假设下，这种交换是唯一的方向。劳动和土地分享了全部的国民报酬，而且手头只有为满足他们有效的需求所必需的一定数量的消费品，除此之外没有更多。这符合经济学中的最后一对数据：需求及其满足的方法。这也是我们一直在讨论的一部分经济现实的真实写照。它已经被理论弄得残缺不全了，还人为创造了大量的虚构的问题——除了得到补偿的劳动和土地的服务之外，还包括什么是"基金"的问题。

因此，交换经济通过下面的方式向我们展现了它的组织形式。现在，单个企业是作为为了满足他人的需求而进行生产的个体出现在我们面前，一个国家全部的产出是在这些单个的企业中进行首次分配的。对这些企业来说，

---

[1] 分配理论的第一条基本原理就存在于这个表述中。——原注

第一章　给定环境制约下的经济生活的循环流转

▲19世纪，英国和爱尔兰常见的家纺"车间"。在大规模工业化纺织时代到来前的19世纪中叶，绝大多数的爱尔兰家庭都拥有织布机。

它们除了具有把生产中的两个原始要素结合起来生产的职能之外，就没有其他的职能了，而这种职能在每个时期都是机械性地自动完成的，并不需要监管及类似的人为因素。因此，如果我们假设土地的服务掌握在私人手里，那么，撇开垄断者不提，除了从事某种劳动的人或者将土地的服务提供给生产安排的人之外，就没有任何人对产品有任何要求权了。在这些条件下，经济系统就不存在其他的阶层，尤其是没有拥有生产出来的生产资料或者消费品的阶层。我们已经看到，认为某处存在物品库存积累的观点是错误的。这主要是由很多生产出来的生产资料是要经过一系列的经济周期才被生产出来的事实引起的。但是，这并不是基本要素，如果我们这些生产资料的使用被限定在一个经济周期中，也不会在实质上改变什么。消费品存量的说法没有任何依据；相反，消费品通常只掌握在零售商和消费者手中，它们的数量也只能满足当前的需要。我们看到了物品的持续流动以及经济过程的不断移动，但是我们没有发现其组成部分要么是不变的，要么是可以稳定替代的那种存量。对于一家厂商来说，它生产消费品还是生产资料，其实没有任何的区别。在两种生产情况下，在完全自由竞争中，它都是以相同的方式处理产品，根据它提供的土地和劳动的服务的价值获得相应的支付，除此之外没有其他东西。如果我们称呼一个企业的经理或者所有者为"企业家"，那他就是一个既没有所得也不会有损失的企业家[1]，没有特殊职能，也没有特殊收入。如果拥有生产出来的生产资料的人被称作"企业家"，那么他也只能是生产者，与其他生产者没有什么区别，同他们一样，出售产品的价格不能低于成本，而成本是由工资和地租的总额确定的。

因此，从这个解释的观点出发，我们看到了不断更新的物品流[2]。只有在某个瞬间似乎存在某些个别物品的存量及与其相似的东西；人们实际上只能在抽象意义上谈论"存量"[3]，这种抽象的意义是指经济系统中一定种类和数量的物品只能通过一定地区范围内的生产和交换机制进行。这种意义上所说的"存量"就好比河床，而不是流经它的河水。河水是从劳动力和土地这种流动的源泉中得到补充的，在每一个经济周期都流入我们称为收入的水库中，这些收入将在此转变为需求的满足。对此我们只做简单的评述，这需要我们接受一个特定的收入概念，即费特的概念，把不是经常消费的物品从这个概念的范围内排除出去。从某种意义上来说，循环流动到此结束；从另一种意义上来说，它又没有结束，因为消费引起重复消费的欲望，而这种欲望又推动新的经济行为产生。在此请读者原谅，因为我们应该谈到准地租，但

---

[1] 这是瓦尔拉的用语。然而，事实上，在他的均衡体系中，利息作为收入而存在。——原注
[2] 严格区分"基金"和"流动"并使得这种区分具有意义，这是S.纽克姆博的一本没受人们重视的书《政治经济学原理》的功劳之一。在现代文献中，这观点被费舍尔所特别强调。没有哪本书比纽克姆博的书对货币的循环流动描述得更清晰了。——原注
[3] 存量是指某一指定的时点上，过去生产与积累起来的产品、货物、储备、资产负债的结存数量。——译者注

第一章 给定环境制约下的经济生活的循环流转

是没有谈。更严重的是，我们也没有谈到储蓄，这一点是可以解释的，因为在任何情况下，储蓄在保持不变的经济系统中是起不到很大的作用的。

对每个人来说，一种商品的每单位数量的交换价值，取决于他能用该商品所获得的，并且确实打算用该商品来获得的所交换的物品的价值。由于他是否用该物品来进行交换是不确定的，交换价值会随着当时个人所想象的交换可能性而波动，而且如果个人改变需求的方向，交换价值就会发生改变。但是，当一种商品在交换中找到它的最佳用途时，交换价值就会保持在最佳用途所确定的水平上，而且是唯一确定的水平——如果经济条件保持不变的话。显然，从这个意义上来说，任何同一种商品的单位交换价值对不同个人来说都是不同的，这种差别不但因为这两种原因——第一，个人的嗜好不同；第二，他们的整体经济情况不同——而且还由于与这些经济事实都没有关系的第三种原因，即个人所交换的商品是不同的[1]。但是在市场上被交换的任意两种物品之间的数量关系，或者它们的倒数，即每种物品的价格都是相同的，不管他是富裕还是贫穷——这和我们前面所说的一样。每种物品的价格和其他所有物品的价格是具有联系的，如果我们把价格用一个共同的标准来表示时[2]，这一点将变得十分清楚。

现在让我们引入价格的标准和交换的媒介，并选择黄金作为"货币商品"的角色。鉴于我们的研究目的，对于人们已熟悉的交换理论我们会讲得很少，但是我们必须对货币理论进行深入探讨。在这里，我们仅限于论述以后对我们的分析具有重要作用的论点，即使这些论点，也只是必要时在我们限定的范围内才进行论述。因此，我们将把在本书中不会再出现的问题放在

---

[1] 我的意思是，由于喜好和总体经济情况的不同，即使对于其他人也同样用来交换的相同的物品，每个人对其价值的认同也是不一样的。况且，每个人都会交换不同的物品。——原注

[2] 参见《理论政治经济学的本质和主要内容》第2章。——原注

一边，如金银复本位制[1]的问题和货币的国际价值问题，等等。有些理论的价值存在于以后我们没有机会去讨论的那些方面，我们会毫不犹豫地用比较简单的，或为人们所知道的理论去代替它，即使这些理论在其他方面还有很多不完善之处，但只要对我们有用就足够了[2]。

经验告诉我们，每个人都会对他的货币存量[3]进行价值评估。在市场上，所有这些个人的价值评估将导致每单位货币和其他商品的数量之间建立一种确定的交换关系，这和我们前面说的其他商品的情况是一样的。在给定的条件下，通过个人之间以及物品的各种可能使用性之间的竞争，如同其他的商品一样，货币也具有很多确定的价格。货币的这些价格——这个表达已经完全由前面的论述定义了，后面我们还会常常用到——如同其他商品的价格一样，是由个人的价值评估决定的。但是，这些个人的价值评估又是建立在什么基础之上的呢？关于这个问题，我们需要做比其他商品价值评估更复杂一点的解释，其他商品的价值评估是以个人通过消费这种商品所得到的需求满足为基础的。我们根据维塞尔的论述回答这个问题[4]：物质商品的使用价值当然会为货币获得与其他商品的交换关系确定历史的基础，但是，对每个人来说，货币的价值和它在市场上的价格会偏离这个基础。作为货币的黄金所具有的个人边际效用和价格，都不能偏离它作为商品的个人边际效用和价格，这是很明显的。如果发生了偏离，就会出现通过把艺术品铸成金币或把金币

---

1 金银复本位制是本位制的一种，曾在18~19世纪被英、美、法等国长期采用。在这种制度之下，黄金与白银同时作为本位币的制作材料，金币与银币都具有无限法偿的能力，都可以自由铸造、流通、输出与输入。金币和银币可以自由兑换。这一制度的出现弥补了黄金产量不能满足市场需求的问题。——译者注

2 读者可以从"社会产品和计量单位"一文，了解我关于货币和它的价值的思想的主要特征。那里的"货币"是一个完全不同的概念。——原注

3 货币存量，即货币供应量，是指社会中在某一定点上存在的货币数值。在不兑现信用货币流通条件下，通常包括以下两个部分：非银行部门所持有的中央银行的负债凭证，简称现金（通货）；非银行部门所持有的商业银行的负债凭证，简称存款货币。——译者注

4 《社会政策协会文集》，1909年大会报告。关于这一点，参阅米塞斯《货币与流通手段的理论》第2版；如果读者怀疑上述论点含有循环推理，可以看一看米塞斯的书。作者希望表明，他并不认为引进货币要素这一方式令人满意，即使仅限于章节中的目的。——原注

第一章　给定环境制约下的经济生活的循环流转

融化的方法来消除这种偏离和差异的趋势。这种判断是正确的，不过不能证明什么。因为如果同一种商品在两种不同的用途上以相同的价格出售，我们不能简单地说一种用途决定了价格，另外一种用途只是简单地服从这个价格。相反，显然是两种用途共同形成了商品的价值尺度，如果其中一种用途不存在了，那么它的价格也会发生变化。货币商品就是这样的一种情况。货币具有两种不同的用途，如果这两种用途之间可以互相转换，那么这两种用途的边际效用和价格必须相等，因此，货币的价值绝不能仅仅从艺术角度进行解释。如果我们假定货币商品的所有存量是铸币，这确实也是可能的，那么前面的论述就变得非常清晰了。即使此时货币仍然具有价值和价格，但是前面的解释很显然就站不住脚了。一方面停止铸币，一方面禁止融化铸币，同样给我们提供了经验上的例子，可以说明货币价值的独立的特征。

对于货币来说，它的货币价值理论上完全可以与它的物质价值分开。当然，物质价值是货币价值的源泉。但是，我们在解释货币价值的具体实例时，原则上可以忽略它的物质价值，这如同在考虑一条河流的下游的某些方面时，我们可以忽略从其源头流过来的水量一样。我们可以想象，人们是根据他所拥有物品的一定比例，或者更准确地说，是根据这些物品的价格来获得一定数量的交换媒介，这种媒介是没有使用价值的，而且在每一经济时期，所有物品都必须换成这种交换媒介，该媒介只作为交换媒介被确定价值。根据假定，它的价值只能是交换价值[1]。就像我们之前所说的所有商品都是为市场而生产的一样，每个人都根据能用这种媒介获得的商品的价值来对这种交换媒介进行估值。因此，每个人对他的货币的估值都是不同的。即使每个人都用货币来对其他商品进行估值，即使这些估值在数量上是相等的，但是这些估值对不同的个体而言仍然会有不同的意义。的确，在市场上，每

---

[1] 货币将因为它的交换只能被定价。很显然，这与生产工具的只能很相似。如果像许多意大利人一样，人们只是把货币当成"最好的工具"，情况就会更加清楚。——原注

种商品只有一种货币价格，而且在任何时候也只能有一个货币价格，所有人根据这些价格计算物品的价值，在这一点上，他们具有相同的立场。但这只是表面现象，尽管对所有人来说，价格是相等的，但对每个人来说，这些价格具有不同的含义——它们代表每个人可以获得的商品的不同数额。

那么，个人的货币交换价值是如何形成的呢？在此，我们将把货币理论和我们前面所论述的经济过程的流动结合起来进行分析。根据我们的假定，个人的交换价值必须一直追溯到生产者生产的物品。我们说过，生产者生产的物品只是暂时性的项目，并且在交换经济中，它们包含价格的各种独立形式。我们还说过，收入不会流向在任何时候都拥有生产资料的人。因此，这里没有机会形成个人独立的货币交换价值。就像在经济过程中，商人生产出来的生产资料所计算的货币价值也只是一个暂时性的项目。这些商人不是根据个人的交换价值对货币进行估值的，因为他们通过它得不到任何想要的消费品，而只是把它转让出去。因此，在这里我们找不到货币的个人交换价值的决定因素。相反，反映这些交易的交换价值一定起源于其他某些地方。人们只是单独根据一个人能用货币所得到的消费品的价值来对自己的货币存量估值。因此，货币收入与真实收入之间的交换是关键点，也是经济过程中个人交换价值以及货币价格形成的地方。现在，我们就很容易得出结论了：对每一个人来说，货币的交换价值取决于这个人用收入所能得到的消费品的使用价值。在一个时期内，用商品表示的总有效需求就成为这个经济过程中可得到的收入单位的价值尺度。因此，在给定条件下，对每个人来说，货币存量都有一个确定的价值尺度和确切的边际效用[1]。在经济系统里，这一货币存量的绝对数量是互不相关的。原则上，一个较小数额的存量可以和较大数额的存量提供相同的服务。如果我们假定现存的货币数量是不变的，那以后

---

[1] 假定有一定的市场的交换技术和支付习惯。关于这一点，参见马歇尔的《货币、信用和商业》或凯恩斯的《货币改革小议》，还可以参阅施莱辛格的《货币经济和信用经济理论》。——原注

第一章　给定环境制约下的经济生活的循环流转

▲古老的葡萄牙海洋和殖民帝国的世界地图，由安东尼奥·桑切斯绘制，1623年在葡萄牙出版。

的每年中，人们对货币的需求将是相同的，货币的价值也将是相同的。货币在经济系统中也会被分配，当所有消费品全部被人们消费后，劳动和土地的服务都能得到支付，就会出现这样一种情况，即可以形成一个统一的货币价格。以劳动和土地的服务为一方，以消费品为另一方的交换被分成两部分：劳动和土地的服务等生产资源与货币之间的交换，以及货币和消费品之间的交换。由于货币的价值和价格一方面必须等于消费品的价值和价格，另一方面必须等于劳动和土地的服务的价值和价格[1]，因此我们的理论框架的主体系没有因中间环节的插入而改变，货币只是在扮演技术工具的角色，而没有增加新的东西。通俗地说，货币到目前为止只代表了经济事物的外在形式，其抽象概念没有任何实质性的改变。

乍一看，货币好像是关于物品不同数量的一般规则[2]，或者我们可以说它

---

[1] 为了简单起见，我再次重申，在这里我们只考虑一个独立的经济系统，因为国际关系等因素将使得分析复杂化，而不会有什么实质上的帮助。同样，我们所考虑的经济系统中，所有个人都用货币计量物品价值，而且彼此之间相互联系。——原注

[2] 这个概念最早是伯克雷提出的。以后就一直存在，J.S.穆勒最近把它传播开来。在现代德文文献中，这主要存在于本迪克森那里，这种概念与数量理论、生产成本理论或均衡理论之间是没有矛盾的。——原注

051

是"一般购买力"。一般而言，每个人都把货币看作获得商品的手段；如果他出卖劳动或土地的服务，那么他不是为了得到特定的商品，而是为了一般意义上的商品。然而，如果我们再进一步仔细观察，就会发现事情具有截然不同的一面。对个人来说，他是按照用货币所能实际购买到的商品的价值来评价他的货币收入的，而不是根据其他方法。如果所有的购买者突然改变他们收入的支出方向，货币的价格以及个人交换价值显然会发生改变。然而，通常来说，这种事情是不会发生的。一般而言，一个明确的支出计划若被认为是最优秀的而被坚持下来，那么它不会很快发生改变。这就是为什么在实践中每个人通常都能用固定的货币价值和价格进行计算，而他只需要逐步调整它们以适应新的变化。因此，我们可以用先前我们所说的关于其他物品的话来阐述货币，即就现有购买力的每一部分来说，经济系统中的某个部分已经存在着对它的需求、物品的供应；货币的大部分，就像生产资料和消费品的大部分一样，年复一年地走着相同的路。如果我们假定每个经济周期、每块货币都经历着完全相同的路线，那我们也没有改变任何实质性的东西。这种真实收入和货币收入之间的关系决定着货币价值的变化[1]。

至此，我们只是把货币当作流通媒介。我们所观察到的只是用于使大量商品定期流通的那些货币量的价值是如何决定的。显然，由于众所周知的原因，每个经济系统中还存在着一定数量的不流通的货币，而它们的价值的决定还没有得到说明。迄今为止，我们还没学到这样的货币发挥作用的方式，即它迫使个人积累超过支付目前的购买所需要的货币数额。这一点我们以后再论述。我们已经解释了一定数量货币价值的流动和决定因素，而这些货币与我们所描述的主要交换行为是对应的，对这些我们应该感到满足。不管怎样，在这里我们所考虑的正常循环流动中，不需要为了其他目的而持有更多的货币。

---

[1] 参阅维塞尔的书。——原注

我们也忽略了另一个要素。购买力不仅可以用来执行消费品与劳动和土地的服务之间的交换，还被用来转移土地所有权本身，此外，购买力本身也可以被转移。我们可以很轻易地考虑到这些要素，但是它们对我们具有本质上的不同意义，而这些要素也是我们可以在当前的框架内进行分析的。我们只能简略地指出，在我们描述的这种不断重复发生的经济过程中，没有容纳这些要素的余地。购买力本身的转移，不是这一过程的必然因素，可以说，它实际上是按照自己的方式在转移，本质上是不要任何一种信用交易的。我们已经指出，对劳工和地主没有预先的支付，而他们的生产资料也只是从他们那里买来的。这一点并没有因货币的介入而改变，对货币的提前支付如同对消费品或生产资料的提前支付一样，都是不必要的。我们没必要排除这样的情况——人们从其他人那里获得购买力，同时把自己的原始生产力转移一部分作为对其他人的回报，其中转移土地就是一个有代表性的例子。借钱消费也是一个例子，它没有附加任何特别的利息。同样，劳动和土地的转移也属于这种情况，下面我们将要讲到这点。可以说，货币在循环流动中只充当了促进商品流通的角色，并没有起到其他作用。

我们还可以补充一句：由于同样的原因，我们没有谈到信用工具。当然，不仅交换过程的一部分，甚至交换过程的全部都可以用这种信用媒介来解决，我们甚至可以想象，流通交换过程中只有票据，而没有实际的金属货币，这是很有意义的现象。这告诉我们，货币具有商品价值，提倡这种原始必要性并不意味着具体的货币商品必须进行流通。要使货币同其他物品的价值产生固定的关系，除非它应该和具有确定价值的某种东西产生联系，其他都不是必需的。因此，经济过程在没有金属货币参与的情况下仍然可以运转。提供劳动和土地的服务的人能收到另一张具有确定货币数额的票据，然后用这张票据购买必需的消费品，为的是在下一时期能收到同样货币数额的票据（如果我们坚持认为货币定期经历相同的交换路径）。假定票据能够顺

▲ 1882年印刷的关于未来交通工具的宣传海报,展现了人们离开巴黎歌剧院时在空中航行的场景,绘制者是阿尔伯特·洛必达(1848—1926年)。可以看到,警察在空中巡逻,"公共汽车"和"豪华轿车"在空中穿梭,还有女飞行员。

利流通并被普遍接受,这种交换媒介就可以完全履行货币的角色,正因如此,人们对它的估值和对金属货币的估值是一样的,它也会在商品交换中按照同一价格进行流通。此时,对这种交换媒介就会有需求,而在我们前面的假设下,也总会有相应的供应与之对应。但是,根据我们前面的分析,金属货币单位的价格只是对消费品和生产资料价格的反应,那么我们就可以说我们所假定的票据交换的价格也起到了相同的作用。因此,这些票据将以它们的名义上的价格进行流通,或者换一种说法,它是按票面价值流通的,不存在允许打折的动机。这些论证相对先前的分析,以更实际的方式告诉我们,在我们的假设条件下,经济系统中不会出现任何利息,因此,我们这里所描述的经济事物的逻辑不能解释利息现象。

第一章 给定环境制约下的经济生活的循环流转

除了这一点，我们没有任何理由在这里继续深入分析信用支付手段。如果信用工具只是用来代替已经存在的金属货币，那么它们的使用本身不会产生任何新现象。如果具体的交换行为年复一年地采用信用工具这一支付手段进行，那么信用工具所起到的作用和相应数量的金属货币所起的作用是一样的。由于这样的原因，也由于信用以后将变得对我们非常重要，同时还由于我们非常想要把信用和我们所描述的货币进行深入对比，所以我们假定：目前为止，我们所说的货币流通仅仅包括金属货币[1]，为更简便起见，仅仅指黄金。为了将两者进行区分，我们一般所理解的货币仅指金属货币。信用工具不是简单地替代先前存在的货币数量，我们把它连同金属货币都包括在支付手段这个概念中。我们将在之后的章节讨论"信用支付手段"是否是货币这个问题[2]。

与物品流通相对应的是货币的流通。货币流通的方向和商品流通的方向是相反的，而且由于存在黄金不会增加或者不会发生单方面变化的假设，货币流通就只是物品流通的反映。这样我们就结束了对循环流动的描述。如同非交换经济一样，交换经济具有相同的持续性，以及在相同的假设下相同的不变性——持续性和不变性不仅指整个经济过程，还有价值。社会价值确实是对事实的一种歪曲。心理的价值存在于意识之中，因此如果这个词具有意义，那么心理的价值必须在本质上是个人自发的。我们这里所说的价值的含义不是从整个经济系统的角度出发的，而是从个人的角度出发的。社会事实，如同在所有的评价中一样，也处在同个人价值相关联而非各自独立的环

---

[1] 在这样的经济系统中，"金属货币"的数量不仅和确定的价格水平相对应，而且还和一定的货币流通速度对应。如果所有的收入都是按年支付，显然就需要大量的货币，比按周进行支付需要的货币要多，否则物品的价格就需要低一些。我们假定流通速度是不变的，因为我们非常同意维塞尔的观点：流通速度的改变，如同信用支付工具的改变一样，都不是价格水平变化的独立原因，而价格水平的变化是由——从我们的观点出发，最好说"目前来说是由"——商品的运动引起的。也可以参阅奥佩蒂的"货币理论"，德尔·韦尔奥的"货币理论"，载《经济学家杂志》（1909年）。——原注
[2] 关于"购买力"的概念，可以参阅达文波特的《价值与分配》等文献。——原注

055

境中。如同社会关系的总和构成了社会一样，经济关系的总和构成了经济系统。除了社会价值，还有社会价值体系——个人价值的社会系统。这些价值之间的联系同个人在经济中各种价值之间的联系是类似的。它们之间通过交换关系彼此影响，因此它们影响着其他的个人价值，也受这些个人价值的影响[1]。在社会价值体系中，一个国家所有的生活条件，尤其是所有的"组合"都被反映出来。社会价值体系的沉淀就是价格体系，它也是价格体系意义上的一个单位。价格的确不表示对物品社会价值的估计，也不是确定价值的直接表现，而是在群体评估的作用之下，对社会价值与确定价值之间互相作用的结果的反应。

---

[1] 它们之间一般存在着相互依存的关系。关于这一点可以参阅《本质》第 II 篇，那里有详细的说明。——原注

第二章
经济发展的基本现象

I

社会过程理性地说明我们的生活和思想[1]，引导我们避免形而上学地看待社会发展，并让我们充分认识对社会发展进行经验处理的可能性；但是社会过程在完成自己的任务时是很不完美的，因此我们对待社会过程要慎重，用文字表示这个概念时更要小心，文字之间的各种联系可能导致我们误入歧途，走向与我们的论证毫不相关的方向。与形而上学的先入之见（更确切地说，它是产生于形而上学的根源并成为先入之见，如果我们忽略这一点，那就是在做实证科学的工作，即使它本身不是形而上学的先入之见）紧密联系的，是对历史"意义"的各种探索。认为一个国家、一种文化，甚至整个人类，一定会表现出一种一致的、直线式发展的假设也同样是一种形而上学的

---

[1] 这里使用的是马克斯·韦伯的含义。读者可以看出，这里"理性的"和"经验的"含义是这同源的东西，如果不是同一事物的话。它们与"先验的"一词意思相反，"先验的"暗含着超出"理性"和"事实"的范畴，超出科学的领域。就某些人来说，使用"理性的"一词已经成为一种习惯，这很类似于我们使用"先验的"一词的含义。所以提醒读者不要产生不必要的误解。——原注

东西。甚至像罗雪尔[1]这样具有务实精神的人也会做出这种假设，无数才华横溢的哲学家和历史理论家，从维科[2]到兰普雷希特[3]，都认为这样的假设是理所当然的。以达尔文的进化论思想为中心的各种进化思想——这只是简单的类比——以及那些把动机和意志行为看成不仅仅是社会过程的反映的那种心理学上的偏见，都属于这一类。但是，进化论思想在我们的研究领域受到怀疑，尤其是对历史学家和人类学家来说。围绕"进化"思想，现在除了有对不科学的和超科学的批评以外，还加上了认为它浅薄的批评。根据"进化"一词所起的作用做出的仓促判断，说明我们的很多人都已经失去了耐心。

　　我们必须摒弃这些东西，有两个事实仍然摆在我们的面前。一是历史变化的事实。由于历史的变化，社会条件在历史时代中成为历史的"个体"。这种变化既不构成循环的过程，也不形成围绕一个中心摆动的运动。这两种情况与另外一个事实限定了社会发展的概念，这个事实就是，当我们不能根据以往的情况对事物给定的历史状态进行充分说明时，就证明确实有一个没有解决、又不能不解决的问题存在。这一点同样适用于个体，例如，我们能够理解1919年德国的国内政治问题是由于前一次战争的影响。经济发展至今不过是经济史的研究对象，而经济史也只是通史的一部分，把它与其他部分区分开来是为了进行分析。由于经济方面对其他事物的基本依赖，单单根据以往的经济情况解释经济变化是不可能的，因为一个国家的经济状况并不仅取决于以前的经济情况，而是取决于这个国家全部的历史状况。这样一来，

1　威廉·罗雪尔（1817—1894年）德国历史学派创始人，他否认古典学派关于经济发展存在普遍规律的观点，赞成贸易保护，认为政治经济学不是一门独立的科学，而是"一门论述一个国家的经济发展诸规律的科学。"他称政治经济学为"国民经济的解剖学和生理学"，把自己的研究方法称为"历史的方法"。——译者注

2　詹巴蒂斯塔·维科（1688—1744年），意大利政治哲学家、修辞学家、历史学家和法理学家。他为古老风俗辩护，批判了现代理性主义，并以巨著《新科学》闻名于世。——译者注

3　卡尔·兰普雷希特（1856—1916年），德国历史学家。他深受费希尔的理论影响，提出"文化史"这个概念时强调，这不仅是包括艺术、音乐、文学在内的狭义文化史，而是广义的，用传统的政治史、经济史和社会史无法解释的、过去发生的、包括所有一切的文化史。——译者注

第二章　经济发展的基本现象

由此产生的解释和分析上的困难大大减少了，因为有构成历史的经济解释的基础，这些在实际中如此，而在原则上则并非如此。如果不强求对这种观点表示支持或者反对，那么我们可以说经济世界是相对独立的，因为它在一国人民的生活中占据了很大比重，并且形成或决定了其余生活的大部分。因此，经济史显然不同于军事史，这是毫无疑问的。此外，还必须加入有助于对社会过程任何一部分进行单独描述的另一事实。社会生活的每个部分都好像居住着不同特征的人们。一般来说，受外界支配的因素一般不会直接影响社会进程的任何一个部分，如同炸弹爆炸一样，它影响的是爆炸发生的屋子里的所有东西，当然也包括与其相邻的人家；即使一个事件就像炸弹爆炸那样发生，它的影响也只是发生在一定的范围及关心这件事的人们身上。因此，就像人们总是把反宗教改革对意大利和西班牙绘画的影响描述成艺术史一样，对经济过程的描述也始终应该归于经济史，即使影响事件的真正原因很大程度上是非经济的。

经济部门可以通过各种不同种类的观点和方法去研究，比如，人们可以根据处理这些观点和方法的广度去研究——或者我们也可以这样说，人们可以根据它们所暗含理论的普遍程度去研究。从对13世纪尼德阿尔泰寺院的经济生活的本质说明，到桑巴特[1]对西欧经济生活发展的说明，贯穿着一条连续的、逻辑上统一的路线。桑巴特的说明是理论，而且是我们此刻想要说的经济发展理论，但需要说明的是，它不是本书第一章所讲的那种经济理论，第一章的经济理论是自李嘉图时代以来人们所理解的"经济理论"。诚然，后者意义上的经济理论在像桑巴特的那种理论中也起到了作用，但它的这种作用完全是一种次要作用。也就是说，由于历史事实之间的联系是非常复杂

---

[1] 沃纳·桑巴特（1863—1941年），德国社会学家、经济学家。早年倾向于马克思主义，后受到韦伯和历史主义的影响。他认为，社会学不是一门包罗万象的学科，而是一门有明确内容和特殊方法的独立学科，其任务在于提出有关精神领域的社会联系的理论。——译者注

的，有必要引入超出常人分析能力的解释方法，这种方法采取由分析工具提供的形式。然而，如果问题只是要使发展或发展的历史结果变得更加容易理解这么简单，或者只是为了找出使结果具有特征或决定一个问题的要素，那么传统意义上的经济理论对此几乎就没有什么贡献了[1]。

在这里我们且不管这种意义上的发展理论。我们既没有指出历史演进因素——无论是个别事件，比如16世纪在欧洲生产的美国黄金的出现，还是"更一般"的情况，比如经济人在精神方面、在文明世界的范围内、在社会组织中、在政治群星中以及在生产技术等方面发生的变化；也没有描述这些

---

[1] 如果经济学家关于这个话题有疑问，只是因为他们没有把自己限制在经济理论的范畴内，而且他们只是以个别事件，例如美国黄金的出现等，学习了历史社会学或对经济未来做了一些假设。劳动分工、土地私有权的起源、对自然不断增长的控制、经济自由以及法律安全，这些共同组成了亚当·斯密的"经济社会"的最重要因素。他们显然是和事件经济过程的社会结构相联系的，而不是与经济进程的自发性相联系的。人们也可以把这看成是李嘉图的发展理论，而且它体现了思想路线，这个路线为他赢得了"悲观主义"的称号，也就是"假设性的预测"，由于人口的不断增长伴随着土地资源的不断消耗（根据他的意思，这只能被生产中的技术改进短暂打断），最终将出现一种静止状态——这要与现代理论中理想的均衡静止状态区分开来——在这种状态中，经济情况将以地租的极大增加为特征，这与我们上面所理解的发展理论完全不同，与本书中的发展理论更是两回事。穆勒更加仔细地分析了思想路线，在色彩和语调的分布上也有所不同。但是，实质上，他书中的内容"社会进步对生产和分配的影响"，也阐述了相同的东西。即使这个题目表明了有多少"进步"被认为是非经济的，被认为是来源于只对生产和分配"发生影响"的数据中所反映的一些东西，尤其是在"生产艺术"的范畴内他对进步的处理是"静态"的。按照传统的看法，进步只是碰巧发生的事情，对于它的影响我们必须进行调查，它本身如何产生不在我们的讨论范围内。因此，这些被忽略的东西正是本书要研究的主题，或者说是本书的基石。

J.B.克拉克（《经济理论要义》）的可贵之处是他区分了"静态学"和"动态学"，看到了静态均衡中动态因素的干扰，尽管他把自己限制在这一点上，就像穆勒看到了动态学的意义。这与我们的观点是相同的，但是从我们的观点出发，最根本的任务是调查这种干扰的作用，分析随后出现的新的均衡。我们首先应该解释这些干扰出现的原因的理论，因为它对我们来说不仅仅是干扰，基本的经济现象也依赖于这些干扰的出现。尤其是他所列举的干扰出现的两个原因（资本和人口的增长），对他来说仅仅是干扰的原因，对我们来说也是一样，而不管它们作为"改变的要素"对本文刚提到的其他问题有多大的重要性。对以后的正文中会出现的第三种因素（消费者偏好方向的改变）也是如此。但是对于其他两个因素（技术和生产组织的改变）需要进行特别的分析，并在理论的角度产生与干扰不相同的一些事情。不承认这一点，是在经济理论中我们不满意的最重要的原因。就是这个不重要的源泉，形成了一种新的经济过程的概念，这个新的概念克服了一系列本质的困难，并验证了我们在文中对这个新问题的表述，这些是我们将要看到的。对这个问题的新表述与马克思的表述更为接近。因为根据他的观点，存在一种内部的经济发展，而不只是经济生活适应变化的数据。不过，我的结构只包含了他研究范围的一小部分。——原注

第二章 经济发展的基本现象

因素对个别情况产生的影响[1]。相反，在本书第一章已经向读者对经济发展理论的本质做了充分说明，现在只不过是为了自身的目的在进行改进，即在这种经济理论的基础上进行创建。如果这么做是为了让这种理论比过去更好地对其他种类的发展理论提供服务，那么事实就是，这两种方法是基于不同水平之上的。

我们的问题如下所述。第一章的理论从"循环流动"的视角描述了经济生活，这种流动是一年年按照相同的路线运行的，这与血液在生物有机体内的循环是相似的。现在，这种流动和它的路线发生了变化，我们在此也要放弃血液循环的比喻。因为虽然生物体的血液循环在其成长和衰亡过程中也会发生变化，但是这种变化是循序渐进的，也就是说，人们所能选择的比任何一个可以分配的数量都要小的幅度都在变化，但是不管这个幅度有多小，它总是处在相同的结构之内。经济生活也会经历这样的变化，但是它也会经历其他不是循序渐进的、改变了传统结构本身的较大变化。尽管这些变化是纯经济的，对它们的解释也显然是纯粹经济理论的任务，但是这种变化不能通过循环流动的分析方法进行理解。现在，由这些变化衍生出来的一系列变化和现象就是我们研究的对象。但是我们不会问这样的问题：哪一些变化使得现代经济系统成为现在这个样子，这些变化的条件是什么？我们只能做理论上的追问：这些变化是怎么发生的，它们又将产生怎样的经济现象？

对同一件事情，如果仔细进行分析，可以做出不同的说明。从经济系统的趋向来看，第一章的理论体系走向一个均衡的观点并以此解释了经济生活，这种趋向给我们提供了决定价格和物品数量的工具，而且可以把它

---

[1] 因此，本书第一版发行后出现的最让人烦恼的误解之一就是，这种发展理论忽略了所有历史因素的变化，除了企业家的个人特征。很明显我的意思被误解了。书中没有涉及具体的变化因素，但涉及这些变化因素起作用的方法以及机制。"企业家"只是这种变化机制的承担者。在这里我们也没有过多考虑那些解释经济组织、经济习惯等变化的因素。这是另外一种问题，尽管这些对待的方法存在着冲突，但是如果不把它们分开，不给它们自行发展的权利，那就意味着它们将破坏掉所有的成果。——原注

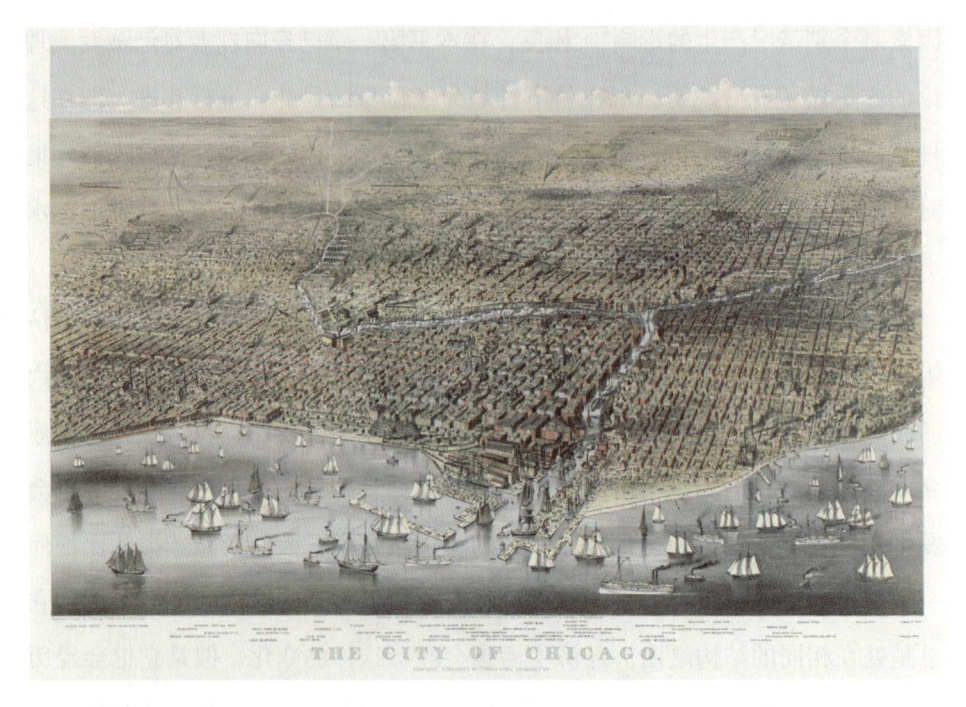

▲ 从密歇根湖上空的鸟瞰芝加哥，1874年绘制。芝加哥面临广阔的密歇根湖，背倚平坦、富饶的中西部大草原，正处美国国土的中央、五大湖与密西西比河谷之间的位置上，从早期开始就是美国东西向和南北向往来的必经之地。19世纪50年代后，工业化借助铁路向西推进，芝加哥顺势发展起来，在短短70年的时间里，一跃成为美国第二大城市。

描述成任何时候对现有环境条件的适应。与循环流动的条件相比，它只是意味着我们把经济系统的几个过程看作是走向均衡位置的趋势的部分现象，而非年复一年发生"相同"的事情，但这些过程不一定会走向相同的均衡位置。经济系统中理想的均衡状态所处的位置，从来没有被达到过，却不断被"追逐"（当然并不是有意识的），这是因为均衡位置是不断变化的，而经济事实和环境也是不断变化的。而在这些不断改变的事实和环境面前，理论也不是完全没有用武之地的。理论被构建使得它有能力来解决这些变化所带来的结果；为了这个目的还配置了特殊的工具（比如被称为"准地租"的工具）。如果变化的数据是非社会的（自然条件），或者是非经济社会的（比

第二章 经济发展的基本现象

如战争的影响，商业、社会或经济政策的变化），或者是消费者偏好[1]的，那么就不需要对理论工具进行根本修正。这些理论工具只有在经济生活本身间歇性地更新自身数据时才会失效——这里的论点和前面的论点是相互联系的。铁路建设可以作为一个这样的例子。连续的变化，通过无数的小步骤来不断调整，最后使得一家小零售商成为一家大百货公司，这属于静态分析[2]的范畴。但是，静态分析无法对传统行为方式中非连续性变化的结果进行预测，也不能解释生产性革命的发生以及伴随生产性革命产生的一系列现象，只能在变化发生后调整到新的均衡位置。我们所研究的问题正是这种"革命性"的变化，即非常狭窄和真正意义上的经济发展的问题。我们抛开传统理论而强调这个问题的原因，与其说是经济变化（尤其是在资本主义时期）确实是如此发生的而不是通过适应不断变化的环境发生的，还不如说是由于这些变化本身就是富有成效的[3]。

因此，我们所指的"发展"只是经济生活的这些变化，它们不是由外部强加到经济生活中的，而是产生于经济生活本身，并由其内部原因引起的。如果经济领域本身不发生这种变化，并且我们所称的经济发展实际上只是基于这样的事实建立起来的，即经济数据在变化，而经济则不断调整自己使自己适应这种变化，那么这便不是经济发展。因此，我们的意思是，经济发展不是可以从经济方面解释的现象，经济本身并没有发展，而是被它周围世界的变化拖着走，因此，必须在经济理论所描述的事实之外寻找经济发展的原因。

---

[1] 消费者偏好是指消费者对商品或商品组合的喜好程度。消费者根据自己的意愿对可供消费的商品或组合进行排序，这种排序反映了消费者个人的需要和兴趣。某种商品的需求量与消费者对该商品的偏好程度正相关：如果其他因素不变，对某种商品的偏好程度越高，消费者对该商品的需求量就越多。——译者注

[2] 静态分析法是根据既定的外生变量值求得内生变量的分析方法，是对已发生的经济活动成果进行综合性对比分析的一种分析方法。简单地说，就是抽象了时间因素和具体变动的过程，静止孤立地考察某些经济现象。它一般用于分析经济现象的均衡状态以及有关经济变量达到均衡状态所需要的条件。——译者注

[3] 资本、信用、企业家利润、资本利息和危机（或经济周期）就是这种富有成效的变化所显现出来的结果，但包括并不限于这些。对专门的理论家，我会列出如下这些难题：收益递增问题、供求曲线之间多个交点的问题、时间要素问题等，这些问题即使对马歇尔来说，也是没能克服的。——原注

如果经济增长仅仅是由于人口和财富的增长引起的,那么也不能叫作发展过程。因为它本质上没有产生新的经济现象,而是与自然界其他数据的变化一样,只是一种适应的过程。因为我们想要把研究重点转移到其他现象,所以我们把这种增长看作是数据的变化[1]。

每一个具体的发展过程都依存于之前的发展。而为了把事情的本质看得清楚些,我们将把这一点抽象掉,并允许发展从一种没有过发展的位置上产生。每一个发展过程都为接下来的发展过程创造条件,因此,接下来的发展过程的形式就被改变了,如果发展的每个具体阶段不得不首先创造自己的发展条件,那么事情就将变得与预期有所不同。然而,如果我们想要找到事情的根源,可以不把要解释的要素数据包括在对事实解释之中。但是,如果我们不这么做,将会造成事实与理论之间的明显不符,这将会给读者带来很大的阅读困难。

在对本质性的东西进行阐述说明以及防范误解方面,我认为进一步对"静态"和"动态"这两个词以及它们数不清的含义进行特别的解释是没有必要的。我们所说的发展是一种独特的现象,它完全不同于我们在循环流动或均衡趋势中所观察到的现象。发展是在流转渠道中和对均衡的干扰中出现的自发性的、持续不断的变化,它永远改变并替代了先前存在的均衡状态,我们的发展理论只是对这种现象以及与之相伴随的过程的描述[2]。

---

1 我们之所以这么做,是因为这些变化每年都很小,并不妨碍静态方法的运用。然而,在我们看来,这些变化的出现通常是发展的一个条件。尽管他们经常使发展变得可能,但是他们并不从自身内部来创造这种发展。——原注

2 在本书的第一版中,我把它称为"动态学"。但在这里最好避免用这种表述,因为它的各种不同意思所带来的各种关系很容易把我们引入歧途。因此,最好简单表达我们的意思:经济生活的变化,部分是由于数据的变化,经济生活倾向于使自己适应变化的数据。但这不是唯一类型的经济变化;还有一种不依赖于外部数据影响的变化,它来自经济系统内部,而且这种变化是很多重要的经济现象产生的原因,因此建立一种关于它的理论是非常值得的,而且,为了这个目的必须把它和其他所有的变化要素隔离开。更加准确的定义是,我们想要考察的是那种产生于系统内部的变化,即它取代了它自己的均衡点以致新的变化无法通过许多无限小的步骤达到这个均衡。不管你把多少辆邮车连续排成一排,也不会获得一条铁路。——原注

第二章 经济发展的基本现象

II

循环流动通道中的这些自发的、间断的变化以及对均衡中心的干扰，出现在工业和商业生活的领域内，而没有出现在消费者对最终产品需求的领域内。消费者的偏好出现了自发的、间断性的变化，这种数据的突然变化是商人必须应对的问题，因而，这不是他自身的生产行为逐渐适应的问题，也不是其他行为自身的问题，而是动机和机会的问题。因此，这种情况除了提供了自然数据的改变之外并没有提供其他任何的问题，也没有要求任何新的处理方法。因此，我们需要忽略可能在实际中存在的消费者需求的任何自发性，并假定消费者的偏好是"给定的"。事实上，需求的自发性一般是很小的，这就是为什么我们很容易做出上面的假设。当然，我们必须从需要的满足出发，因为那是所有生产的终点，而且任何时候给定的经济情况都必须从这点出发去理解。然而，经济系统中的创新并不是按照下面的规则发生的，即首先消费者中出现了新的自发性的需求，然后生产工具在压力下开始革新。我们不能否认这种联系的存在，但是，通常是生产者作为规则的制定者引起经济的变化，消费者在必要的时候受到了生产者的启发，他们好像被教授去需求新的东西，或与他们的惯用品存在差别的东西。因此，尽管可以允许甚至是必须把消费者的需求看作是循环流动理论中一个独立的、基本的驱动力，但是，我们在分析变化时，必须采取不同的态度来对待它。

生产意味着把我们所掌握的原材料和生产要素结合起来（参阅第一章）。生产不同的东西，或用不同的方法生产相同的东西，意味着用不同的方法去组合这些原材料和生产要素。只要"新的组合"能通过小的步骤不断调整，从旧组合中及时产生，那么肯定会有变化，也许是增长，但这不是一种新的现象，也不是我们所说的发展。如果不是这样的情况，而且新组合是间断出现的，那么以发展为特征的现象就出现了。为了方便说明，以后当我们说到生产方式的新组合时，我们指的是后面的这种情况。那么我们所说的发展就被定义为执行新的组合。

发展这个概念包括以下五种情况：①引入一种新的产品——也就是消费者还不熟悉的产品——或者一种具有新特征的产品；②引入一种新的生产方法，这种生产方法是制造部门还没有通过经验检验的，而且不需要建立在科学新发现的基础上，这种方法也可以是在商业上对商品的新的处理方法；③新的市场的开放，新的市场就是一个国家的某一个生产制造部门之前没有进入的市场，不论这个市场之前是否存在；④取得或控制原材料或半制成品的新的供给来源，不论这种来源已经存在还是首次被创造出来；⑤实行任何一种工业的新的组织，比如，制造一种垄断地位（如通过"托拉斯化"[1]），或打破一种垄断地位。

现在，有两件事情对于执行新组合而出现的现象以及理解这个过程中所涉及的问题非常重要。第一，新组合不一定由被新组合所代替的执行原来的生活或商业活动的人继续执行。相反，作为一个规则，新的组合，通常体现在一个新的企业中，这些新的企业通常不是产生于旧的企业，而是在旧企业的周边和旧企业同时进行生产；我们继续用我们上面的例子进行说明，即通常不是马车的所有者建造铁路。这个事实不仅对我们想要描述的过程的非连续性特征进行了特别说明，而且它还创造了除上面所提到的那种非连续性之外的另一种非连续性，而且，它对事件过程的重要特征也进行了解释。尤其是在竞争经济中，新组合意味着对旧组合竞争性的消灭，一方面它解释了个人和家庭在经济和社会上的上升和下降过程，这种过程是组织形式所特有

---

[1] 托拉斯直译为商业信托（business trust，原意为托管财产所有权），垄断组织的高级形式之一，指在同一商品领域内，通过生产企业间的收购、合并以及托管等形式，由控股公司在此基础上设立一巨大企业来包容所有相关企业，以达到企业一体化目的的垄断形式。通过这种形式，托拉斯企业的内部企业可以对市场进行独占，并且通过制定企业内部统一价格等手段使企业在市场中居于主导地位，实现利润的最大化。——译者注

第二章 经济发展的基本现象

的；另一方面它解释了经济周期的一系列其他现象，如个人财富的形成机制等。在非交换经济中，新组合会经常与旧组合同时出现。不过，同时出现这一事实的经济后果在某种程度上会消失，而这一事实的社会后果将会完全消失。如果竞争性的经济被强大组合的增长所打破（事实上这种情况在所有国家都在日益增多），那么它将变得越来越接近现实生活，新组合的实现也必然在越来越大的程度上变成同一经济体内部的某部分。这样形成的差异足够大，以致它成为资本主义社会历史中划时代的分界线。

第二，我们必须注意一项基本的原则，即无论何时都不能假定新组合的执行是通过使用恰好未被使用的生产资料来进行的。在现实生活中，这是经常会发生的事情。社会上总有失业的工人、未被卖出的原材料、未被利用的生产能力，等等。这些因素为新组合的出现提供了有益的环境、有利的条件，甚至是一种刺激因素，而新组合的出现只是部分地与这些要素具有联系。大量的失业通常是非经济事件造成的结果，比如世界大战，以及我们正好在研究的发展。在这两种情况中，失业的出现起不到任何根本作用，同样地，也不会发生在我们前面所说的非常均衡的循环流动中。每年正常的增长也不会碰到这种情况，首先这种增长很小，其次这种增长在循环流动中会被相应的生产扩张所吸收，如果我们承认这种增长，就必须考虑把相应的生产扩张同步调整到这个增长速度[1]。通常，新组合必须从某些旧的组合中提取必要的生产资料——由于我们在上面已经提到的原因，应该假定新组合经常这样做，这是为了使我们所坚持认为的新组合的轮廓更加突出。因此，新组合的实施仅仅意味着对经济系统中现有生产资料供应的不同利用——这提供了我们所说的发展的第二个定义。关于发展的纯粹经济理论的基本原理隐含在资本形成的传统信条中，通常涉及储蓄以及归因于储蓄的每年增长缓慢的投

---

[1] 整体上讲，说人口缓慢增长是由经济环境的可能性决定的，比说人口增长过快而不适于经济环境的趋势从而成为变化的一个独立原因，要更正确。——原注

资额。在这一点上，这个主张没有什么错误，但是它忽略了更重要、更本质的东西。国家对生产资料和储蓄缓慢的、连续的、不断增长的供应，是解释经济历史过程的一个重要因素，但是这个重要因素在另一个事实的比较下黯然失色。这个事实即发展就是利用不同的方法使用现有的资源进行创新，而不管这些资源是增加还是减少。不同的使用方法，而不是储蓄和可用劳动力数量的增加，改变了过去50年经济世界的面貌。尤其是人口的增加，这也是储蓄的来源，在很大程度上通过对现存生产工具采用不同的生产方法使得发展成为可能。

下一步我们要论证的是非常明显的：控制生产工具对于实施新的组合是必要的。对于在循环流动体系中运转的企业来说，获取生产手段是一个独特的问题。因为他们已经获得了这种生产资料，或者当前他们可以通过在第一章我们所描述的前期生产收入获取这种生产资料。在这里，收入和支出之间是没有缺口的，两者完美衔接，如同生产资料的供给和产品的需求必须对应一样。一旦启动，这种机制将自动运转。而且，这个问题并不存在于非交换经济中，即使新的组合在非交换经济中被执行，领导机构就处于能够将社会的生产资源分配给新的用途使用的位置。在某种情况下，新的使用方法可能需要社会成员承担暂时的牺牲、贫困，也可能需要他们更加努力；它可能会首先解决困难问题，比如应该从哪个旧的组合里把必需的生产资料提取出来；但是，获得已经不在政府经济部门控制之下的生产资料，是没有任何疑问的。然后，如果执行新组合的人有必需的生产工具，或者他们能够与拥有这些生产工具的人进行交换来获得这种必需的生产资料，那么在执行新组合时，这种问题也不会出现在竞争性经济中。这并不是拥有财产本身的特权，而是拥有可支配的财产的权利，也就是说，要么可以直接用来执行新的组合，要么可以用来交换新组合所必需的物品和服务[1]。相反的情况——这才是

---

[1] 个人也可以通过储蓄获得这种特权。在手工业型的经济中，这一要素可能被更多地强调。制造业者的"储备基金"可以认为是发展。——原注

▲《滑冰者与冬日风光》，荷兰著名冬季风景画大师亨利克·阿维坎普绘制于1608年。画面中冬日美景尽收眼底，人们不愿窝在农舍里，结冰的河流变成了游乐场，一派祥和和欢乐的景象。17世纪被称为荷兰的"黄金时代"，延续一个世纪的经济奇迹将荷兰打造成欧洲的"第一个现代经济体"，当时荷兰的国民收入比英伦三岛之和还高出30%。

人们从根本上关心的事情，因此是常规——财富的所有者，如果想要执行新的组合，也必须求助于信用，因为这个新组合不像已经建立起来的企业那样可以从前期生产所得的收益中获得资金支持。提供信用是我们所称的"资本家"这一类人的职能。很显然，这是资本主义社会为了驱动经济系统进入新的轨道，为了使它的生产工具服务于新的目的所采用的特有的方法——这种方法足够重要，以致成为这个社会的特色。这种方法与非交换经济中采用的方法形成鲜明的对比。

对信用的重要性的强调在任何一本教科书里都能找到。如果没有信用，现代工业的结构就不能建立，信用在一定程度上使得个人独立于继承的财产，它还能让经济生活中有才智的人"通过负债，走向成功"，即使是最保守的"正统理论家"也不能否认这些。信用和创新执行之间建立的联系是密不可分的，我们稍后会讨论这种联系。不论从推理来说，还是从历史事实来看，有一点是很清楚的，即信用新组合的出现具有首要的必要性，正因为如此，信用能够强行进入循环流通过程中，一方面是因为信用是我们现有旧公司在初创时所必需的；另一方面是因为信用机制一旦建立，就有充足的理由取代原来的组合[1]。从推理上看，如第一章所说，借入对于在习惯的轨道内运行的正常循环流动过程来说，并不是必要的因素，但如果没有它，我们不能理解循环流动过程的本质现象。另外，执行新的组合时，无论从实际中还是理论上来看，"信贷"作为一种特别的行为都是必需的。从历史上看，那些为了工业的目的而进行借入和贷出的人，在历史上出现得并不早。资本主义前期的贷款人不是为了商业目的，而是为了其他目的提供资金。我们都知道这样一类企业家，他们认为向别人借钱是一种有损其社会地位的行为，因此他们会回避银行和汇票[2]。在所有国家，资本主义信用体系都是产生并繁荣于为新组合提供资金，尽管在不同国家采用不同的形式（德国联合股票银行的起源就具有这种特色）。我们会说接受信用的形式是"货币或货币的替代物"，这也是没有任何障碍的。当然，我们绝不是说，人们可用硬币、票据或者银行存款来进行生产，而且我们也没有否认劳动的服务、原材料和生产工具是生产所必需的，我们所谈的只是获取这些生产资料的一种方法。

但是，正如我们已经暗示过的，在这里的某个方面，我们的理论同传统观点发生了分歧。在生产手段的存在上，传统理论发现了一个问题，即生产手段对于新的生产过程，甚至对于任何生产过程都是必需的，因此，这种生产手段的积累就变成一种特殊的职能或服务。但是我们不承认这个问题的存在，因为在我们看来，这个结论是从错误的分析中产生的。生产手段不存在于循环流动的过程中，因为后者是以一定数量的生产资料为前提的。但是，

---

[1] 其中最重要的是生产利息的出现，就像我们将在本书第五章所看到的。只要利息出现在系统中的某个地方，它就会扩展到整个系统中。——原注
[2] 汇票是由出票人签发的，要求付款人在见票时或在一定期限内，向收款人或持票人无条件支付一定款项的票据。汇票是国际结算中使用最广泛的一种信用工具。——译者注

第二章 经济发展的基本现象

生产手段在执行新的组合时也是不存在的[1]，因为执行新的组合所需的生产手段是从已经存在的循环流动过程中提取出来的，而不管这些所需的生产手段是已经以所需要的形式存在，还是先要利用已经存在的其他生产资料把它生产出来。对我们来说，真正关心的应该是另外一个问题：把生产手段（已经运用于某处的）从循环流动的过程中提取出来，并运用到新的组合中。这是由信用来完成的，那些想要执行新组合的人为了得到所需的生产资料，可以比那些市场循环流动中的生产者给出更高的价格。尽管这个过程的意义和目的在于把物品从它的原有用途转到新的用途，但是如果我们不能忽略其中本质性的东西，那就只能从物品的属性上对它进行描述。这些事情是发生在货币和信用范畴内的，正是依靠它们，我们才能对资本主义经济组织形式进行解释，与其他类型做对比。

最后，我们沿着这个方向再进一步分析假设：如果人们手中没有钱购买执行新组合所需的生产资料，他们的钱从哪里来呢？传统的回答很简单：从社会储蓄的年增长额加上每年可能变为自由处置的那部分资源中获得。在战争之前，第一种，即社会储蓄的数量和后者的数量之和的确是非常重要的——在欧洲和北美，这部分数额可能占总的私人收入的1/5——但是，每年可能变为自由处置的那部分资源的数量很难统计，而且社会储蓄的数量和自由处置的资源的数量之和不能从数量上揭示传统回答的虚伪性。同时，我们当前很难得到在执行新组合时所包括的全部工商业范围内有代表性的数据。但是，我们甚至可以不从总的"储蓄"开始进行分析，因为它的数量只能通过以前发展的结果来说明。严格来说，我们目前所说的储蓄的大部分都不是来自节省，也就是说，大部分储蓄都不是来自放弃了个人收入中用于消费的

---

[1] 当然，生产手段不是从天而降的。只要它们不是自然或者非经济因素赋予的，在我们的意义上来说，它们就是由某个时期发展的波浪产生的，从而体现在循环流动的过程中。但是发展的每个波浪和每一个新的组合又是由已经存在于循环流动过程中的生产手段的供应产生的——这就像母鸡和鸡蛋的产生过程一样。——原注

一部分，而是来自基金，这些基金本身就是成功创新的结果，在这些基金中，我们能够发现企业家的利润。在循环流动的经济过程中，没有丰富的资源可以用来储蓄，本质上也很少有刺激因素来促进储蓄。我们所知的储蓄的唯一巨额收入也许就是垄断收益和大地主的地租收入。而且，唯一的刺激也许就是为未来可能会出现的灾难以及为老年做准备等这样的非理性的动机。参与发展的盈利机会这种最重要的刺激因素在此是不存在的。人们想要实现新的组合可以通过自由购买力这样的巨大"蓄水池"，但是，在这样的经济系统中，不存在这样的"蓄水池"，因此，人们只能通过自己的储蓄来满足，而这只是特例。所有的货币都会流动，都固定在了已经确定的并建立起来的流动轨道上。

尽管传统方式对我们的回答不存在明显的荒谬之处，但是值得注意的是，还有另外一种为了执行新组合的目的而获得货币的方法，这种方法不同于前面我们所说的，它不是以前期发展所累积结果的存在为前提的。因此，在严格的逻辑意义上，这种方法是获得执行新组合所需的货币的唯一方法，那就是银行对购买力的创造。银行采取的是非物质化的方法，发行银行票据[1]而不完全依靠从流通中提取的硬币就是一个明显的例子，不过，银行存款也是这样的一个例子，因为它增加了可支付的货币总额。或者我们还可以想到银行承兑，与货币的职能一样，它们在整个贸易中是作为支付手段的。这不是转移已经存在于个人手中的财富购买力的问题，而是从无到有创造购买力的问题——即使创造新购买力的信用合同有有价证券[2]做担保，有价证券本身也不是流通媒介，这还是从无到有——这个新创造的购买力是被添加到已经存在的流通循环的过程中来的。这也是新组合通常获得资金供给的来源，而

---

1 银行票据指由银行签发或由银行承担付款义务的票据。主要包括银行本票、银行汇票。——译者注
2 有价证券，是指标有票面金额，证明持有人有权按期取得一定收入并可自由转让和买卖的所有权或债权凭证。有价证券是虚拟资本的一种形式，它本身没有价值，但有价格。有价证券按其所表明的财产权利的不同性质，可分为商品证券、货币证券及资本证券。——译者注

且如果前期发展的结果在任何时候都不存在的话，新组合也总是可以从这里获得资金供给。

这种信用支付方式，是为了获得执行新组合所需的生产资料。这种支付方式通过授予信用的方式被创造出来，就像贸易中现金所发挥的作用一样，部分是直接起到支付作用的，部分是由于它们可以随时转化成能够进行小额支付的现金或者支付给非银行业阶层——尤其是支付给工薪阶层。借助这些支付手段，执行新组合的人能够获得他们所需的存量生产资料，或者使那些他们购买生产性服务的人，可以直接进入市场购买他们自己所需的消费品。在这种关系中，如果没有某种意义的信用支付，就意味着有些人只能等待以货物表示的他的服务的等价物，他自己只能得到一个请求权，完成一个特殊的职能；甚至也没有这种意义上的支付，即某些人不得不为劳工和土地所有者积累生活资料或者生产资料，所有这些支付只能从生产的最后结果中得到。在经济上，这样的事实是真实的，即这些支付手段（如果它们是为新目的而被创造出来）与循环流通过程中的货币或其他支付手段具有本质的不同。后者可以被想象为，一方面是对已经完成的生产以及由于这种生产而造成的社会产品的增加的一种证明，另一方面是对社会产品的一种订购或索取权。上面所说的为了新目的而被创造出来的支付手段不具备第一个特征。这种支付手段也是订单，人们可以通过它立即购买消费品，但这不是前期产品的证明。要了解总国民所得，通常是以前期的生产性服务或者前期卖出的产品为条件的。在这种信用支付方式的例子中，这种条件没有得到实现，只有新的组合成功完成，它才能得到实现。因此，这种信用将同时影响着价格水平。

因此，与其说银行家主要是商品"购买力"的中间人，倒不如说他们是这种商品的生产者。然而，由于所有的储备基金和储蓄通常都流向他们，不论自由购买力是已经存在还是被创造出来，自由购买力的需求也都会集中在他们那里，因此，他们要么代替了私人资本家，要么已经成为私人资本家的

▲《莱顿广场的样品室》，荷兰画家约翰内斯·斯特罗贝尔绘制于1866年。阿姆斯特丹的室内设计师们身着17世纪的服装，正在检查一片布匹。17世纪，由于经济的发达、对外贸易的繁荣，荷兰人的生活逐渐奢侈起来。

代理人，或者可以说，已经使自己成为典型的资本家。他们处于想要实现新组合的人和拥有生产资料的所有者之间。本质上来说，在没有中央权力机构直接支配社会过程的时候，他们代表了一种发展的现象。他们使执行新的组合成为可能，并以社会的名义授权人们去实现这种组合。一句话，他们主宰着交换经济。

III

现在讲到了我们的分析所要用到的第三个要素,即"生产资料的新组合"和信用。尽管所有的三个要素才能组成一个整体,但是第三个要素可以被描述为经济发展的基本现象。新组合的执行,我们称为"企业";某些人的职能就是执行这些新组合,我们称为"企业家"。这个概念与传统的定义相比,既广泛又狭小。说它广泛,是因为:一方面,我们所称的企业家不仅指交换经济中的"独立"商人,也包括执行生产资料的新组合和信用职能的所有人,即使他们是公司的"独立"雇员,比如经理、董事会成员等,但他们仍然是我们所说的"企业家"。即使他们执行企业家职能的真正权利具有其他基础,比如对一家企业大部分股权的控制,他们仍然是我们所说的"企业家"。因此,执行新组合的人组成了企业家群体,群体中的企业家个人不一定就会永久地和一家厂商有联系,比如,很多"金融家""发起人"等就没有永久地和一家厂商有联系,他们仍然是我们所说的企业家。而我们所说的"企业家"的定义比传统的定义要狭窄,因为我们的定义并不包括所有的公司领导、经理或工业家,他们也许只是在经营一家已经建立起来的企业,我们的定义只包括执行我们上面所说的职能的人们。不过,我认为上面的定义更准确地表达了传统理论真正的意思。在区分"企业家"和"资本家"这两个概念的基本观点上,我们的定义和传统的定义是一致的——不管"资本家"是被看作货币的所有者、货币请求权的所有者还是物质产品的所有者。这个区别在今天以及相当长的时间内是有共识的。我们的定义解决了普通股东到底是不是企业家这样的问题,也排除了企业家是风险承担者这样的概念[1]。此外，对企业家特征的一般描述，如"创新精神""权威"或者"远见"，与我们想要表达的方向是一致的。在常规的循环流动过程中，是不可能存在这些品质的，而且如果把这些品质与常规事务本身出现的变化严格区分的话，那么这些在企业家职能中定义的特征将被自动转移到循环流动的常规过程之中。最后，有一些定义是我们可以简单接受的，尤其是大家熟知的J.B.萨伊[2]的定义：企业家的职能是把生产要素组合到一起。因为只有当生产要素是第一次被重新组合到一起的时候才能称之为特殊的行为——如果在经营企业的过程中把要素组合到一起，那这就只是一项常规的工作了——这个定义与我们的定义是一致的。德国经济学家马塔亚在《企业家利润》中定义企业家是获得利润的人，我们只需加上第一章的结论，即在循环流动过程中是没有利润产生的，这是为了避免把我们的定义追溯到距离我们比较远的时期[3]。我们的观点与传统理论是不矛盾的，可以用"企业家既不获利，也不承担损失"来说明，这也是由瓦尔拉斯[4]经过严格的推导得出的结论，但也凝聚了其他学者的研究成果。对于企业家来说，在循环流动的生产过程之中，他既不获利也不亏损，也就是说，企业家在这个过程中没有什么特殊的职能，

---

[1] 显然，风险总是落在生产资料的所有者或者未购买生产资料而支付货币资本的人头上，因此，绝不会落到企业家这样的人身上。一个股东可能是企业家，甚至也许就是因为掌控着一家企业的控制权，他才有权利像一个企业家那样行动。然而，持有普通股票的人，绝不是企业家，而只是资本家，他们要考虑承担的风险以及利润的分配。有充足的理由不把他们看作企业家，这可以由下面的事实说明：第一，一般的股票持有人没有能力影响一家企业的经营管理；第二，每个人都承认贷款合同存在的情况下，参与利润分配才是常见的事。比如：希腊-罗马的海运利益。这种解释肯定比其他的解释更加接近现实生活，后者具有一个错误的法律结构的领导——这只能从历史的角度进行解释——把职能归于普通股东，而他几乎没有想过执行这种职能。——原注

[2] 让-巴蒂斯特·萨伊（1767—1832年），法国资产阶级经济学的创始人之一，西欧庸俗经济学的主要奠基人。1803年出版的《政治经济学概论》是其代表作品。在书中，萨伊否定生产过剩的存在，提出了著名的"供给能够创造其本身的需求"的观点，即所谓的"萨伊定律"。——译者注

[3] 根据企业家利润，而不是根据创造企业家利润的行为职能来定义企业家，显然不是明智之举。不过，我们还有反对它的一个理由：我们会发现，如同劳动者创造的边际产品不会归于工人一样，企业家创造的企业家利润也不"必然"落在企业家手中。——原注

[4] 瓦尔拉斯（1834—1910年），法国经济学家，洛桑学派创始人，边际效用学派的开创者之一。其著作《纯粹政治经济学纲要》是最早用数学方法对一般经济均衡进行全面分析的著作之一。——译者注

几乎是不存在的；但是代替他的是厂商的领导或者企业经理，他们的类型是不同的，我们最好也不要以同样的看法和头衔去看待和称呼他们。

认为一种制度或者一种类型的有关历史起源的知识能够直接向我们表明它们的社会的或经济的本质，是一种偏见。这种认识通常引导我们去理解它，但自身不能产生一个关于它自己的理论。一种更严重的错误观念是，它认为一种类型的"原始"形式，事实上也是"更简单"或"更具起源性"的形式，也就是说它们比后来的这些形式能够更纯粹、更简单地表明事物的本质。然而，事实通常是与之相反的，除了其他的原因之外，还因为不断增长的专业化分工可能使职能和性质表现得更加鲜明，而在原始条件下，这些是与其他的职能和分工混在一起的，非常难以分辨。我们的例子也是这种情况。一个原始游牧民族的首领身上的企业家要素是很难和其他要素分开的。由于同样的原因，很多经济学家，比如年轻时的穆勒，都不能把企业家和资本家进行区分，因为一百年前的制造商既是企业家，又是资本家。当然，随着经济的发展，两者之间的差异不断产生，就像英国的土地所有制促进了农民与地主的区分，然而，在欧洲大陆，这种区分仍然被偶尔忽略，特别是一个农民在自己的土地上进行耕种的事实[1]便更难以区分。早期的企业家，不仅是资本家，还经常是他自己的技术专家，只要他没有聘请相应的专家。同样，他还经常是他自己买卖商品的代理人、他自己的办公室的领导、他自己的经理，有时，他甚至还是自己的律师，来处理当前的事务，尽管通常他会雇用律师。因此，在工作中他会全部或部分扮演上面我们所说的这些角色。执行新的组合不再是一种职业，而是战略决策的制定和执行，然而正是他的这种职能而不是他的日常工作，使他具有军事领导者的特征。因此，企业家

---

[1] 只有用这种忽视才能解释很多理论家对农民财产的态度。由于个人的财产数额较小，从一些理论家的角度来看，他们之间是有差异的，但另一些理论家认为他们之间是没有差异的。雇用除土地所有者及其家庭之外的劳动力，只有从剥削理论的角度看，才是具有经济相关的。——原注

▲1807年11月，美国人罗伯特·富尔顿的"克莱蒙特"号蒸汽船开始了从纽约到奥尔巴尼的第一次航行，它以平均每小时5英里（1英里等于1.61千米）的速度，在32小时内逆流航行了150英里，引起了巨大的轰动，从此揭开了蒸轮船时代的帷幕。富尔顿取得了在哈德逊河上航行的独占权，并开办了船运公司。富尔顿的成功很快引来无数的效仿者，数年内美国和欧洲的内陆河流中已经有50多艘蒸汽轮船投入了营业性航运。

的基本职能总是和他的企业活动结合到一起的，而且这些活动比企业家最本质的职能要显眼。因此，马歇尔对企业家的定义，只是从最广泛的意义上把企业家的职能定义为"管理"。我们不接受这个定义，因为它没有表达出我们想要表达的重点，也没有明确区分出企业家的活动与其他活动的唯一不同点。

然而有些活动类型——事情的发展逐渐产生了这些活动类型——用特别纯粹的方式展现了企业家的职能。"发起人"就属于这种情况，但是还需要一些限定条件。我们暂且忽略与这一类型的人有关的社会地位和道德方面的联系，而把他作为接收佣金而在开办新企业过程中从事资金融通等工作的人。虽然在这种情况下，他既不是企业的创造者，也不是这个过程的推动力量，然而他在企业创立过程中有点像"职业企业家"。"实业领袖[1]"这样现代类型的人与我们这里所说的意思具有很密切的适应性，特别是人们从下面的两个方面看到他的存在。一方面，他具有20世纪威尼斯的商业企业家的特征，另一方面他如同乡村的当权者，把农业、牲畜贸易、农村酿酒厂、一个旅馆和一个商店结合在一起。不管他是属于哪种类型的企业家，只有当他实际地"执行新的组合"时，他才是一个企业家；而一旦他建立自己的企业，并和其他人一样安定下来经营自己的企业时，他就失去了企业家的特征。当然，这只是一条规则，因此，任何一个人在他几十年的经济活动生涯中，很难总是保持企业家的身份。很多工商业者很少或从来没有一个时刻是一个企业家，哪怕是最微小的意义上的企业家。

由于企业家不是职业，通常也不是一种持久的状态，因此从技术的层面上讲，企业家不能像地主、资本家或工人一样成为一个社会阶层。当然，对于成功的企业家以及他的家庭来说，企业家的职能将引导他们走向某种阶级位置。企业家的职能也能够在社会历史的某个时代印上他们的标志，形成一种生活状态、道德体系和审美价值，但它本身并不表示一个社会阶层，也不是以某种阶级地位为前提的。它可能获得的阶层地位也不是一种企业家的位置，而是以拥有土地或者资本家为特征的，而这些特征是根据企业的收入如何使用来决定的。对财富和个人品质的继承，都可以使不止一代人保持这种地位，并使得后代更容易经营企业，不过企业家的职能本身是不能继承的，这一点已经由制造业家族的历史证明了[2]。

---

1 参阅威登菲尔德在《现代企业人物》里的精彩描述。它刊登在斯穆勒的年鉴（1910年）中，在这本书发行之前，我并不知道这篇文章的存在。——原注
2 关于企业家职能的本质，还可以参考我《企业家》一文中的阐述，载《社会科学简明辞典》。——原注

现在产生了一个决定性的问题：为什么执行新组合是一个特殊的过程，是一种特殊的职能目标呢？每个人都在尽自己最大的努力从事经济生产。当然，目的从来没有得到完美的实现，但是最终，行为是由他经济活动的结果对自身的影响而决定的，以适应不会突然发生变化的环境。从某种意义上来说，一个企业不可能达到绝对的完善，但是，如果考虑到它周围的世界、社会条件、时代知识以及每个个体或组织的视野等因素，一个企业在某个时候可能接近于相对完善。周围的世界不断地提供新的可能，尤其是新的发现不断被增加到现有的知识宝库中。为什么人们不能像利用已有的可能性那样利用这些新出现的可能性呢？为什么人们不能根据他所了解的市场情况，用养猪代替养牛，或者如果他认为新的作物更加具有优势，就选择种植它呢？有哪种特殊的新现象或问题是不能在已经建立起来的循环流动过程中产生，而是在新出现的可能性中产生呢？

每个人能够在已经习惯的循环流动中迅速且合理地采取行动，是因为他对自己所处的市场位置和生产的产品有把握，而其他人也都根据这种已经习惯的循环流动调整自己的生产行为，同时，这些人也希望这个人采取和他们相同的行动，然而，当他面对新的任务时，就不能简单地这么做了。虽然在这些已经习惯的方法和途径中，他自己的能力和经验是足够的，但是当他面对创新的任务时，就需要指引了。他在自己熟悉的循环流动中是顺着流向游的，但是他想要改变这些循环流动的渠道时，他就是逆着流向在游。之前对他来说是帮助的力量变成了阻力，之前熟悉的资料现在变成了未知的。在超出了这些习惯的循环流动的范围之后，许多人就无法向前迈进，而其他人也只能用全新的方式开展工作。

那种认为行动是合理的和及时的假设在所有的情况下都是一种虚构。但是，如果有足够的时间让人们去了解这种逻辑的话，这种假设就可以变得非常接近于现实。在这些事情发生的地方以及在它发生的限度内，人们完全可

第二章 经济发展的基本现象

以满足于这种虚构，并在它的基础上建立理论。那么下面这些想法就都是不真实的：习惯或惯例或非经济的思维方式会在不同阶级、不同时代、不同文化的个人之间产生非常大的差异，以及认为例如"股票经济学"对现在的农民和中世纪的手工匠都是不适用的。相反，相同的理论图景[1]在它最广泛的意义上是适合不同文化下的人们的，不管这些人的智慧和经济理性程度如何，我们可以说，农民卖出他的小牛如同股票经纪人出售股票的行为一样是精明和利己的。但是这样的情况是在无数的先例经过了几十年甚至千百年，消除了不适应的行为之后才被认识到的。

在这些限制之外，我们的虚构就失去了它接近现实的可能性[2]。传统理论所做的就是紧紧抓住它不放，这样做是在掩盖一种实质的东西，而且还忽略了一个事实：与我们从现实中假设的偏差相比，这些偏差在理论上是很重要的，没有这些偏差的存在，就无法对一些现象做出解释。

因此，在描述循环流动的过程时，人们必须把生产资料的组合（生产函数）[3]当作数据，就像自然的可能性，只允许在边际上做很小的改动[4]，这就如同每个人可以调整自己使自己以适应周围经济环境的变化，而不需要大大偏

---

[1] 相同的理论图景，明显不是相同的社会学的、文化等的图景。——原注
[2] 这种情况究竟有多大的可能性，可以从这些国家的经济生活中看得更清楚。在我们的文明范围内，从这些个人的经济生活中看，19世纪的发展还没有把这些人囊括到发展的潮流中，比如，中欧农民的经济生活。这些农民在进行"计算"，他们不缺乏"经济的思维方式"。但是他不能跨出常规一步；几个世纪以来，他的经济生活都没有发生变化，除非通过外部力量的推动。为什么会出现这样的情况？因为新的生产方法的选择不仅仅是理性经济行为概念中的一个要素，也不是理所当然的事情，而是一个需要特殊解释的独特过程。——原注
[3] 所谓的生产函数，是指企业或组织甚至整个社会，在既定的工程技术条件下，给定投入与所能得到的最大产出之间的关系。它表示在既定技术条件下，生产要素的数量与某种组合和它所能产出的最大产量之间的依存关系。——译者注
[4] 像之前提到的，小的干扰可能会通过累积变得很大。关键在于如果是商人制造了这些干扰，就不会改变他的习惯路线和做法。不过，通常情况下，都是比较小的干扰，大的干扰是特例。反对意见认为大干扰和小干扰原则上是没有区别的，这种说法是站不住脚的。因为这种说法本身就是错误的，它是以忽视无限小方法的原则为基础的，这一原则的实质是，人们在某些情况下，可以判断"小的数量"，但是不能判断"大的数量"。如果对这种大小比较敏感到生气的读者愿意，可以用适应性和自发性之间的比较来代替。我个人并不希望这么做，因为后者的表述比前者更容易产生误解，而且需要做很长的解释。——原注

081

离已经熟悉的生产线路。

因此，执行新的组合是一种特殊的职能，是一类人的特权，这类人的数量比所有具有执行新组合的"客观"可能人群要少得多。因此，我们认为企业家是一种特殊的类型[1]，他的行为是一种特殊的问题，是大量重要现象的推动力。因此，可以用三组互相对立的观点来阐述我们的立场。第一，两种

---

[1] 首先，这是一个行为和人的类型的问题，由于这种行为只有在非常不平等的方法和程度上以及只对较少的人才是可行的，因此这些行为构成了这些人的突出的特征。由于第一版对此的说明被谴责为扩大和误解了这种行为的独特性，并且忽略了这种行为对每个商人来说都是或多或少开放的事实；还因为后来的一篇文章（《经济生活的波浪式运动》，载《社会科学档案》）的阐述中由于引入了一种中间类型（"半静态"的商人）也受到了指责，因此我提出下面的陈述。这里所说的行为有两个方面的特殊性。第一，由于它受到一些完全不同的事情的指导并且确实在做和其他行为不同的事情，在这种联系中，人们确实可以把它与后者都包括在一个更高的统一体中，但这改变不了这样的事实：这两者之间存在理论上的相对差异，而且传统方法只对两者中的一个进行了充分的描述。第二，这里所说的行为不仅在目标上与其他行为不同，它以"创新"作为独特目的，而且两者的前提条件的类型也是不同的。

现在，这些能力和其他的能力一样被假定分配在同质的人群中，也就是说，它们的分配曲线有一个最大的纵坐标，两边的偏离越大，情况也就变得越少。同样，我们健康的人如果想唱，那就都可以唱歌。在这个同质的人群中，可能有一半的人唱歌能力能够达到平均水平，1/4的人唱歌能力在逐渐降低，同时，我们假定，1/4的人唱歌能力在平均水平之上；在这1/4的人群中，通过不断提升唱歌能力和不断减少拥有这个能力的人，我们最后才遇到卡鲁索这样的人。只有这1/4的人唱歌能力才能打动我们，也只有在极端的情况下，唱歌能力才成为个人的特征标志。尽管实际上所有人都能唱歌，但歌唱能力仍然是少数人的显著特征和天赋，确切地说，它不构成一种类型，因为这个特征——不像我们的——总体上对个人性格的影响相对较小。

同样，我们假定1/4的人缺乏首创精神，在需要创新精神的私人生活和职业生活中，这些人只起到了很小的作用。这类人中，我们可以看到有很多优秀的职员，他们忠于职守，具有专业知识，一丝不苟。然后，就是那"一般正常"的人。这些人证明了自己可以很好地完成一些事情，即使这些事情已经处于正常的渠道之中，它们也不能被"派遣"出去，而是要被"决定"和"执行"。实际中，所有的商人都属于这类人，否则他们也不会达到他们的位置；大多数商人代表着一种选择——个人的或遗传方面的。当一个纺织业制造商走向羊毛拍卖场的时候，他并不是走上了"新路"。但是那里的情况绝不是相同的，商人的成功很大程度上依赖于购买羊毛的技巧和主动性。纺织工业和重工业相比，至今没有表现出托拉斯化，这种事实的出现可以被部分解释，那就是聪明的制造商拒绝放弃他们在购买羊毛时在技术方面的有利条件。从这里，我们最后到了最高的1/4的人中间，这一类人具有超乎寻常的才智和意志。这一类型的人不但从事各种职业（商人、制造家、金融家等），而且具有强烈程度不断变化的"创新性"。在我们的论证中，每种强度"创新性"的类型均会出现。很多人能够在不曾被人走过的地方开辟出一条安全的航道；很多人在沿着别人走过的路前进；还有很多人随着大流在动，不过他们是在大流的前锋。因此，每一种类和时代的伟大政治领袖也属于一种类型，但他们不是独一无二的，而只是处于金字塔的顶端，从他们这里出发，就会有连续不断的差异，一直到平均水平，从平均水平又可以降到一般水平之下。然而，不仅"领导"是一种特殊的职能，而且领导者也有特殊性，从而区别于其他人——因此，在我们的例子中就没有必要问："这种类型是从哪里开始的？"然后回答："这根本不是一种类型。"——原注

第二章 经济发展的基本现象

真实过程的对立：一方面是循环流动或围绕均衡的趋势，另一方面是经济运行渠道的变化或来自经济系统内部的经济数据的突然变化。第二，两种理论工具的对立：静态的和动态的[1]。第三，两种行为方式的对立，我们可以据此刻画出两类人物：经理和企业家。在理论意义上，生产的"最好方法"被认为是"通过经验验证并且已经为人们所熟悉的方法中的最有效、最有利的方法"。但是它并不是当时"可能的"方法中"最好的"方法。如果人们不做这种区分，那么这个概念就没有任何意义了，而我们的解释想要解决的这些问题仍然没有解决。

现在，让我们对前面讨论的行为和类型的特征特点精确地进行表述。生活中最小的行为凝聚着一种巨大的精神上的努力。如果某个小学生想要通过自己的行动去完成他所知道的以及他所使用的东西的创造，那他必须是一个精神上的巨人。同样，如果某个人在任何情况下都想要创造指导他每天行为的所有新规则，那他就必须是一个智慧和意志上的巨人。这一点不仅对经历了成千上万年才形成的个人和社会生活的决策和行为是真实适用的，而且对

---

[1] 有人对本书的第一版提出批评，认为书中有时定义"静态的"为一种理论结构，有时定义为对经济生活真实状况的刻画。我相信现在的说明也不会给这些意见提供依据。"静态的"理论并没有认为存在一个静止的经济；它同样要对待经济数据的变化。因此，它本身的观点认为静态理论和静态的现实之间没有必然联系。只有当人们在不变的经济中用最简单的结论阐述实际的经济过程的本质形式时，这个假设才能成为理论。在很多地方的几个世纪的历史进程中，静止的经济是一个无可争辩的事实；此外还有一个事实，即桑巴特所强调的，在每个萧条时期都有一种趋向于静止状态的趋势。因此我们很容易理解，这种历史事实与理论的结构是如何发生联系并使人们产生混淆的。现在我不用"静态"和"动态"两个词表达上面所说的含义了，这两个词在上面只不过是对"循环流动理论"和"发展理论"的简述。还有一点：理论中用两种方法来解释可能会有一定的困难。如果要表明经济系统中的所有要素在均衡系统中是如何互相影响的，那这种均衡系统首先就应该被假定不存在，而它将在我们眼前建立起来。这并不意味着它的形成就自然得到了解释。这仅仅是通过思想上的分析，使得均衡的存在和发生作用在逻辑上变得清晰，而且在这个分析中，个人的经验和习惯被假定为已经存在的。但是这些生产性的组合是如何产生的，还没有得到解释。另外，如果要研究调查两个相接近的均衡位置，有时可以采取庇古在《福利经济学》中所说的方法，把第一位的"最好"的生产组合与第二位"最好"的生产组合进行对比。比较的结果虽然不一定，但是可能意味着这两种组合不仅在数量上有细微的差异，而且在技术和商业架构上也有差异。这里没有对第二种组合的产生及其相关的问题进行研究，而只是对已经存在的组合的运行和结果进行了研究。即使这种做法是合理的，但是这种处理方式忽略了我们的问题。如果这个结论说它包含了对这个问题（没有对第二种组合的产生及其相关的问题的研究这样的问题）的解决，这也是不对的。——原注

较短时期和更具特殊性本质的产品来说也是真实的，而这些产品构成了从事职业化任务的特殊工具。根据这一点，这些产品的完成应该包含着最大的努力，可是通常它不需要个人做特殊的努力；这些应该非常困难的事情实际上是非常简单的。当然，给人们安排任务、保持纪律等这些事情还是必需的，但是，这些是很简单的事情，任何一个普通人都能够学习并完成。在人们所熟悉的规则范围之内，甚至是必须指挥别人的职能，也不过是像其他人从事的工作一样的"工作"，也可以与看管机器的工作进行对比。所有人都知道而且有能力以自己习惯的方式去完成他们日常的工作；"领导者"也有他们的行动路线和例行工作，而他的领导职能只是纠正那些偏离正常行为轨道的行为。

所有的知识和习惯一旦被获得，就会在我们心里扎根，如同铁路的路基根植于地面。这些知识和习惯不需要不断地更新和有意识地再建，而是深藏于潜意识中，它通常可以通过遗传、教育、培养和环境的压力被传递下去，传递的过程几乎是毫无阻力的。我们所想、所感觉和所做的每件事情经常是自动发生的，而意识使得我们在生活中不觉得这些发生的事情是负担。然而，这种存在于种族和个人中的大量的驱动经济的力量还无法强大到使我们的日常生活的负担变成很轻，同时，它也没强大到阻止日常生活的这些需求继续消耗平均的能力。但是它已经足够强大到可以满足普通的需要。这对我们日常经济生活也是适用的。从这一点我们可以得出结论：对经济生活来说，在日常规则之外的每一步都是很困难的，它需要包含新的要素。这种要素构成了领导这一现象。

上面所说的困难可能集中体现在下面的三个方面。第一，在这些已经习惯的规则运行渠道之外，人们没有做决策所依据的运行数据和规则，而这些数据和规则在已经习惯的规则运行渠道之内通常是被他们熟知的。当然，他可以根据经验进行预测和估计。但是，很多事情仍然是不确定的，还有一些事情是在比较广的范围之内才是确定的，更有一些事情也许只能依靠"猜测"。特别是，人们想要改变和创造的数据，都是如此。现在，在某种程度上，他必须有意识地计划自己行为的每一个具体细节。这样做将比习惯的行动具有更多的自觉合理性，而习惯的行动根本不需要反映自觉合理性；但是这种计划与习惯的行动相比，不仅在某种程度上会犯更大的错误，而且容易犯其他类型的错误。已经做过的事情与我们所看到和经历的事情具有一样的现实性，而新的计划只是来自我们想象的虚构。执行一个新的计划和根据习惯去行动是两件不同的事情，就如建造一条公路和沿着公路行走。

如果人们能够记住彻底调查计划中的企业产生的正面影响和负面影响是不可能的，那就会更加清楚这是一件完全不同的事情。纵使我们有无限多的时间和方法，在理论上可以确定那些正面影响和负面影响，但它们在实际中也必然是处于未知的状态。经济生活中的行动，即使没有制定出想要做的事情的全部细节，也必须要采取行动，就像军事命令，即使可能获得的数据不在自己的掌握之中，也必须出于战略考虑去行动。在这里，每一件事情的成功都依赖于直觉（即用事后被证明是正确的某种方式预测事情的能力）和抓住事情本质的能力（即使不能说出做事的依据，但是照常可以掌握主要事实，摒弃非主要的事实的能力）。充分的准备工作、专业知识、思想理解的广度以及逻辑分析的才能，在某种环境之下可能成为失败的根源。但是，我们对自然和社会的学习理解越准确，对事实的控制就越完善，对事物进行迅速的和可信的范围（利用时间和逐渐增加的合理性）的计算越大，那这种职能的重要性就越低。因此，企业家这一类型的人所起的作用就必然会减少，就如同今日的军事家的重要性已经降低一样。不过，每一种类型的人最本质的那部分是和他的职能联系在一起的。

上面所说的第一点是关于任务方面的，而这第二点是关于工商业者自身精神方面的。做一件新的事情与做一件熟悉的并通过经验检定的事情相比，

▲1875年，巴黎歌剧院的宏伟楼梯上，名流鱼贯进入礼堂。19世纪末的法国巴黎，是一个令所有醉心于艺术的人所向往的梦幻之都。

人们会比较不愿意去做，因为它给人感觉难以成功，比较艰苦，即使这种艰苦不存在，也还是不愿意去做。这种情况在所有的领域都是相同的。科学史对这种情况提供了一个强大的证明，那就是，我们会发现自己接受一个新的科学观点或方法是非常困难的。即使旧的理论已经变得不适合，而创新本身也没有表现出任何困难，但是我们的思想还是会不断回到旧有的习惯轨道中。固有的思维习惯下意识地并自动地产生结果，不怕批评和与事实相矛盾之处。正因为如此，当它们失去作用时，就会变成一种障碍。在经济世界也是这种情况。在想要创新的人心里，习惯的驱动力在上升，处于萌芽状态的计划遭到反对。此时，就有必要产生一种新的和另一种意志上的努力，以便扭转日常领域、范围、时间内的工作和牵挂，去构思和制定新的组合，并使自己相信这种组合有现实的可能性而不仅仅是白日梦。这种精神上的自由和构想是以每天出现的大量剩余的或者说现实满足不了的需求为前提的，它是一种特殊的并且在本质上稀有的东西。

　　第三点是社会环境对想要创新的人的反应，或者叫反作用。这种反作用可能首先通过社会环境从法律或政治上的障碍表现出来。不过，我们暂且不考虑这点，社会团体中任何一个成员偏离常规的行为都会受到谴责，尽管这种谴责根据社会团体是否习惯于这种行为而在程度上有所不同。即使在穿着或礼貌这样的事情上，与社会习惯相背离的行为也会引起反对，在更严重的事情上当然会受到更强烈的反对。这种反对在文化的最初阶段要比其他阶段更强烈。甚至只是对背离行为的惊讶，或者只是仅仅注意到这种行为，都会对想要创新的人造成压力，而谴责可能带来一系列引人注意的结果和影响。它甚至会引来社会的排斥，最终导致实际阻碍或直接攻击。不论逐渐的分化削弱了这种反对的事实——这种分化削弱的最重要的原因正是我们想要解释的发展——还是作用于个人的社会反对反而变成了一种刺激，都不能在原则上改变反对意见的重大压力。克服这种反对意见是不存在于常规生活进程中的一种特殊任务，也是需要一种特殊行动的任务。在经济事务中，这种反对首先表现在受到创新威胁的团队中，然后表现为寻找必需的合作者的困难，最后表现为赢得消费者认同的困难。尽管一个迅猛发展的时期已经使我们习惯于这些创新，但这些要素在今天仍在起作用，我们最好还是把它们放到资本主义初期进行研究。不过，这些要素很明显地存在着，以致就我们的目的来说，对它们进行描述就是浪费时间。

领导作为一种特殊的职能，它的出现是由于很多原因引起的，与仅仅等级上的差别相比，领导这种职能存在于每个社会个人之中，不论是最大的还是最小的，它的出现通常与社会个体联系在一起。上面的事实创造了这样一种界限，即超过了这个界限，人们都不能依靠自身来执行职能，而需要从少数人那里得到帮助。如果社会生活在各个方面都和宇宙一样，具有相对不变性，或者说如果具有可变性，这种可变性也不受人类行为的影响，或者说如果最终受到人类行为的影响，但这种行为对每个人都是公平的，也不是每个人都可以做到的，那世界上就不会有这种区别于日常工作的特殊的领导职能。

只有新的可能性出现的地方，需要领导的特殊问题才会产生，领袖类型的人物才会出现。这就是为什么在诺曼征服的年代，领导职能表现得如此明显，而斯拉夫人几个世纪以来在普利皮亚特河流域不变的、相对受到保护的生活中，领导职能表现得非常微弱。以上我们讲到的三个观点，对职能的本质以及构成领导类型的生产或行为进行了特征描述。"寻找"或"创造"新的可能性并不是其职能的一部分。这些可能性被各种类型的人积累起来，并在那里存在着。通常，它们只存在于作家的讨论中，而在其他场合，人们虽然确切地知道它的存在，但并没有想要去做什么。举一个政治生活中的例子，我们不难看到，在路易十六时期，法国的社会和政治状况本来是可以得到改善，从而避免统治的崩溃的。事实上，很多人都看到了这一点，但是没有任何人处于可以改变这一点的位置。领导者的职能就是"做这些事"，如果不去做，可能性就会消失。不管是短暂的领导，还是长久的领导，这一点对所有的领导类型都是适用的。前面的例子就是一个证明。在一个偶然的紧急事件中应该做什么，从规则上来看是很简单的。大部分或全部的人们都能看到这一点，但是需要有人站出来领导大家。通过榜样来领导不仅包括找到或创造新的事物，还在于通过它给社会留下深刻的印象，从而使得整个社会追随他。因此，领导者完成职能更多的是靠意志而不是靠才智，更多的是靠权威而不是靠理想。

经济上的领导必须区别于"发明"。只要发明还没有被应用到实际中，那么它在经济上就不起任何作用。而执行改善的措施并使之有效却是一项与发明这项改善完全不同的任务，而且这项任务需要完全不同类型的才能。如同企业家可能是资本家一样，尽管企业家也可能是发明家，但他们是发明家不是由于他们职能的本质，而是一种偶然，反之亦然。另外，创新是企业家的职能，执行创新这种职能不需要任何发明。因此，和很多学者一样强调发明这种要素是不恰当的，而且可能会造成很多的误导。

企业家式的领导，与经济领域的其他类型的领导是有区别的，企业家式的领导当然具有自己的特色，它没有其他领导所具有的那种魅力。它的特征在于完成一项非常特殊的任务，这种任务只有在非常特殊的情况下才会引起公众的注意。至于领导的成功，与其说是来源于企业家的敏锐和充沛的精力，不如说是来源于某种程度的精细，这种精细能够让他抓住稍纵即逝的机会，除此之外，再没有别的了。当然，个人威望不是不重要。资本主义企业家的个人品质没必要，一般也不会完全符合我们大多数人对于"领导"的想象，因此，要认识到他属于社会学所说的哪一类领袖确实有些困难。他"领导"生产方式进入新的轨道，但是不是通过说服人们相信执行他的计划的必要性，也不是通过用政治领导者的方式创造人们对他领导地位的信任——他唯一要说服或打动的人，是未来可能会给他提供资金的银行家——而是购买生产工具或者服务，然后按照他认为合适的方式对这些工具和服务进行组合使用。他还吸引其他生产者跟随他并运用他所用的生产方式。但是，由于这些追随他的人是他的竞争者，他们会减少并消耗掉他的利润，这种情况看起来好像是这种领导地位违背了自己的意愿。最后，他提供一种服务，而对这种服务进行充分的了解需要具有专业知识。公众理解这样的事情，不如理解政治家成功的演讲或将军在战场上的胜利容易，同时还不承认自己在为自己的利益而行动这样的事实，因此加大了公众理解的难度。因此，我们要明白，在这样的例子中，我们观察不到任何企业家生产中任何价值的出现，而这些价值却是让其他类型的领导引以为豪的。另外，还要加上作为个人的企业家和作为群体的企业家所具有的不稳定性这样的事实，以及当他经济上的成功提高了社会地位时，没有任何文化传统和态度可供依靠，而是像暴发户一样受到人们的嘲笑这样的事实。我们应该明白，为什么这类人从来不受欢迎，为什么即使是科学评论文章也只是对他进行简单的描述[1]。

现在我们试图用在科学中以及实际生活中经常运用的方法来对我们所勾勒出的企业家进行描述，通过分析他生产行为的特征动机来理解他们的行为。我们这样的尝试一定会受到对经济学家侵入到心理学领域的反对，这已经通过很多学者的描述变得众所周知了。因此，在这里我们不能讨论关于心理学和经济学之间的关系这个重大的问题。我们只是要指出，那些在原则上反对在经济学的讨论中掺入心理学思考的人在这里可以忽略此处我们将要说的话，当然，读者也不必担心因此与下面的章节脱节。

在循环流动理论中，一个事实使考察动机的重要性被大大削弱，这个事实就是均衡系统中的等式可以被解释为不包含任何的心理要素和数值，正如

---

[1] 如同本书的第一版的很多读者所想象的一样，我们对企业家这类人的作用的分析不包括任何的"美化"。我们坚持认为企业家具有和其他人——比如强盗——相区别的经济职能。但是我们没有把每一个企业家当作天才或救世主，我们也不想对他在社会中起到的比较优势的作用和为什么他的作用不能以其他更便宜或更有效的方式来完成这样的问题进行评论。——原注

第二章 经济发展的基本现象

帕累托[1]和巴尼的分析所表明的。这就是为什么即使是不完美的心理学对结果的干预也比人们所预想的要少的原因。即使在缺乏理性动机的情况下，也会有理性的行为。但是，一旦我们真正想要深入研究动机时，就会发现这个问题不是那么简单了。在给定了社会环境和习惯的情况下，人们每天要做的很多事情，主要是从履行社会职责的角度去考虑，很少是出于自觉的理性去做的，也很少是出于利己主义和享乐主义去做的，即使有也是很少一点，而且可以很有把握地说，这一点也是最近才发展起来的。然而，只要我们把自己局限在不断重复的经济行为这个范围之内，只要我们发现这样定义的动机随着时间推移会有很大的变化，我们就能够把它和需求以及满足需求的欲望联系起来。除此之外，还有下面的条件能够让我们把这些要素联系起来：正是社会形成了我们所观察到的特殊欲望；当人们决定他的行动过程时，通常要考虑到一些群体，比如家庭或比家庭大一些或小一些的群体；行动并不是紧跟着欲望，只是或多或少对它产生响应，这种响应也是不完全的；尽管个人的选择范围在方式和方法上具有很大不同，但它总是受到社会习惯或习俗等的影响——在循环流动中，每个人都会根据环境调整自己的行为，尽其所能满足某种给定的需求（他自己的或别人的需求），这仍然具有很广泛的正确性。在所有情况下，经济行为的意义就是对需求的满足，也就是说，如果没有需求，就不会有经济行为。在循环流动的例子中，我们可以把需求的满足看作正常动机。

有一种领导者不是我们要说的类型。在某种程度上，他称得上是最理性、最以自我为中心的人。正如我们已经看到的，执行新的计划比经营已经建立起来的企业需要更多的自觉的理性，因为新计划必须在被执行之前就制订出来，而经营已经建立起来的企业所要面对的大部分是例行事务。典型的

---

[1] 维尔弗雷多·帕累托（1848—1923年），意大利经济学家、社会学家，洛桑学派的主要代表之一。——译者注

▲宾夕法尼亚运河边的工厂,1857年詹姆斯·富勒·奎恩绘制的水彩画。宾夕法尼亚运河的开通和铁路的修建,极大地促进了宾夕法尼亚州的经济发展。

企业家比其他类型的企业家更加以自我为中心,因为前者比后者依靠的传统和关系要少,而且不论从理论上来说还是从历史上来说,前者的特殊任务在于打破旧的传统和联系,建立新的联系和传统。尽管这主要适用于典型的企业家的经济行为,但也可以扩展到道德、文化和社会的结果。企业家类型出现的时期也产生了功利主义,这不是偶然的事情。

不过,企业家的行为和动机是理性的,除了上述之外没有其他的含义,而且他的动机没有享乐主义的意味。如果我们把行为的享乐主义动机定义为满足个人需要的愿望,那么我们就可以让"需求"包括某种程度的冲动,就像我们可以把自我主义定义为包含其他利己主义价值观一样,这样的定义基于利己主义也具有自我满足方面的某种意义的事实。但这种做法会使我们的定义陷入循环往复的状态。如果我们要赋予这种定义一定的意义,我们必须把它限定在能够用消费品满足的需求上面,同时限定在能够期望从它得到某种类型的满足上面。那么,如果我们所定义的这一类人是出于满足他自己的需要而行动,这就不再是真实的事情了。

因此,除非假定我们所说的这一类型的人被享乐主义所驱使,否则在商业领导人的例子中,戈森定律[1]会使他们的停止进一步的努力。然而,经验告诉我们,企业家一般只是在他们的力量已经用尽并感到不能再胜任所做的工作时才会从舞台上退出。这看起来似乎与理性人的假设相矛盾:他把可能的结果和无效的努力进行平衡对比,然后选择一个平衡点,超过了这个平衡点,他将不愿意再继续前进。但是,在我们的例子中,努力没有被看作停止前进的理由,它似乎根本没有分量。企业家类型的人的活动显然是享乐主义的障碍,享乐主义者所享受的商品通常是用超过一定数量的收入购买到的,因为他们的"消费"是以休闲为前提条件的。因此,从享乐主义的视角来看,我们所观察到的这些类型的个人都不是理性的。

当然,这不能证明享乐主义的动机是不存在的,它只是指向了另外一种非享乐主义特征的心理学,尤其是当我们看到享乐主义所具有的与众不同的特点时,这种与众不同在我们所说的这一类型的人身上是很明显的,而且也不难理解。

每个人心里都存在着梦想和意愿来建立自己的私人王国,虽然这种情况

---

[1] 戈森定律是以德国经济学家戈森命名的边际效用价值,其内容就是欲望与享受的相互关系及变化规律。是现代"效用论"的基础。定律的要点有3个:(1)人类为满足欲望和享乐,需不断增加消费次数,而享乐因随消费的增加而递减,享乐为0时,消费就应停止,如再增加,则成为负数,使享乐变为痛苦。即"欲望强度或享乐递减定律"。(2)假如有人在几种享乐之间有选择自由而无充分享受的时间,则不论这几种享乐起初的绝对量如何不同,要取得最大的享乐总量,必须在他们之间依次消费其享乐量(个量)最大者,直到各种欲望之数量(个量)彼此相等为止,这就是"享乐均等定律"。(3)在原有欲望已被满足的情况下,要取得更多的享乐量,只有发现新享乐或扩充旧享乐。——译者注

通常不是必需的。现代世界中，人们实际上并不容易找到这样的地方、获得这样的地位，但是对现代人来说，取得工业或商业上的成功仍然是他们可能达到中世纪封建贵族领主地位的捷径。对于那些没有其他机会获得这种地位的人来说，这种诱惑力非常大。对权利和独立性的追求不会因为它们两者都是幻想而有丝毫的降低。更进一步地分析，我们可以发现这群人的动机种类繁多，从精神上的野心到趋炎附势，但这些是不需要我们细谈的。我们只要指出一点就够了，那就是这种动机虽然与消费者的动机最为接近，但是与消费者的动机并不完全一致。

还有一种征服的意志：战斗的冲动只是为了证明自己要胜过其他人，也就是成功的过程或成功本身。从这方面看，经济行为与体育运动很相似——比如财富上的竞赛和拳击比赛。财富竞争的结果是次要因素，成功的指标和胜利的象征才是有价值的，炫耀财富往往成为大笔开支的原因，而不是人们对于消费品的需要。同时我们还可以从更细微的地方看出差别，比如，野心应该被归类为第一类动机，也就是说它只是为了证明自己胜过其他人，而不是为了成功的结果。因此，我们又面对一种与上面所定义的"需求的满足"有根本区别的动机，或者换个词语——"享乐主义的适应"。

另外，还存在着创造的快乐、完成计划的快乐或者只是展示某人的能力和智慧的快乐。它与无处不在的动机相似，作为一种独立的行为因素存在于我们的经济生活中。我们所说的这种类型的人寻找困难，为了改变而改变，以冒险为乐趣。这种动机在三者中，是最突出的反享乐主义的。

只有第一类动机是促使企业家活动起作用的必要因素，这种活动的结果产生了私人财产，而其他的两类动机则没有。金钱上的收益确实是对成功的最好证明，特别是对相对的成功而言，而且对于为了成功奋斗的人而言，除了获取金钱上的收益之外，还有额外的好处，那就是它是一个客观的过程，在很大程度上独立于其他人的意见。这样和那样的特点都是伴随着"渴望财富"的社会机制产生的，这使得其他要素很难代替它作为工业发展的动力，即使我们排除它在创造一笔随时可用于投资的基金中的重要性，它的作用依然难以替代。尽管如此，第二类和第三类企业家的动机原则上的确可以被其他的社会安排所关联，这种社会安排不包括从经济创新中获得的私人收益。至于还能提供什么样的刺激，怎样使这些激励工作得像"资本主义的刺激"，都超出了本书所要讨论的范围。这些问题被社会改革家忽略了，同时也被财政上的激进主义者所忽视，但是它们不是不能被解决，而是要通过对企业家活动的心理学进行详尽的观察才可以被回答。

第三章
信贷与资本

信贷的性质与作用[1]

经济发展的本质在于对现存的劳动力和土地的服务进行不同的使用，这个基本概念使我们得出新组合的实行，是通过把土地和劳动力的服务从它们之前的使用方式中提取出来而实现的这一结论。在每种经济形态中，领导者没有直接处置劳动和土地的服务的权利，这引导我们得出两个观点：货币承担着一种基本职能；其他支付手段也承担着这种职能。因此，以支付手段为表现形式的过程不仅仅是商品循环过程的体现，然而很多理论家总是尽最大的努力，甚至用不耐烦的态度以及道德和理智上的愤怒来使我们确信与"以支付手段为表现形式的过程不仅仅是商品的循环过程的体现"相反的观点。

---

[1] 下面所陈述的内容基本没有任何改动，并且从对汉恩著的《银行信贷国民经济学》一书的研究中获得了宝贵的经验和改进。特别向读者推荐这本原创且值得称赞的著作，这本书从根本上提高了我们对这些问题的认识。兰沃斯·泰勒的《信贷体系》一书也具有相同的益处。对战后现象和繁荣与萧条时期银行信贷分别起的角色的讨论已经消除了我们所要说的那些矛盾的现象。今天，每一个经济周期理论都在考虑繁荣时期"额外信贷"的事实和思考由凯恩斯提出的是否可以从货币方面的影响来缓解经济周期的问题。这并不意味着我的观点被接受，但它可以向我的观点引导。参考我的论文《信贷控制》，载德文《社会科学与社会政策文献》（1925年）。最近，罗伯茨在其《银行政策与价格水平》一书中，也得到了相类似的结果（参阅1926年6月《经济学杂志》中庇古的文章）。——原注

第三章　信贷与资本

从经济学成为一门科学开始，就一直在与那些坚持认为"货币现象是完全正确的"普遍错误的观点作斗争，这也是经济学的贡献之一。如果有人说货币只是为了让商品流通更便利的媒介，没有重要的现象与货币相联系，这种观点无疑是错误的。如果有人试图以这种说法来反对我们的观点，那我们就可以用论据进行反驳，那就是，在我们的例子中，经济系统中生产力的不同利用方式只有通过改变人们的相对购买力才能实现。我们已经看到，原则上让工人把劳动，地主把土地借给别人使用是不可能的。同样，企业家也不能借到已经生产出来的生产资料，因为在经济的循环流动中，没有可被企业家使用的闲置的存货。如果某个地方或其他地方恰好存在企业家所需的生产资料，那他当然可以购买，但是，这需要他有购买力。企业家不能把这些生产资料借过来，因为它们生产出来就是为了满足某种需求，而持有生产资料的人不会也不能先把这些生产资料借给企业家然后等着企业家归还，即使一段时间后企业家确实可以归还，他也不愿承担任何风险。如果有人这么做了，那么会出现两笔交易，一笔是购买，一笔是延期的信用支付，这两者不仅是同一个经济过程的两个不同部分，而且是两个不同的经济过程，我们在后面将会看到，它们中的每一个都依附着不同的经济现象。最后，企业家也不能给工人和地主"预付"[1]消费品，因为他根本还没有这些消费品。如果他购买消费品，也需要有相应的购买力。我们不能忘记一点，这始终是一个从物品的循环流动中把商品抽离出来的问题。消费品的信贷是这样的，已经生产出来的生产资料的信贷也是如此。所以我们正在研究的这些并不神秘。

没有任何东西实质上"能"取决于货币，这是一个很清楚的事实。实际上，购买力只是关键过程的一个工具，这是不容置疑的。另外，也不会有人反对这一观点，因为每个人都会承认货币在数量或分配上的变化属于类似的

---

[1] 自从魁奈的时代以来，这种不真实的概念所强加的理论结构就不攻自破了。这个理论太重要了，人们甚至可以称它为"预付经济学"。——原注

▲1881年5月的伯利恒钢铁厂，约瑟夫·彭内尔的水彩画。伯利恒钢铁公司曾是世界第二大钢铁公司，也是美国制造业领导地位的有力象征，而钢铁厂的创始人查尔斯·施瓦布则是美国梦的代表。

现象，且会产生深远的影响。但是目前为止，这种观察还比较边缘化，不过这种比较还是具有指导性的。商品领域的变化在这里是没有必要的，前期引起的商品的变化可以作为它的原因，也可以作为解释的依据。任何情况下，物品的变化都是被动的。然而，如同大家所知道的，商品的种类和数量在很大程度上受到这些变化的影响。

我们所讨论的第二个观点看起来也不是那么危险的。从最终的分析来说，它也是以事实为基础的，这个事实不仅是可以论证的，甚至是很明显的，而且是被人们所普遍接受的。从支付手段的外在形式看，它是由经济系统创造的，表现为对货币的索取权，但是这种索取权与对其他物品的索取权

第三章　信贷与资本

具有本质上的不同，那就是这种索取权与货币有相同的服务功能，至少暂时是相同的，因此在一定情况下这种索取权可以代替货币[1]。这一点不仅在有关货币和银行的文献中得到承认，而且在更狭窄的意义上也可以得到理论的承认。这可以在教科书中看到。在这里，我们不对教科书中的内容进行任何补充，只是想增加一点分析。所讨论的问题中，与我们所认可的事实关系最密切的是货币的概念和价值等问题。当数量理论为货币的价值建立起公式的时候，批评家们首先抓住了其他的支付手段来进行反驳。众所周知，这些支付手段，尤其是银行信贷[2]是不是货币这样的老问题已经由许多优秀的学者做了很详细的回答，可以说这方面的讨论已经有很多了。而据我所知，我们所关心的问题已经被毫无争议地认可了，甚至那些对支付手段是否是货币这样的问题做出否定回答的作者，也承认了我们对问题的回答。对于支付手段以何种方式影响货币的价值这样的问题，人们也做了或多或少的解释。

这意味着承认这样创造的流通媒介不仅代表等量的金属货币，而且它们的实际数量非常大，不可能立即全部兑换；而且，由于这些支付手段比较方便，它们不仅会替代之前已经在流通的货币，而且会不断地被创造出来并与已经存在的大量的货币并存。还有一点对我们的论述并不是很重要，但我们仍然要进行说明，即支付手段产生于银行。产生支付手段是银行的基本职能，我们发现这与通行的概念是一致的。银行对货币的创造使自己承担了义务，这一论断是由亚当·斯密以及其他更早的学者所提出来的，今天已经成为常识；我急于补充的是，不论人们认为"货币的创造"这种表达在理论上是否正确，这对我们的目的来说都是一样的。我们的推论是完全独立于任何

---

[1] 尽管通常不能把对物品的索取权和物品本身等同起来——如同不能把谷穗和谷粒等同一样——但是情况还是有点不同。尽管我不能骑在对一匹马的索取权的身上，但在一定条件下，我可以像处理货币本身一样来处理对货币的索取权，也就是购买。——原注
[2] 银行信贷是银行将自己筹集的资金暂时借给企业使用，在约定时间内收回并收取一定利息的经济活动。——译者注

货币理论的。

最后，不容置疑的是，这些流通媒介在提供信用的过程中被创造出来，如果我们忽略掉为了避免运输金属货币而产生这种手段的情况，那么这种流通媒介几乎就是为了提供信贷的目的而被创造出来的。根据费特的观点（《经济学原理》，462页），银行是"收入主要靠出借支付的承诺而获取收入的企业"。

至此，我们所说的没有任何的争议性，甚至也没有任何的意见分歧的可能性。人们不能责备我，说我违背了李嘉图的"银行业务"不能增加一个国家的财富等观点，人们也不能说我犯了罪，诸如银行家所说的"滥发钞票空头投机"的罪名[1]。更进一步，谁也无法否认这样的事实：很多国家，3/4的银行存款都是信用[2]。作为一种规则，工商业者要先成为银行的债务人，才能变成银行的债权人，他首先"借"的资金实际上是即将要"存入"的；更不用说，从更严格的意义上来说，只有极少一部分的交易是不用货币来完成的。因此，对于这些问题，我们不做更深一步的探讨。在这里提出一些对所有人来说都是新鲜的，但可以在任何一本基础课本中找得到的结论是没有任何意义的。所有的信用形式，从银行纸币到银行信贷，本质上来说都是相同的东西，在所有信用形式中，信贷增加了支付手段，这是无可争议的事实[3]。

---

[1] 参阅J.S.穆勒的著作，任何一个经济学家都会认为李嘉图的观点不是很正确，即使他在这个问题上是非常保守的。例如，J.L.劳福林的著作《货币原理》中说："信贷不能增加资本（生产工具），但可以使资本活起来、更有效率，因此会导致产品的增加。"我们的观点很多都与之类似。——原注

[2] 只有少数银行家会在他们的定期报告中声明他们的存款中有多少是真正的存款。上面的估计是根据英国的报告做出的，这些报告间接表明的情况很可能得到了大家的公认。但是，在德国情况并非如此，德国银行业务通常不把贷款计入客户的信用支付之中。不过，这个理论的本质不是在于信用和贷款数量上的不同。更严格地说，如汉恩所强调的，所有的银行存款都是建立在信用基础上的，只有以"银行收进的金额"为基础的信贷，才是一种特殊方式的信贷，它才不会增加存款人的购买力。——原注

[3] 当然，总是有很多的理论家用世俗的观点，对"银行中的巨额资金"感到惊讶不已。更让人不解的是，很多经济学家有时也会持有相同的观点。例如，克莱尔的《货币市场初识》一书，就没有接受这样的观点，把可用于提供信贷的巨额资金定义为"其他人的钱"，虽然这种说法部分是正确的，但也只是在比喻的意义上来说。——原注

第三章 信贷与资本

至此，只有一点是有争议的。这些流通媒介，如果没有法定货币或物品做基础，是不会被凭空创造出来的。我对工商业者或理论家所说的生产者的汇票就是这些流通媒介的典型例子。生产者在完成他的生产并把产品销售出去之后，就给他的客户开出汇票，以便立即把他的要求权转化为货币。于是，这些产品就起到了提货单的作用。即使这些汇票没有现成的货币来支持，但仍然有这些现存的商品作为基础，因此，从某种意义上来说，它仍然是以现存的购买力为基础的。上面所提到的存款，显然在很大程度上也是由这种商业票据的贴现形成的。似乎可以把提供信贷或将信贷工具放入商业渠道之中看作正常情况，而把其他情况看作是不正常情况[1]。但是，即使正常的商品交易没有任何问题，也通常要有相关的附属抵押品，因此我们所说的信用创造只不过是对现有的资产进行整合利用的问题，在这一点上，我们重新回到传统的概念上。在这样的情况下，似乎传统的概念取得了胜利，因为流通媒介如果没有依靠的基础就不会存在，货币也可以从流通过程中抽离出来，从而让所有的交易重新回到物物交换，也就是回到纯粹的商品范畴的过程。这种解释也说明了为什么人们通常会认为"货币的创造"仅仅是技术问题，它对经济生活的一般理论没有更深的含义，而只要用一个章节说一下银行经营方面的内容就可以了。

我们不完全赞同上述的观点。目前需要强调的就是那些被实践证明是"异常"的事物只是流通媒介的创造，这种流通媒介只是伪装成正常商品交易的过程。除此之外，金融票据不能被视为"异常"的，它们不是由给新组合融资的信用产生的，但它们经常起着与之相同的作用。在这种情况下，担保附属品不可能是现存的产品，而是其他东西，从原则上来说，它的重要性

---

[1] 我一开始就忽略了这一点，即经济系统中正常的商业活动是用信用支付手段进行结算的，生产者从客户那里收到票据或其他类似的信用工具，并立即用它来购买生产资料。因此，从任何的意义上来说，这和信用的提供没有任何关系，而且从根本上说，它和用金属货币进行的现金交易没有什么区别。这种情况我们在第一章已经提到了，在此不再重复。——原注

101

不在于组成担保附属品的资产不是因为信贷的提供而被"组织"起来的，这不是担保附属品的本质特征。相反，我们必须区分以下两种情况。第一，企业家可能拥有某种可以在银行进行抵押的抵押品[1]。这种情况肯定可以使企业家轻易获得信贷。但是，从最纯粹的形式来看，这种情况不属于信贷最实质的内容。分析和经验都告诉我们，企业家的职能和对财富的拥有不是联系在一起的，尽管对偶然的事件来说，对财富的拥有可以构成一种现实的优势。但是，如果不存在这种财富与现实之间的关系，我们的观点也是经得住挑战的，因此，把信贷看成"金属货币资产"，并不是对这类事情的充分表述。第二，企业家用来抵押的商品可能是他用借来的购买力得到的。这种情况下，先出现信贷，然后才有担保附属品，不管两者之间的距离有多短，但至少在原则上是这样的。此时，把现存的资产放入流通中的观点所得到的支持甚至比第一种还要少。相反，这正好清楚地表明，购买力被创造出来时是没有新的物品与之对应的，这种事情发生在第一种情况下。

在现实生活中，如果所有的信贷都有担保，那么信贷的总量肯定大于这些有担保的信贷量。信贷结构不仅超过了现存的黄金基础，也超过了现在的商品基础。这样的事实是很难被否认的，只能怀疑它在理论上的重要性。但是，区分正常信贷和异常信贷是重要的。正常信贷创造了对社会收益的要求权，它代表并可以被认为是对提供的服务和前期已存在的物品进行交付的证明。那种被传统观点认为异常的信贷也创造了对社会产品的要求权，但是，由于缺少过去生产性的服务，这种信贷只能被认为是未来即将生产出来的产品和服务的证明。这样，不论是从它们的性质来看，还是从它们的效果

---

[1] 此外，如果抵押品是土地、股份等不能流通的东西，或是在市场上不能用于交换商品的东西，那么此时创造的货币对商品领域和价格的影响就和没有担保的发行货币所起的作用没有区别。这一点常被人们忽视。从政府以土地为"依据"，发行不兑换的货币的情况就可以发现类似的问题。一些支付手段以某种类型的抵押品作为支付基础，这只不过是消除了如果不这么做就存在的风险，但却没有改变这样的事实，即没有与新的需求而出现产品的新供给。——原注

第三章　信贷与资本

来看，这两者之间就出现了根本性的差异。这两者作为支付手段，都是为了相同的目的，而且它们在外在形式上也没有差别。但是，其中一种支付手段对社会产品具有相应的贡献，而另一支付手段对社会产品是没有相应的贡献的，尽管这种缺陷经常由其他的事情进行弥补。

希望上面这些简要的叙述不会引起误解，下面我们就要进入本章的主题。第一，我们要证明一个初看起来有点奇怪的说法，那就是，在原则上只有企业家才是需要信贷的，或者我们可以证明这一说法的一个推论，那就是信贷是为工业发展服务的。已经证明的是，企业家是非常需要信贷的，也就是暂时转移购买力给他，使他能够创新，进行生产，从而成为企业家。在物品的循环流动中，生产者是通过销售他前期生产的物品来获得购买力的，因此，这种购买力不是自动流向企业家的。如果企业家没有购买力，那他必须借入，如果他有购买力，那也是前期发展的结果。如果他不能获得购买力，那就不能成为企业家。我们所说的这些没有虚构的成分，而只是将大家都已经知道的事实进行了概括。只有先成为债务人，才能成为企业家。成为债务人是发展过程的逻辑形成的结果，或者换一种说法，成为债务人是情况的必然要求，不是什么异常的事情，也不是可以用特殊的环境来解释的偶然事件。他首先需要的就是信贷。在生产任何商品之前，他首先需要购买力。资本主义社会中，他是典型的债务人[1]。

现在我们必须用反面的证据来完成我们的论证，也就是证明上面所说的企业家负债的情况和其他人是不同的，任何其他人不会因为他的经济职能的本质而成为债务人。当然，现实中，借或贷还具有很多其他的动机。但是，关键的问题是信贷的提供看起来并不是经济过程的一个本质要素。消费信贷

---

[1] 在更深层次的意义上，企业家仍然是债务人，我们在这应该重点强调这一点。在企业家对社会的循环流动的生产做出任何贡献之前，他先从社会的循环流动中获得商品，在原则上这个过程是不断的。从这种意义上来说，他是社会的债务人，商品转移到了他手中，可他还没有据此获得在其他场合对国民收入分配的要求权。——原注

103

就属于这种情况。先忽略消费信贷的重要性是有限的这样一个事实，我们要说明的是，消费信贷并不是构成产业生活的基本形式和必要条件的要素，也不是任何人经济本质的一部分，更不是任何生活过程本质的一部分。也就是说，人们不一定要承担消费性债务，也不一定为了自身消费的目的而去借债。因此，消费信贷这种现象对我们来说没有多少意义，不管它的实际作用有多大，我们都把它从我们的考虑中移除。这不包括抽象过程，我们承认它是事实，不过我们对此没有特别需要说明的。一家企业也许因为遭受灾难而深陷困境，为了维持生存，企业产生了信贷的需求，对于这种情况我们也是不予考虑的。我们把这些例子包含于"消费性—生产性信贷"的概念中，从某种意义上来说，它们不是经济过程本质的一部分，在这里，我们不再予以讨论。

每一种以"创新"为目的的信贷都是提供给企业家的，而且构成了经济发展的一个要素，那么唯一留下来的需要我们考虑的，就是在循环流动的过程中提供给商业运营的信贷。如果我们能够在"非主要"的意义上来解释这种信贷，那么我们的证明就完成了。那么如何来完成证明呢？

从第一章我们可以看出，在当期所接受的信贷并不是循环流动过程本质的一部分[1]：根据我们的定义，生产者完成生产之后，应该要立即出售产品，并利用所得开始新一轮生产。不过，情况并不总是如此。生产者有可能在他交货给客户之前就想开始下一轮生产了。但关键是，如果生产是以营业收入提供资金的，那么我们要能够在循环流动的过程中体现生产者下一轮的生产过程，同时不能忽略任何其他实质性的东西。在已经建立起来的企业的日常业务中，发展使信贷具有实际的重要性，这种发展能够使暂时闲置的资金得到运用。因此，每一个工商业者都会尽快利用所得到的款项得到他需要的购买力。如果没有发展，那么进行交易所必需的资金就不得不实际保存在分散

---

[1] 希望读者不要把这种信贷和为了维持企业运转提供给企业家的相同数额的信贷，尤其是为了支付工资而需要的信贷相混淆。——原注

▲《巴黎的新桥》，法国印象派大师奥古斯特·雷诺阿的作品，绘制于1872年。雷诺阿经常到巴黎新桥对面一家咖啡馆的窗口，对着洒满阳光的街道写生。为了能使行人在画笔下多停留一会儿，他让他的弟弟埃德蒙·雷诺阿站在路边，向过往的先生女士们搭讪，如果仔细观察就会发现，在这幅画中，埃德蒙身穿船夫服，手持手杖，在人群中出现了两次。

的厂商和个人手里，在这些资金不被这些单独的厂商和个人所需要的时候，它们就会被闲置在那里。正是发展改变了这样的状况，它把那种因从来没有借贷而产生的自豪感给消灭了。当所有的企业，不论是新的还是老的，都被拉进信贷循环这种状态中时，由于其中所包含的风险很小，银行家甚至比这些企业家更喜欢进行信贷。很多银行，尤其是储蓄型银行，几乎都会这么做，并把它们自己或多或少限制在这种流通的信贷中。这种现象只不过是发展的结果。

这种阐述，不会把我们置于与人们所想象的流行观点相对立的位置[1]。相反，我们的观点与流行观点是完全一致的，我们认为，如果想要深刻理解循环流动的经济过程，可以把信贷暂时忽略。只是因为流行的理论和我们采取的是相同的观点，而且和我们同样认为，当前商品交易信贷的支付与我们理解事物的本质没有什么联系，所以流行的理论在对经济过程的主要特征进行描述时，可以忽略这个因素的影响。也是由于这个原因，流行的理论才可以把它的视角限定在商品的范畴之内。在商品的世界里，当然也可以找到类似信贷交易这样的过程，不过对此我们已经有所理解。不论如何，流行的理论和我们的观点都认为在这一点上，创造新的购买力在任何时候都没有什么必要性，而这个事实再一次向我们表明了流行的理论是静态的。

这种流通信贷如同消费信贷一样，可以从我们的分析中略去。从上面的知识中可以知道，流通信贷只是在循环流动的过程中为了方便交易，它是一种技术上的权宜之计，对经济过程没有深远影响。当然，由于上面所述的一些原因，这种流通信贷可能变得有所不同，我们才可以得到下面的结论。为了对这种流通信贷和那种具有根本性的作用（没有它就不能对经济过程进行完整理解的信贷）进行鲜明的对比，我们假定在循环流动中，所有的交换都受到金属货币的影响，这些金属货币的数量是给定的，并且只存在一次，而且它的流通速度也是一定的。显然，在不包含发展的经济的整个循环过程中，也可能会包含信用支付手段。然而，这些信用支付手段在作为现存的物品和过去的服务的"证明"方面具有和金属货币同样的作用，这种信用支付手段和金属货币之间没有什么本质的区别，我们利用这样的方式进行解释只是为了表明，在信贷现象中的本质要素不可能存在于循环流通过程中的流通信

---

[1] 而且，实际情况更加证明了这一点。在过去，实际上只有消费信贷，只存在为建立企业而提供的信贷，循环流动的过程不是依靠它而进行的。流通信贷只有到了现代才具有当前的重要性。既然现代的工厂与中世纪的手工作坊在经济上没有什么差别，那么我们就可以下这样的结论：现代工厂本质上不需要任何信贷。——原注

贷中。

这样，我们既证明了我们的观点，也精确规定了其中的含义。原则上来说，只有企业家才会需要信贷；信用对工业发展起着根本性的作用，思考这种作用对理解整个经济过程是非常重要的。此外，从第二章的论述中，我们能够立即看到与该论点相关的另一个论点——原则上说，在领导者对生产资料也不具备直接处置权的情况下，没有信贷，就谈不上发展。

我们所说的信贷，其根本作用在于能使企业家把他所需要的生产者的物品从这些物品前期的使用中抽离出来，对它们按照需求进行利用，从而使经济系统进入新的发展轨道。我们的第二个论点可以表述如下：只要信贷不是以过去企业的经营成果为依据，或者不是以过去的发展所创造的购买力的储藏为依据，它就只能包括特别的信用支付手段，既没有严格意义上所说的货币的支持，也没有已经存在的物品的支持。这种信用的确可以用除产品之外的其他资产，也就是企业家拥有的其他类型的财富做担保。但是，这是不必要的，它没有创造新的物品的供给，也不会改变经济过程的本质，这种本质包括为产品创造一种新的需求。这里，无须对这个论题做进一步的证明，它只是第二章结论的延伸。它告诉了我们借出和信用支付手段之间的关系，并引导我们认识信贷现象的本质。

由于这种对经济过程具有根本作用的信贷只能通过这种新创造的支付手段进行支付（假如没有前期发展的结果）；而从反面来看，只有在这种情况下，这种新创造的信用支付手段才不仅仅在技术上起作用。在这种情况下，提供信贷就意味着创造购买力，而这种新创造出来的购买力只有把信贷提供给企业家才能有作用，也只有这样才是必需的。这是我们不能用金属货币代替信用支付手段，同时不能损害其他理论架构的真实性的唯一情况。由于没有任何物品是以金属货币的绝对数量为依存条件的，因此我们假定任何时候都具有一定数量的金属货币存在；但我们不能假定，对货币量需求的增长正好出现在合适的时间和地点。因此，如果我们从贷款和信用工具的创造中排除掉不起重要作用的情况，那么，贷款和信用工具的创造这两者必然会一致起来，如果我们把之前发展的结果忽略不计的话。

在这个意义上，我们用下面的方式定义信贷现象的核心：信贷在本质上是购买力的创造，它是为了把创造的购买力转移给企业家，而不是简单转移现存的购买力。购买力的创造标志着在私有财产和劳动分工的经济系统中实现发展的方法。通过信贷，企业家在还没有获得商品索取权的时候，就可以取得这些商品。信贷以一种虚拟的索取权暂时取代了这些索取权本身。在这种意义上，提供信贷这种运行方式就像给经济系统提供命令，使得经济系统适应企业家的目的；也像给企业家需求的商品提供命令，这意味着把生产要素委托给企业家。只有这样，才能在完美均衡的经济循环流动中实现经济的发展。这种职能构成了现代信贷结构的主要基石。

但是，在正常的经济的循环流动中，提供信贷不是必要的，不但因为产品和所需的生产资料之间不一定存在距离，还因为可以假定生产者所购买的全部生产物品都是用现金进行交易的，或者一般的购买者都是通过出售前期生产出来的具有相同价值的物品来购买所需的生产物品。尽管如此，在执行新组合的时候，肯定会出现一个需要填充的缺口。贷款者的职能就是填补这个缺口，他们通过把创造出来的购买力交给企业家支配来履行这个职能。这样，提供生产物品的人就不需要再等待，而企业家也不需要将商品或现金预付给生产者。否则，即使在私有财产盛行的交换经济中，这样的缺口如果不能被弥补，那发展即便不停滞，也会非常困难。贷款者的这个职能是任何人都不能否认的。意见的分歧只存在于对这个弥补缺口的"桥梁"性质的认识。我相信，我们的观点和其他观点相比，是最接近现实的。

循环流动的过程是我们研究的出发点，它以同样的方式年复一年地生产出同样的产品。对每一个供给，在经济系统中总有相应的需求与之对应；同

第三章　信贷与资本

样，对每一个需求，都有相应的供给与之对应。所有的商品都按照既定的价格进行买卖，这些价格波动很小，每一个单位的货币在每个经济周期内以相同的方式进行循环。任何时候都可用的一定数量的购买力可以购买到一定数量的原始性生产服务，按照这样的顺序，购买力转移到这些原始性生产服务的人手里，然后这些人再次用它们购买消费品。对这些原始性生产服务的主体本身来说，尤其是对土地而言，这里没有市场，在正常的循环流动的过程中对他们来说也不会存在价格[1]。

如果我们忽略货币单位的材料价值，购买力实际上就不具有任何的含义，而只代表现存的商品。购买力的总量不能告诉我们任何事情，但总量中家庭和公司所占有的份额具有很重要的意义。如果信用支付手段，也就是我们所说的购买力，被创造出来并交给企业家进行支配，那企业家就会处于其他生产者的前列，并且他的购买力与前期已经存在的购买力总量并存。显然这没有增加经济系统中已经存在的生产性服务的数量，但是可能会出现新的需求，这将导致生产性服务价格的提高。进而会引发从原有的用途中撤出商品的现象，关于这一点，前面已经进行了说明[2]。这一过程起到了压缩现有购买力的作用[3]。某种意义上来说，没有任何商品，甚至没有任何新的商品会与这种新创造出来的购买力相对应。只有以先前已经存在的购买力作为代价，

---

[1] 参考第一章的解释，就可以明白为什么我没有提及用劳动和土地的服务所生产出来的生产资料，尽管购买力不仅购买劳动和土地的服务，也会购买它们生产出来的生产资料。——原注
[2] 我和斯皮托夫在这一点上具有分歧。他在《施穆勒年鉴》（1909年）上发表了三篇文章：《资本市场和货币市场的外部秩序》《资本、货币和商品世界的关系》和《货币缺乏及其对商品世界的影响》（这三篇文章也曾经以《货币、货币和商品世界的关系》为名单独出版过），这三篇文章的主要成就在于对这个问题进行了探讨。在很多方面，这三篇文章预见了本章所说的问题，也曾明确强调过"创造新的货币替代物"的可能性（比如，在第二篇文章的85页）。但是，存在一个"在现有的商品供应的情况下，不能克服的经济限制。只有人为的措施能够把这些闲置的商品放入流通中，它们才会起作用。"如果超过这个限度，价格就会涨。这一点是正确的，也是值得我们关注的。当然，我们同意货币的收紧不能通过创造新的购买力来消除，或者说只有在货币的收紧是对货币问题的恐慌时，才可能通过创造新的购买力来进行消除。——原注
[3] 市场中前期生产者购买其他生产者的物品的购买力会被压缩，对消费品具有需求的人没有从企业家的需求所引起的货币收入的增加中分享到任何的利益。这可以解释繁荣时期价格的上涨。如果我没有弄错的话，是冯·米塞斯把这个过程概括为"强迫储蓄"。——原注

才能有这种新创造出来的购买力的容身之地。

以上解释了购买力的创造是以怎样的方式起作用的。读者可以看出其中没有任何非逻辑的东西[1]。信用工具的外在形式是毫不相关的，这从没有保证的银行券来进行说明最清楚不过了。但是，那种不能代替现存货币，并且不是建立在已经生产出来的商品基础上的票据，如果也在实际中参与流通，那么它们和这些无担保的银行券就具有相同的特征。当然，这里说的不是指企业家用它来偿付对贷款人债务的票据，或者仅仅用它来进行贴现，而是指被用来对物品进行支付的票据。信用工具的其他所有形式，甚至银行账面上的简单信贷，也可以从相同的角度来进行考虑。如同容器中先前已经存在的气体分子所占的空间会由于气流的进入而缩小一样，新的购买力进入经济系统时，也会压缩已经存在的购买力。当必要的价格变动结束时，任何给定商品都可以按照和旧的购买力进行交易的相同的条件来和新的购买力单位进行交换，不过现在的购买力单位比之前存在购买力单位要小，而且购买力在每个个人的分配上也发生了变化。

这可以被称为信用膨胀[2]，但是这种信用膨胀和以消费为目的的信用膨胀有本质上的不同。在消费信用膨胀的情况下，新的购买力与旧的购买力并存，价格上涨，物品被抽离出来，信贷获得者或从信贷获得者偿还贷款获得收入的人从消费信用膨胀的过程中受益。然后，这种过程会停止：抽离出来的物品被消费掉，创造出来的支付手段仍然在流通，信贷必须不断更新，价格会持续上涨。此时可能会用正常的收入流，比如增加税收，来偿还贷款。但这里有一个新的特殊的方式（通货紧缩[3]）能够以人们所熟知的方式重新构

---

[1] 也可以参阅A.汉恩写的《信贷》一文，载《政治学袖珍辞典》。——原注
[2] 信用膨胀指银行信用提供的货币量超过商品流通中货币需要量而产生通货膨胀的一种经济现象。通常是由于金融机构放款的增长速度超过经济增长速度，企业贷款不能如期归还以致影响资金回笼，以及国家财政赤字需以银行透支来弥补等原因造成。——译者注
[3] 当市场上流通货币减少，人民的货币所得减少，购买力下降，物价随之下跌，造成通货紧缩。长期的货币紧缩会抑制投资与生产，导致失业率升高及经济衰退。——译者注

建货币体系的健康，除了它，没有其他方式能够让货币体系回到以前的状态。

然而，在我们的例子中，这种过程依然会向前发展。企业家不仅一定会依法偿还货币，而且在经济上，他还会把生产出来的产品归还到商品的储存地，商品的数量会与他所借的生产资料的价值相等；或者，像我们已经表述的那样，他最终会履行能够从产品流动中获得产品的条件。在我们的概念中，当企业家完成经营活动之后，就会处于这样的时期：在这个时期的终点，他的产品已经在市场上，生产性物品已经全部用完，如果所有的事情都是按照预期发生，那么他就会以他生产出来的这些产品增加社会的流转产品，他生产出来的这些产品的价格会高于他所获得的信贷额，也会高于他直接和间接用到的产品的总价格。因此，货币和商品流转之间不仅达到了均衡，还有结余，信用膨胀不仅得到了消除，还有结余，对价格的影响不仅得到了弥补，也有结余，因此，在这种情况下根本不存在信用膨胀——倒不如说信用紧缩——只不过购买力和与其相适应的商品不同时出现，这样就暂时造成了膨胀的假象。

进一步说，企业家现在可以偿还他欠银行的债务（贷款加上利息），在这之后，企业家仍然会保留有一定的信贷余额（等于企业家的利润），这是从循环流动过程的购买力基金中抽取出来的。只有利润和利息还保留在循环流动的过程之中，而初始的银行贷款已经不存在了，所以紧缩政策本身造成的影响，在新的更大的企业没有继续获得资金支持的情况下，会比刚才说的要严重得多。在实际中有两个原因可以阻止新创造的购买力迅速消失：首先，大多数企业不会在一个经济周期就结束生产，它们会持续经营很多年。事情的本质没有因此而改变，但是新创造的购买力将会在流通中存在很长时间，信贷票据到了规定的偿还日期往往采取延期的方式。在这种情况下，从经济上来说没有信贷偿还，而是对企业的偿债能力进行定期检查。这种情况应该被称为"申请审核"，而不是"申请支付"，无论应该偿还的是银行票

经济发展理论

▲1882年的纽约证券交易所,隔壁是电报局。电报线路位于建筑物顶部,提供快速的国际通信。

据还是个人贷款。其次，如果一家生产周期长的企业是利用短期信贷融资的，那每一个企业家和每个银行都会以明显的理由尽快把这种短期信贷变成长久一些的信贷，如果可以完全越过短期信贷这个阶段，那借贷双方都会把这看成是取得了一项成就。实际上，这和用已经存在的购买力来代替新创造出来的购买力是大体上一致的。在已经进行了充分的发展并积累了购买力储备的情况下，通常是而且的确是分以下两个步骤进行的。我们的理论已经说明了购买力储备的原因，这些原因和我们的理论并不冲突。

第一步，发行股票或债券，并将它们的发行数额计入企业的贷方，这就意味着银行资源实际上仍然在对企业进行资金支持。然后这些债券和股票被卖掉，并由购买者用现存的购买力或储备基金或存款来逐步进行支付，当然通常不是立即支付，而只是在往来账上记录认购者的名字。这样，股票和债券就被社会储蓄吸收了。信用工具的赎回就是这样完成的，并被现存的货币所替代。但这不是企业家对其贷款的最后偿还，他们还是要用商品进行偿还的。即使在这种情况下，商品的偿还也会出现得稍微晚一点。

还有另外的一个事实在阻止新的购买力立即消失。只有在最后取得胜利，信用工具才可能会消失，而且这一趋势是自发的。即使信用工具不会消失，那它对个人或社会的经济也不会有什么干扰，因为商品已经生产出来并与新的购买力保持平衡，而且它是新购买力的唯一真正重要的保证，这恰好是消费信贷的情况下所没有的。由于信贷展期，生产过程周而复始地进行，尽管这些进行周而复始生产的企业已经不是我们通常所说的"新企业"了。因此，信用工具不仅对价格没有深入的影响，甚至失去了它们之前产生的影响。的确，这是银行信贷进入循环流动的生产过程所用的最重要的方式，直到这种信贷在循环流动过程中的作用得到确立，才有必要进行分析工作，以认清信贷的本源并不在循环流动的过程中，如果情况不是这样，那么公认的理论不仅是错误的——任何情况下都是如此——而且是不容宽恕和不可理解的了。

如果提供信贷的可能性不受现存的流动资源数量的限制,这种流动资源的数量是独立于以提供信贷为目的而创造的,也不受现存物品数量(闲置的数量或商品的总量)的限制,那么这种提供信贷的可能性受什么限制呢?

我们假定有一个自由金本位标准,也就是可以根据需求从银行兑换黄金,必须以法定价格购买黄金,黄金可以自由出口。我们还假定有一个以发行钞票的中央银行为中心的银行体系,但除此之外没有其他阻碍银行业务发展的障碍和条款——比如,对中央银行没有钞票发行准备金之类的规定,对其他银行也没有存款准备金之类的规定。我们的这些假定是一种主要的情况,可以很容易地应用到其他的情况中。那么,每一次新的购买力的创造都会出现在相应数量的商品出现之前,这样就会产生一种趋势,即把包含金币在内的黄金的价值抬高到单位货币的价值之上。这将导致流通中的黄金数量减少,因为银行会要求将支付手段兑换成黄金,首先会要求银行券兑换成黄金,然后其他直接或间接的支付手段都会被要求进行兑换,这些现象发生的意义、目的和原因都与我们所描述的有所不同。如果银行系统的偿付能力没有危险性,那么银行用一定的方式发放的信贷所引起的通胀就是暂时的,而且始终保持比较低的强度。但是,只有在新创造的购买力所对应的商品在合适的时机进入市场的时候,银行发放信贷所引起的通胀才只是暂时的;如果生产失败,这些商品不能进入到市场中,或者由于生产周期太长,商品只能在较长时间之后才能进入到市场中,那银行家会利用从循环流动的过程中抽取出的购买力——比如别人的存款——进行干预。因此,有必要维持一定的准备金,它对中央银行和其他银行起着制动作用。和银行的这种情况相对立的一种情况是,所有提供的信贷在日常交易中都会转化为很小的数额,而为了进行交易,必须把它们兑换成硬币或小面额的政府纸币,至少在大多数国家情况是这样的,这种小面额的政府纸币是不能通过银行创造出来的。最

114

后，信贷的膨胀必然首先引起黄金的外流——因此会带来无力偿还的风险。但是也有可能所有国家的银行同时进行信贷扩张。因此，即使我们不能在假设的情况下对创造购买力的限度如同商品生产的限度那样进行准确的表述，即使这种限度会根据人们的心理状态及法律等方面而发生变化，我们也还可以说，任何时候都存在这样一种限度，而且也能够说明是什么环境在维持这些限度。它的存在既不排除我们所说的购买力的创造，也不改变它的重要性。不过，尽管这个限度是一个比较确定的量度，但是信贷量在任何时候都具有一定的弹性。

以上分析比较粗浅地回答了我们所提出的基本问题，就像把金本位制[1]下汇率的确定这样的问题粗浅地回答为它必然处于黄金输送点之间一样。然而，就像我们看待金本位制下汇率问题的本质一样，如果我们忽略其中的黄金机制而去关注"商品输送点"，就能够看到汇率问题的本质。同样的道理，如果我们考虑的是一个纸币本位[2]的国家，或者是一个只有银行支付手段的国家，那我们对购买力的创造虽然是有弹性的，但也是确定的，这样的一个事实就有了基本的解释。由于国家之间的贸易没有什么根本上新的东西，我们把对这种情况的分析留给读者去做。我们可以说创造购买力的限度是由下面的条件产生的：给新企业提供的信贷膨胀应该只是暂时的，或者说根本不应该存在像物价水平持续上涨那样的信贷膨胀。正常的维持这些限度的制动器是面对企业家对银行信贷的迫切追求，任何其他的行动都会导致银行的损失这个事实。如果企业家不能够生产出至少与贷款额和利息的价值相等的商品，银行的损失就会经常发生。只有企业家成功生产了这些产品，银行的

---

[1] 金本位制就是以黄金为本位币的货币制度。在金本位制下，每单位的货币价值等同于若干重量的黄金（即货币含金量）；当不同国家使用金本位时，国家之间的汇率由它们各自货币的含金量之比——金平价来决定。——译者注

[2] 纸币本位制，亦称"自由本位制"。以国家发行的纸币作为本位货币的一种货币制度。由于发行纸币是国家的特权，在中央银行国有化之后，国家便委托中央银行发行纸币。中央银行发行纸币的方式是通过信贷程序进行的，所以纸币实际上是一种信用货币。——译者注

经营才是成功的——然而也只有此时才不会出现我们前面所说的通货膨胀[1]，也不会越过我们前面所说的限度。在各自情况下决定可能创造的购买力数量的规则就是来源于我们前面所说的情况。

只有在另外一种情况下，银行才会引发通货膨胀，并随意决定价格水平。这种情况就是，银行解除以黄金作为偿付手段的义务，暂停兑换国家货币的职责。也只有在这种情况下，银行引发通货膨胀和随意决定价格水平才不仅没有损失，反而还有收益，也就是说，如果银行通过进一步创造新的流通媒介，使不佳的偿还状况转好，或使消费因信贷的提供真正得到满足，它就会把新的信用支付手段注入循环流动的过程。通常，没有任何一家企业能独立做到这一点。因为尽管它创造的新的信用支付手段不会对价格水平有显著的影响，但不佳的偿债能力没有得到改善，而消费信贷也会由于银行的债务人不能在期限内偿还债务而变得糟糕。但如果所有的银行一起行动，就可能会实现。这些银行可以一起继续发放新的信贷，并据此影响价格，使前面所说的不良的消费信贷变得良好。某种程度上，这种情况可能会发生，这也是实际中为什么需要专门的法律进行限制的主要原因。

上面所分析的最后一点是不言自明的。正像国家在某种情况下不需要任何限制就可以印发钞票一样，如果国家把印发钞票的权力交给银行，让银行按照自己的利益和目的去做，那么银行也可以在没有任何限制的情况下印发钞票。但是，这与我们所讨论的问题没有关系，也就是说，我们所讨论的问题是为了在现时的价格水平下实现可以获利的新组合而提供信贷和创造购买力[2]——因此，从一般意义上来说，这与创造企业家购买力的意义、本质和来源没什么关系。我反复强调这一点，是因为关于银行创造流通媒介的无限权

---

1 通货膨胀指货币供给大于实际需求，也即现实购买力大于产出供给，导致货币贬值，而引起的一段时间内物价持续而普遍地上涨的现象。纸币、含金量低的铸币、信用货币的过度发行都会导致通胀。——译者注
2 我们的理论曾被解释为，信贷的创造通过提高价格使新的生产组合得以实现，否则不会获利。这并不是我们的本意。——原注

力这个论点，在经过反复引用之后，不仅失去了证实的必要性，而且也脱离了这一论点的主旨[1]，变成受攻击的对象及拒绝接受新信贷理论的借口。

资　本

现在是我们对一个早就等待着被证明，并且所有工商业者都熟悉的论点发表意见的时候了。在一个经济组织的形式中，如果新的生产所必需的物品是通过新创造的购买力的干预从原来循环系统中的位置抽离出来，那么它就是资本主义经济；而在另外一种经济组织的形式中，新的生产所必需的物品是通过一种命令或有关方面的协议来获得的，那么它就是非资本主义的。资本无非是一种杠杆，通过它企业家可以控制他所需要的具体的物品；资本不过是把生产要素转用于新用途的一种手段，或者是引向一个新生产方向的手段。这是资本的唯一职能，通过这个职能，资本在经济组织中的地位被完全表现出来了。

资本既然是一种杠杆，那么控制的手段是什么呢？它肯定不包括任何确定的商品种类，也不是由现存的物品供应组成。人们通常认为，我们会在生产中碰到资本，而且资本在生产过程中以某种方式发挥着作用。因此，在执行新组合的生产过程之中，我们一定可以在某个地方看到资本在起着作用。现在，从企业家的视角看，他所需要的物品都处于相同地位；所需的自然力、人力、机器、原材料都处于同一位置，具有相同的意义，并且无法把其

---

[1] 参阅汉恩写的另一篇非常好的文章《信贷》。与他的表述相反，我认为正确的表述应该是：尽管新的购买力的数量没有受到现实商品的支持，但是在未来商品的支持和限制下，新的购买力的数量还是可能被创造出来的。另外，我所说的现实商品是用现价来计算的。——原注

中的一种需要从另外的需要中区别出来。当然，这并不是说这些物品之间没有任何区别。这些物品肯定有区别，即使这些物品的重要性一直被理论家所高估。但有一点是很清楚的，那就是企业家对这些种类的物品所采取的行动都是相同的，无论是工具，还是劳动或土地，他都是用斤斤计较并支付利息才得来的货币购买的。还有一点是不重要的，那就是企业家是像刚开始创业时那样仅仅购买土地和劳动，还是会获得已经存在的中间产品，而不是自己生产它们。最后，如果他获得消费品，那么情况也不会有根本性的不同。尽管如此，似乎消费品是最有要求权的，是最应该被重点强调的，尤其是如果人们接受这样的理论，即从比较狭窄的意义上来说，企业家"预付"消费品

▲《冬日清晨的蒙马特大道》，1897年，法国印象派大师卡米耶·毕沙罗绘制。这是一幅蒙马特大街的全景图，街道两侧尽收眼底，一派热闹的繁华都市场景。

给生产工具的所有者。在这样的例子中，消费品与其他物品是不同的，它扮演着特殊角色，这也正是我们赋予资本的作用。由此可以看出，企业家用生产性服务来交换消费品。因此，我们不得不说资本包含着消费品——这种可能性已经被我们的论述解决了。

除了上面的论述之外，没有任何理由对企业家购买的所有物品进行某种类型的区分，也没有任何的理由把这些物品的任何一类包含在资本之中。把资本定义为包含所有的物品，可以适用于每个经济组织，不能作为资本主义经济组织所特有的特征，这是没有争议的。此外，如果一个商人被问起他的资本是由什么组成的，他会列举出这些物品中的任何一种类型，这也是不正确的。如果说起工厂，他会把工厂所占的土地也包括在内，如果他想要回答得更加完整，那他也不会忘记流动资本，这些流动资本是直接或间接购买劳动力的。

然而，一个企业的资本也不是所有服务于企业目的的产品的综合。因为资本面对的是商品的世界。"资本被投资于商品"，但这个事实意味着资本的职能和利用它购买到的商品的职能是不同的。商品的职能包括利用自身技术特性服务于相应的生产目的；资本的职能在于为企业家获取生产中需要的工具和手段。在交换经济中，资本作为第三种要素，处于资本家和商品的世界之间，它为这两者之间的沟通架起了桥梁。它不直接参与生产，本身也不是"工作对象"；相反，它承担着一项在技术性的生产活动开始之前必须完成的任务。

企业家在考虑购买具体的物品之前，必须拥有资本。在某个时期，当企业家已经拥有了必要的资本，但是还没有生产商品时，我们就能比在之前的分析中更清楚地看到资本并不是与具体物品相同的某种东西，而是一种独立的要素。资本的唯一目的，也就是企业家需要资本的唯一原因——我们求助于客观事实——是把资本作为一种购买生产性物品的基金。进一步说，只要这种购买活动还没有进行，那资本就绝对和任何物品没有任何联系。当然，资本还是会存在——谁也不能否认这点——但是资本的特征品质就是它不会作为某类具体的物品，也不能在技术上当作物品来使用，而是作为在技术意义上提供生产必需品的一种手段。但是当用资本来进行的购买完成之后，是否就应该由具体的商品构成企业家的资本？如果有人对魁奈[1]说："当你走过一些农场和工厂后……你就会看见一些房屋、牲畜、农业种子、原材料、家具以及各种各样的工具。"——从我们的观点看，还应该加上土地和劳动的服务以及消费品——这些难道还不能证明购买完成之后的情况吗？此时，资本已经完成了我们所总结的它的职能。我们假定，如果必需的生产资料和劳动的服务已经用资本买来，那企业家就不拥有对资本的处置权了。他为了生产资料已经把资本用完了，资本也已经被囊括到收入中。按照传统的观点，他的资本现在是由他购买到的物品组成的。这种理解的前提是忽略了在获取物品过程中资本所发挥的作用，而以一个不真实的假说取代，即企业家所需要的物品是借来的。如果人们没有这样理解，并且按照事实来区分生产资料和用来购买生产资料的基金，那么毫无疑问，这些基金就是人们习惯上称之为资本的东西，也是我们理解中资本主义现象的标志的东西。如果这种理解是正确的，那么就更加清楚地知道企业家已经不再拥有这个基金，因为他已经用这个基金来进行了支付，而基金的一部分落到了生产资料的出售者手中，这与面包师出售面包获得收入相比，本质上没有什么区别。几乎时刻都能碰到把购买来的生产资料说成是"资本"的说法，与另一种关于资本"体现于商品之中"的说法是类似的，这两种说法什么都解释不了，更不能说明任何问题。如果说煤"体现于"铁轨中，因为在某种意义上可以认为是煤的使用导致了铁轨的产生，那么在这样的意义上，认为资本"体现于商

---

[1] 弗朗斯瓦·魁奈（1694—1774年），资产阶级古典政治经济学奠基人之一，法国重农学派的创始人和重要代表。他用抽象的图式对经济体系做出了分析，从而说明生产和消费过程中的商品流通。——译者注

品之中"的说法就是正确的。但这样一来不就是说资本家用资本进行支付之后，仍然拥有资本吗？由于煤不能再从铁轨中抽离出来，难道资本家也不能把资本从他的投资中抽离出来吗？我相信这些问题可以得到满意的回答，那就是——企业家已经支出了他的资本。作为对支出资本的回报，他得到了物品，这些物品不能再作为资本使用，也就是不能作为可以用来购买其他物品的基金，而只能用于技术方面的生产。但是，如果企业家改变了想法，希望把这些物品转手，通常会有人愿意购买这些物品，于是，企业家就可以获得多于或者少于以前资本数量的资本。根据这个观点，他的生产资料不仅可以作为生活资料使用，还能间接作为资本——只要企业家能用它们先获得购买力，再获得其他生产资料——如果企业家笼统地称这些生产资料为资本，那是正确的。实际上，这些生产资料是在他完成生产之前，还需要购买力的情况下，能支配的用来购买生产力的唯一来源。我们将会为这种解释提供其他理由。现在第二个问题也有了答案：企业家可以通过出售他的产品来重新获得资本。当然他获得的资本与原来的资本相比，不论从形式上还是数量上，可能都是不一样的。"抽离他的资本"这种形象的表述虽然只是比拟，但也有合理意义的。这与我们的解释并不矛盾。

如果资本既不是由某种确定的商品构成，也不是由普遍的商品构成，那么资本究竟是什么呢？答案非常明显：资本是一笔购买力基金。只有作为购买力的基金，资本才能履行它的基本职能，这种职能是资本在实际中必须具有的，也能够体现资本概念在理论中的用处。资本不能仅靠列举的商品的种类来代替。

我的购买力基金是由什么组成的呢？为什么它是由货币以及其他可以用货币计量的资产组成的呢？这个问题看起来非常简单。对这个问题的回答

经济发展理论

可以把我们带到门格尔[1]关于资本的概念中。当然，我大都称其为"我的资本"。此外，把资本作为一种"基金"而不是收入的"流"也是没有任何困难的，所以我们在这里向欧文·费希尔[2]的方向又前进了一步。我们可以再次这样说，运用这笔资金我可以创造一家企业，或者把它借给某个企业家。

这个观点初看起来似乎很令人满意，但不幸的是它不全面。如果说仅凭这笔资金就能步入企业家的行列，那是不正确的。如果能得到一张可以用来支付的票据，那么我也可以用它来购买相同数额的产品。人们也许会说我只是因此承担了一项债务，而没有增加资本，甚至还会说用这张票据"购买"的物品只不过是借给我的。现在让我们仔细研究一下这个问题。如果我的生产成功了，那么我就能用钱或等值的东西来补偿这张票据，这些用来偿还的钱或等值的东西不是来自我的资本，而是来自我产品的收益。这样，我的资本就增加了，如果有人不同意这样的说法，我还可以说我获得了与增加的资本等额的服务的增加，这种服务不会增加未来可能导致资本减少的负债。可能还会有人反对，认为如果我没有必须要偿还的债务，那么我的资本本来就应该增加。但是，这些债务是用收益进行偿还的，如果这些收益毫发无损地全部归我所有，那么是否会导致资本增加也是未知的。如果我用这个所得去购买消费品，这种情况和把它描述成资本一部分的情况是完全相反的。如果说资本的职能仅仅在于保证资本家对生产品的控制的说法是正确的，那么我们就不能回避通过创造票据使资产增加这个结论。如果读者还记得之前的论述，那么把这些论述和后面的论述结合起来，就会发现我们的结论会去掉很多似是而非的表象。我没有通过创造票据而变得更加富有，这是正确的。然

---

[1] 卡尔·门格尔（1840—1921年），奥地利著名经济学家。19世纪70年代那场开启了新古典经济学序幕的"边际革命"的三大发起者之一，奥地利学派当之无愧的开山鼻祖。——译者注
[2] 欧文·费希尔（1867—1947年），美国经济学家。费希尔认为，可以通过挑选商品编制指数，然后让黄金价值与指数的物价水平反方向变化，使美元的购买力维持稳定。同时，他提议银行必须维持与账户存款等额的资金储备，即"100%货币体制"计划。他后来利用统计学的研究改进了商品价格指数。——译者注

而,"财富"一词可能会使我们考虑这个问题的另外一面。

但是,仅凭货币形式,就把我们所谓非货币形态的财富冠以资本的性质,是不正确的。如果一个人拥有某种商品,那么他不可能通过直接交换的方式得到他所需要的必需品。相反,这个人总是不得不把他所拥有的物品卖掉,然后把出售所得的收入当作资本,用这些收入再去获取他所需要的必需品。实际上,我们所考虑的概念也认识到了这一点,因为它强调了任何人所拥有的物品的货币价值。如果某人把自己所拥有的商品看作资本,很容易可以看出这只是简略的表述。这种说法对于已经购买到的生产资料也是适用的。

目前为止,我们的定义与门格尔以及其他相关概念相比,一方面要宽泛些,一方面又狭窄些。只有支付手段才是资本,不仅包括货币,还包括其他普遍意义的流通媒介,不论这些媒介属于什么类型;然而,并不是所有支付手段都是资本,只有能够完成我们所说的那些独特职能的支付手段才是资本。

这种限定取决于事物的本质。如果支付手段不是为企业家获得生产品提供服务,并为这个目的把生产品从它之前的用途中抽离出来,那么这种支付手段就不是资本。在一个没有发展的经济系统中,是没有"资本"的;或者换一种表述方式,资本没有完成它独特的职能,就不是独立的要素;或者再换一种表述方式,一般购买力的各种形式仅仅是交换媒介,是为执行通常的交换而形成的技术手段,它们并不构成资本,这就是它们在循环流通体系中所起的全部作用,除了这种作为技术手段的技术性的作用之外,它们根本起不到任何作用,因此忽略它们不会影响对事物的根本了解。然而,在执行新组合的过程中,货币和它的替代品变成了一种基本的要素,我们称它们为资本。根据我们的观点,资本是一个发展的概念,在循环流动的过程中,没有与资本相对应的东西。这一概念体现了经济过程的一个方面,只有发展的

经济发展理论

事实才能让我们认识到这个方面。我们之所以把读者的注意力吸引到这个论述上面,是因为它对理解我们这里谈到的观点很有帮助。如果一个人在谈到资本时指的是这个词在实际生活中的含义,那么他对经济过程或事情的某些方面考虑得就不是很充分,也就是对企业家活动的可能性,对生产手段控制的可能性考虑得不是很充分。对资本的很多概念来说,这些方面是具有共性

▲《希顿公园赛马》,英国著名肖像画及运动题材场景画家约翰·费纳利绘制于1829年,费纳利既擅长画马,也擅长画骑在马背上的人物。他作品中常见的形象和场景有穿着职业服的马赛运动员、群体打猎场景、豪华的四轮马车、获奖的动物等。

第三章　信贷与资本

的，为了解释这些概念，人们进行了种种努力，在我看来，这就表明这一概念具有"千变万化"的特征。由此看来，没有任何东西因为其内在的特征而一定是资本，那些被指定为资本的东西，仅仅是因为它满足了某些特定的条件，或者只是从特定的观点来看的。

因此，我们把资本定义为任何时刻都能够转移给资本家使用的支付手段的总金额。当从均衡状态的循环流动的经济中开始发展时，资本总量中只有很少一部分是由货币构成的；相反，它还包括新的为发展而创造的支付手段。如果发展在运转中，或者资本主义的发展与其他非资本主义的过渡在形式上结合在一起时，发展将从积累的流动资源的供应开始。但是在严格的理论中，发展并不是这样的。甚至在实际中，真正重要的东西通常不可能在首次实施时就被其他的作用复制出来。

资本是交换经济的一个要素。从资本的方面来看交换经济的一个过程，就是把生产工具转移给企业家。在我们所理解的意义上，确实只有私人资本没有社会资本。支付手段只有在私人手里才能发挥它们作为资本的作用。因此，谈论社会资本是没有任何意义的。不过，私人资本的数量还告诉我们一些事情：它为企业家提供了可用于支配的购买力基金的数量，以及把生产资料从它们之前的用途中抽离出来的力量。尽管在共产主义经济中不存在社会资本，但社会资本也不是没有任何意义的[1]。当人们谈论社会资本时，考虑的是一个国家商品储存量的大部分，而只有真实资本的概念才能引导出社会资本的概念。

---

[1] 如果用每个时刻可以获得的生产品的数量来衡量每单位资本，那这种说法更是正确的。如果有人这么做了，他可以称之为"真实的"资本——但这只是在比喻层面上来说的。——原注

货币市场

我们还要继续前进一步。资本既不是生产资料的全部,也不是其中的一部分——无论生产资料是原始的,还是生产出来的。资本也不是消费品的存量,它是一种特殊的要素。资本必定存在一个市场,如同理论上的消费品市场和生产品市场这两个市场一样,在实际中必定有类似的东西对应着这个资本市场。在第一章中我们看到,存在着劳动和土地的服务以及消费品的市场,在市场中,所有循环流动的经济中所必需的任何东西都具备,而生产出来的生产资料属于暂时的项目,所以没有独立的市场。发展把资本这种新要素引入到经济过程中,这里必定存在第三种市场,也就是货币市场,这个市场会发生一些有趣的事情。

这个市场的确存在。现实生活直接向我们展示了这个市场,比展示土地和劳动的服务以及消费品市场要直接得多。这个市场比其他两个市场更加集中,组织得更好,也更容易观察。这就是商人们所称的货币市场,报纸每天在这个标题下报道这个市场的情况。从我们的观点来看,这个名字不能完全让人满意:因为它平时交易的不仅是货币,因此,有时我们会暂时加入反对这个概念的经济学家的行列。但是,我们接受这样的名字。在任何情况下,资本市场和实际中所描述的货币市场的现象是一样的,再没有其他任何的资本市场了[1]。对货币市场理论写提纲式的概要,是一项具有吸引力且很有益处的工作。但是,目前还没有这样的著作[2]。收集并检验那些在实际中决定人们的决策和在特殊情况下帮助人们进行判断的经验规律的理论意义,是特别有趣且有益的事情。这些规律的大部分都被严格规范化,并引导着每一位撰写

---

[1] 对于斯皮托夫的观点,赞同最多的是他把资本市场看作长期购买力的市场,把货币市场看作获取短期贷款的市场,并对这两个市场进行区分。但是,购买力在这两个市场都是商品。——原注
[2] 参阅汉恩的《货币市场理论》,刊登在《社会科学和社会政策文献》杂志(1923年),德文。——原注

第三章 信贷与资本

关于货币市场文章的专家。尽管对这些实际规律的学习能够引导人们更深入地理解现代经济生活，但是这些对经济进行预测的实际规律，至今还是严重偏离了理论。我们不能在此对这个问题进行研究，只探讨我们的目的而言是必需的东西，这一点无须过多的语言表示。

没有增长的经济，就不会有货币市场。如果货币市场高度组织化，并且交易是通过信用支付手段来完成的，那么它就会有一个中央结算机构，也就是经济系统的票据交换所或登记中心。经济系统中发生的所有事情都会在这些机构的交易中反映出来，例如，工资和税收的定期支付，搬运货物和休假等产生的需求，但这些只是会计核算上的事情。而现在，如果具有增长，这些功能将会得到充分发挥。另外，由于增长，那些经常处于闲置状态的购买力就会得到利用。最后，正如我们所强调的那样，由于增长，银行信贷才能渗入到循环流动过程的交易中。在实践中，正是这些构成了货币市场职能的基本要素，并成为货币市场有机体的一部分。一方面循环流动过程中的需要被加入企业家在货币市场中的需求里，另一方面循环流动过程中的货币增加了货币市场中的货币供应量。因此，在货币市场中我们能够感受到循环流动经济过程的变化脉动——税收到期，或在收获季节，我们就能看到购买力的需求在增加；而过了这些时期，购买力的供应就会增加。但是这不能阻止我们对在货币市场中属于循环流动的经济过程中的交易与其他交易的区分。只有增长才是根本，而循环流动过程中的交易出现在货币市场中只是经济增长的结果。所以那些把两者结合到一起的相互作用，并不能改变这样的事实——这两者在任何情况下都可以进行区分，在货币市场中，总是可以说出哪些是属于循环流动过程的，哪些是属于经济增长的。

事情的核心在于新企业的信贷需求。但是我们必须记住，为了使我们的说明简单扼要，国际关系对经济的影响和非经济因素的干扰都被我们忽略了，而国际关系和非经济因素的干扰是每个经济系统必须要面对的。所以国家收支平衡、贵金属贸易等现象，我们都没有涉及。在这些条件下，货币市场只会发生一件根本性的事情，其他所有事情都是从属于它的：在需求一方出现了企业家，供给一方出现了有购买力的生产者和交易者（比如银行家），生产者和交易者都有他们各自的代理人和中间人。他们之间所发生的事情只是用现在的购买力来交换未来的购买力。双方每天对价格的争论，决定了新组合的命运。在价格争论中，未来的价值系统首先以实际的、可触摸的形式出现，并且与给定的经济系统的条件相适应。认为新企业想要的是长期信贷，而短期信贷的价格与这些新的企业没有关系的想法是错误的。相反，在每一时刻，整个经济形式对短期信贷的价格是最清楚的。企业家没有必要把他在整个生产时期所需要的贷款全部借来，而是随着需要进行贷款，并且常常每天进行贷款。此外，投机者经常用这些短期信贷来购买股票，尤其是新企业的股票，这些短期信贷今天可能能办成，明天可能会被拒绝。我们可以通过每天的观察来查明工业所需的信贷是如何被提出来的，也能弄清楚银行又是怎样有时支持和鼓励这种信贷，有时又对这种信贷需求进行抑制的。尽管在其他市场中，需求和供应表现出某种程度的稳定性，即使在经济增长中也是如此，但是在信贷过程中，每天都会发生令人惊奇的较大波动。我们将用货币市场的特殊职能来对此进行解释。经济系统中所有对未来的计划都会对货币市场产生影响，这些影响的条件包括国民经济的所有条件，所有政治的、经济的和自然的事件等。几乎没有什么新闻不会影响新组合的执行、货币市场的形式以及企业家的意见和目的。未来的价值体系必须适应每一种新的情况。当然，这不仅受到购买力价格变动的影响，也会受到个人行动及其他方面的影响。在这里没有必要对这个人们都知道的细节进行进一步的探讨。

货币市场是，并且总是资本主义体系的指挥部，命令从这里下达到每一个部门，而这里所争论和决定的问题实质上关系着进一步的发展。各种对信

第三章　信贷与资本

▲19世纪被蒸汽动力和电力所改变的生活，1876年霍格斯绘制的版画，从图片中可以看到蒸汽压力机、电报机和蒸汽轮船，这都是当时最新的发明。

贷的需求都到达这个市场；所有种类的经济项目会彼此发生关系，并为各自的实现进行竞争；各种购买力和资金余额都会流到这里出售。这会产生一系列的套利行为和间接牟利行为，这些行为很可能会掩盖根本性的事物。不过，我相信这些不会给我们的概念带来矛盾。

因此，货币或资本市场的主要职能是通过信贷交易的方式为发展筹措资金。经济增长创造并滋养着这个市场。

在经济增长的过程中，货币市场被赋予第三种职能：收入来源的市场。我们将在以后讨论信贷的价格和长期或短期收益来源的关系。这种收益来源的出售代表着一种获取资本的方法，而它们的购买则代表了一种利用资本的方式，因此，很难把收益的来源从货币市场中分离出去。土地交易也属于这种情况，只不过由于技术的原因，使土地交易看上去不属于货币市场交易的一部分；但是货币市场和土地市场之间并不缺少必要的因果关系。

第四章
企业家利润[1]

前三章为接下来各章的分析奠定了基础。我们现在可以对企业家的利润进行分析了，为了使本章的内容简单易懂，我把本来应该属于本章的一些非常难懂的讨论放在下一章，在那里，所有的复杂问题将被作为整体加以讨论。

企业家利润是超过成本的剩余。从企业家的角度来看，它是企业中收入与支出的差额，正如很多经济学家告诉我们的一样。这个定义虽然下得比较肤浅，但是足以作为我们讨论的起点。按照我们的理解，所谓的"支出"就是指企业家在生产中必须进行的直接或间接的支付。在此基础上，还必须加上企业家的劳动所应该得到的工资、企业家所拥有土地的租金以及风险的保险金。另外，我并不坚持认为资本的利息应该被排除在这些成本之外。实

---

[1] 最重要的利润理论可以用下面的这些词语来进行概述：摩擦理论、工资理论、风险理论、差额地租理论。在《本质》一书第三章，我对这些理论进行了探讨，在这里不再进行评论。关于利润的学说史，可以看皮尔斯托夫和玛塔亚的书。同时，在这里还要提到与我的理论很接近的克拉克的理论，参阅他的《经济理论基础》。——原注

际上，资本的利息应该包括在成本之内，无论这种利息的支付是以明显的方式，还是以工资的方式支付给企业家（如果资本属于企业家自身），或者以土地租金的方式支付给企业家。这种看待资本利息的方式目前来说是足够的，特别是很多理论学家也把资本的利息与工资和租金归于同一类。在本章，读者可以自行选择一种方式进行理解，或者按照我们的解释，忽略资本中利息的存在，或者按照任何一种利息理论来理解，承认它的存在，把这种利息作为收入的第三种"静态"分支，将它包括进企业的成本里。我们在这里的讨论不涉及这种利息收入的性质与起源。

  根据上面的定义，"存在超出成本的支出"这一命题是值得怀疑的。因此，我们的首要任务就是证明存在剩余。我们的解决办法可以简单表述如下。在循环流动的经济过程中，企业的总收入——不包括垄断收入——会足够大，以致可以和支出相抵消。在这种情况下，生产者既没有获得利润也没有遭受损失，他们的收入可以用"管理的工资"这个词来进行充分表述。如果有"发展"，就必须要执行新的生产组合，这些新组合比旧组合有优势，所以在这种情况下，新组合的总收入一定会大于它的总成本。

  为了纪念第一个探讨这个问题的研究者劳德代尔[1]，我以生产过程的改进为起点，并采用那个历时已久的动力织布机的例子。由于庞巴维克对这个例子做了深入细致的分析[2]，因此值得在经济领域继续引用它。如果说现代经济生活中绝大多数领导者的成就不属于这一类，也有一些是属于这一类的，18、19世纪那个时代显示了人们朝着这一方向而进行的努力。在那个时代，我们确实能够发现生产改进的过程中有几个可以加以区分的要素，这些要素

---

[1] 《对公共财富的性质与起源的探究》。当然，他的研究是以解释利息为目的的，这与我们的不同。——原注
[2] 参阅庞巴维克的《资本与利息》，第七章，第三节。——原注

第四章　企业家利润

甚至比现在结合得更加紧密。比如像发明织布机的阿克赖特[1]一样的人，他们不仅发明了新东西，同时还能够把发明用于实践之中。而他们当时并没有现代信贷体系可以利用。因此，我希望我已经为读者描述得足够多，从而可以用分析工具的最纯粹的形式来分析问题，而不需要做进一步的解释。

事情按下面的方式在进展：一个经济系统中，如果纺织工业只用手工劳动来进行生产，就会存在建立新的利用动力织布机的企业的可能性，如果一个人看到了这种可能性，并觉得能够克服创建新企业过程中遇到的数不清的困难，然后下定决心去做这件事情，那么他首先需要的就是购买力。他从银行借钱并以此来建立他的企业。无论是他自己来制造这些动力织布机，还是让别的厂商按照他制定的规格来生产这些织布机，都完全无关紧要。假设一个工人使用织布机所能生产的数量是手工工人生产数量的六倍，那么显然，只要满足下面的三个条件，这家企业就能获得超过成本的剩余，即收入与成本之间的差额。第一，当新的供应出现的时候[2]，这种产品的价格不能下降，或者即使下降，也不能下降到收益还不如使用手工劳动的工人时的地步。第二，动力织布机每天的成本要低于由于使用它而裁减的五个工人的工资，或者要低于可能的产品下跌的数额，或者小于收入与一名工人的工资额之差。第三个条件是对前面两个条件的补充。前面的两个条件包括照看织布机的工人的工资以及为获得织布机而支付的工资和地租。我们假定这些工资和地租的情况与企业家想出使用织布机之前的情况是相同的。如果他的需求较少，这种情况是完全可能的[3]。但如果他的需求不够小，那么劳动和土地服务的价格就会由于出现了新的需求而上升。其他的纺织企业刚开始会继续生产，这

---

[1] 理查德·阿克赖特（1732—1792年），英国发明家、纺织工业企业家，他是现代工厂体制的创立人。——译者注
[2] 为了保证我们对这一过程的总的概念的一致性并符合实际情况，在这里我们需要撇开劳德代尔的例子。——原注
[3] 这应该是完全自由竞争条件下的情况，关于这种情况必须满足没有一个厂商足够强大，以致它可以通过自己的供求行为影响价格这个条件。——原注

133

▲绘制于1882年,《"华尔街之王"们的聚会》,作者不详。从画中我们可以看到美国实业家、投资家、第一条越洋海底电缆的铺设者塞勒斯·菲尔德,以及著名投资家罗塞尔·塞奇。

个企业所必要的生产资料也不会直接被削减,但是对整个纺织工业来说,这些生产资料一般是会被削减的,因为它们的价格上涨了。因此,企业家应该估计到,在他出现之后,市场上生产品的价格会上涨,在他的预算中不仅要包括之前的工资和地租,还必须加上一个适当的数额。只有考虑了工资、地租和这个第三项的变化,而后收入超过支出时,企业家才能实现超过成本的剩余。

实际上,这三个条件已经被实现过无数次。这证实了超过成本的剩余存在的可能性[1]。但是,这三个条件不是总能实现的,当企业家预见到这三个条

---

[1] 必须注意,这种表达不是对尚未被解释的现象真实性的质疑,也并非与很多生产力理论的代表著作中对利息事实的描述一样。对于其他观点,我们将在后面进一步论证。——原注

件不能实现时，就不会建立新企业；如果企业家不能预见到这种情况，那么新企业就不会有剩余，甚至还会有赔本的风险。然而，如果条件都满足了，这个剩余实际上就是净利润。因为与原先的生产方法相比，利用同等的劳动和土地的服务，织布机能够生产出更多产品；不过，在生产品和产品的价格保持不变的情况下，用原先的方法仍然能够继续进行生产而不会造成损失。更进一步说，我们认为企业家只要付出代价，就可以获得织布机——我们忽略织布机取得专利的可能性，因为不考虑这个问题，将会使读者更容易理解我们探讨的问题。这样，收入与支出之间就产生了差额。收入是由处于均衡的价格决定的，这个均衡的价格就是原来只使用手工劳动时的价格，也就是成本价格。对支出而言，动力织布机所带来的每单位产品的支出会比其他企业小。收入与支出的差额不会由于我们所说的企业家的出现而带来的供求方面价格变化而消失。这一点是很清楚的，我们不需要对此做更严格的说明。

现在，我们来到本场戏剧的第二幕。使用新技术这个魔法被识破了，新的企业由于诱人的利润而不断出现。整个行业开始全面重组，伴随而来的是产量增加、竞争加剧，技术落后的企业被淘汰，工人有可能被解雇，等等。我们将在以后仔细研究这个过程。在此，我们只对一件事情感兴趣，那就是行业重组必然会产生新的均衡状态，此时，成本规律又开始起作用，产品价格又等于体现在织布机中的劳动和土地的地租和工资，同时还应该加上为了使用织布机生产出新的产品而必须与织布机进行工作配合的劳动和土地的服务应该支付的工资和地租。在达到这个均衡状态之前，以及由于供给的增加而使产品的价格下降之前，刺激人们生产越来越多产品的激励因素就不会消失。

随着生产的继续，企业家以及他的追随者的剩余就会消失[1]，当然，不是立即消失，而是在一个或长或短的时间段内逐渐消失[2]。不过，剩余还是实现

---

[1] 参阅前面所说的庞巴维克的著作，第174页。——原注
[2] 不过，为了使说明简单化，我们一般把这个过程限制在一个经济周期内。——原注

了，在一定的条件下，这个剩余构成了一笔暂时的、数额确定的净收益。现在的问题是，这个剩余落到了谁的手里呢？显然，这个剩余是落到了把织布机引入到循环流动的经济过程中去的人手里，而不是落到发明织布机的人手里，也不是落到织布机的制造者或使用者手里。按照订单生产织布机的人只能得到他们的成本价格；按照说明书使用织布机的人，首先需要花费很大的代价购买它，因而几乎得不到任何利润。利润将属于那些成功把织布机引入产业的人们，不管他们是否制造并使用织布机，也不管他们是否生产或者使用它们。在我们的例子中，首要的问题是使用，但这也不是问题的实质。通过建立新的企业，织布机才得以进入产业中，不管创建新企业的目的是生产织布机还是使用织布机，还是两者都有。那么，我们所讨论的企业家为创建新企业做了什么贡献呢？只有意志和行动：由于他们要么从其他人那里，要么从自己这里购买商品，因此他们不是以具体的商品，以及所拥有的用来购买织布机的购买力来做出贡献的，因为他们的购买力是从别人那里借来的，或者如果我们考虑他前期所获得的收入，那么购买力就是从自己这里借来的。那么，他们究竟做了什么呢？他们没有积累任何种类的物品，也没有创造任何原始的生产资料，而只是用与别人不同的、更恰当的、更有利的方式来使用现存的生产资料。他们是企业家，"实现了新的组合"。而他们的利润，也就是声誉，对此没有承担什么相应的义务，这就是企业家利润。

就像把织布机引入生产是把机器引入生产的一个特殊案例一样，把机器引入生产也是最广泛意义上的生产过程的各种变化中的一个特殊案例，生产过程变革的目的是用更少的成本生产单位产品，从而在产品现有的价格和其新的成本之间形成一个差额。企业中的很多创新以及商业组合中的所有创新都可以归入这种情况。之前我们的论述适用于所有的情况。把织布机引入生产代表的是，把规模很大的制造企业引入一个原先没有这种企业的经济系统中。大企业与小企业相比，可以做出更恰当的生产安排，更好地利用生产要素，还可以选择一个更加有利的地点。但是，引入大企业也存在困难。从我们的假设出发，所有必要的条件都是不足的——工人、训练有素的职员、必要的市场条件。新企业的创立受到来自社会和政治的无数阻力。而不为人知的新机构本身，也需要具有特殊才能的人来创建。但是在这种情况下，如果有人能够具备取得成功的所有才能和资质，并能够获得必要的贷款，那么就能将更便宜的单位产品投放到市场上去；如果具备了我们所说的三个条件，他就能把取得的利润占为己有。同时，他也为其他人照亮了道路，成为别人的典范。起初是个别的人，之后是成群的人能够并且愿意模仿他。这样，再一次的改组过程就会发生，这次改组必定会造成当新的企业形式成为循环流转的一部分时，超过成本的剩余就会消失这样的结果。但在此之前，一直可以获得利润。重申一次：这些人只不过是更加有效地利用了现有的商品，使新的组合得以实现，他们就是我们所说的企业家，他们的所得就是企业家利润。

为了得到某种生产资料或原材料，选择一种新的更便宜的供应渠道，这是商业组合的一个案例。这个供应渠道之前并不存在于经济系统中，该渠道的起源没有任何直接和间接的联系存在——比如，如果这个来源是在国外，那么就既不存在轮船之间的往来，也不存在与国外的通信人员之间的联系。因此，进行这样的创新是很危险的，大部分生产者是不可能做到的。但是，如果有人建立了一个企业来运用这样的新渠道，而且发展得很好，那么他生产出来的单位产品就具有更低的成本，然而在他生产的初始阶段，这些产品的价格是保持不变的，所以他能够获得利润。同样，除了意志和行动，他没有做出任何贡献，除了对现存的要素进行重新组合之外，没有做任何事情。他同样也是企业家，获得的利润是企业家利润。企业家利润和企业家职能会在随后到来的竞争的漩涡中消失。

与简单的改进生产过程相类似的例子，是用服务于相同或相似目的的生产品或消费品，代替另一种生产品或消费品，此时这些用于代替的生产品或消费品会便宜一些。在18世纪最后的25年里，存在着用棉花部分代替羊毛的情况，还存在着用替代品进行所有的生产的情况。这些情况应该和刚才提到的情况采取完全一样的方式来对待。它们之间的区别只是程度上的不同，因为这种新产品肯定不会带来与之前生产的产品相同的价格。至于在其他方面，我们的论述也完全适用。同样，下面的这些情况也是无关紧要的：不论有关的个人是自己生产这些新的生产品或消费品，还是根据具体情况对这些生产品或消费品进行使用或处理，还是为了对这些生产品或消费品进行使用或处理而把它们从可能的现实的用途中抽离出来。同样，在这里，这些人也不会贡献商品和购买力，他们只是执行了新的组合而获得相关的利润。因此，我们认为他们是企业家。同样，这些利润也不会持续很长时间。

创造一种能够充分满足现存需求和之前已经满足了的需求的新产品，与我们之前说的情况有所不同。生产被改进的乐器就是这样的一个例子。在这种情况下，获取利润的可能性取决于这样的事实，即这个较好的产品所卖的价格要超过其成本，这种新产品的成本在大多数情况下是比较高的。人们很容易理解这种情况。此外，把我们前面所论述的三个条件用到这种情况也是没有困难的，这可以留给读者自己去研究。如果更好的乐器被引进并生产出来，而且剩余是存在的，那么这个产业就会开始重组，最终使成本规律重新起作用。因此，这里同样也存在着现存要素的新组合、企业家行为和企业家利润，尽管它们也不是永久存在的。修建铁路和开凿运河的例子代表了另外一种情况。铁路的修建和运河的开凿，一方面满足了某些需求，另一方面又降低了产品的单位成本，这两个方面和需求的极大增长是作为组合同时发生的。

寻找新的市场以图销售一种该市场所不熟悉也没有生产过的产品，是企业家利润的一个重要来源，在更早的时期，它曾经是一个非常持久的来源。原始时期的贸易利润就属于这一类，把玻璃珠卖给部落民就属于这样的

第四章　企业家利润

例子。这种情况的本质是，购买者把这些新的产品视为自然或巨匠的杰作，并依此对这些新的产品的价值进行定价，所以这些新的产品的价格不是由生产成本决定的。因此，这些产品就能够以高于成本的价格出售，这些成本包括为了进行这项商业冒险，克服无数困难而产生的支出。最初，只有少数人能看到这种新的企业并经营它。这也是一项企业家行为，产生了属于企业家的利润，当然，这种利润迟早是要消失的。现在，一种适当的组织会很快产生，但是贩卖玻璃珠的买卖很快就不再产生利润了。

上面的论述也适用于生产全新商品。这种商品一开始必须强加给消费者，甚至可能是白给，随后就会出现一些困难。但是，当这些困难被克服，消费者喜欢上了这种商品后，商品价格的确定便仅仅以直接的估值为基础，而不需要过多考虑成本。这里所说的成本，基本上是由之前必需的劳动和土地服务的价格构成的。因此，剩余会出现在成功的生产者手里，这些人所做的贡献也只不过是意志与行动，他们只是将现存生产要素组成新组合，但他们同样是企业家，也会有企业家利润。当新的商品成为循环流动过程的一部分，且价格与成本建立起正常的关系的时候，这些企业家的利润就会消失。

这些例子向我们表明了作为执行新组合的结果的利润的性质，还向我们表明应该怎样思考这个过程——从根本上说，就是利用现存的生产资料以新的方式进行生产。企业家并不是依靠储蓄获取他需要的生产手段，也不会在开始进行生产之前积累任何商品。进一步讲，如果一家企业不是迅速以一种确定的形式建立起来，而是慢慢发展起来的，那么情况就和人们想象的没有什么不同。如果企业家的力气不是在一个项目上耗尽，而是继续进行同样的生产，那么他将继续进行变革，根据我们的定义，这些新的变革总会产生出新的企业，而他进行变革所需的工具，是从他过去的利润中抽离出来的。于是，过程就显得与众不同了，但是本质是一样的。

如果一家新的企业与生产者之前的生产是具有联系的，是由生产者在相

经济发展理论

同的行业创造出来的,那么情况也是一样的。这不是常规情况,在多数情况下,新企业是由新任务创建的,而老企业就变得不重要了。但是,即使在循环流动中,每年都会执行重复生产的人变成了企业家,这个过程的本质也不会发生任何的变化。事实是,在这种情况下,企业家本人已经有了全部或部分必需的生产资料,或者他已经能够用其企业现有的资源购买生产资料了,这不会改变他作为企业家的职能。当然,我们的概念不会在每一个细节方面都会与事实相适应。这个新企业仍然会与其他企业同时存在,其他企业刚开

▲作为当时最国际化的金融中心,伦敦不仅是欧洲债券及外汇交易领域的领先者,还受理超过2/3的国际股票承销业务。图为世界四大证券交易所之一的伦敦证券交易所和英格兰银行,绘于1886年。

始还会以传统方式进行生产经营,而新企业不一定会增加对生产资料的需求,也不一定会供应新的产品。不过,我们这样描述场景,只是因为实际中更重要的情况需要这样的安排,还因为它们能够向我们表明事实的原理,特别是关于新企业未必从老企业中直接产生这样的事实。企业家从来都不是风险承担者,在我们的例子中,这是很清楚的。如果新组合失败了,那么贷款给企业家的债权人就会遭受很大的损失。但是,如果企业家是用以前的利润来提供资金支持,或者他所用的生产资料属于他的"静态的"企业,那么他只是以资本家或物品的所有者的身份承担风险,而不是以企业家的身份承担风险。任何情况下,承担风险都不是企业家职能的基本要素。即使他可能冒损失名声的风险,但经营失败造成的直接的经济责任从来不会由他来承担。

  下面做个概括。我们这里所讨论的利润是一种经济现象的主要因素,这种经济现象是能够由生产促进者的利润描述出来的。不管生产促进者的利润还包括什么,它的基础都在一个新的企业中收入超过生产成本的剩余。正如我们看到的一样,生产促进者可能的确是最符合企业家类型的一类人,因为他们把自己严格限制于执行新组合这种企业家的职能之中。如果在创办企业的过程中,每一件事情都进展顺利,那么所产生的利润就会留在创办者手中。在实践中情况会有很大不同,但这样分析仍然能够揭示事情的原理。当然,这种分析只适用于真正的生产促进者,而不适用于那些有时会从事企业创建这种技术性工作的人,他们获得的是工资性报酬。最后,创建公司过程中所创立的各种新事物,在多数情况下不会随着企业的完善达到很完善的程度。领导者经常继续从事建立新企业的工作,因此他们会继续发挥生产促进者的作用,因此,无论他们在公司中原来的职位是什么,他们都是企业家。假定公司建立后持续下去,那么生产促进者就是唯一从事企业家活动的人。

我们假定生产资料的价格由债券代替[1]，与企业有关的持续利润来源的资本化收益由股票来代替，生产促进者的股份被归到他们自己名下。这些生产促进者的股票不会产生持续的收益，而只会给他带来暂时的剩余，这些剩余在新的企业融入经济系统之前就存在了，随后，这些股份就会变得没有价值。只有在此时，利润才会以最纯粹的方式体现出来。

我们现在必须把利润的图表勾勒出来。为此，我们要问，在非资本主义社会里，与这种想象相对应的情况是如何的呢？简单的交换经济，它是一种存在产品交换而不存在"资本主义方法"的经济系统，它没有给我们提出任何新的需要解决的问题。在这种简单的交换经济中，必然存在某种不同的支配生产资料的处置方式，对于交换经济的这种情况，可以用我们下面将要说明的情况来处理。而在其他方面，对待的方式和在资本主义系统中的方式是一样的。因此，为了避免重复，我们将仅讨论简单的非交换经济。

在这里，有两种类型的组织形式需要考虑。第一种是独立的庄园，在这里大多数生产工具属于庄园主，所有人都顺从于他。第二种是独立的共产主义社会，在这里一个中央机构在处理所有物质产品和劳动的服务，并对它们做出价值判断。在最开始，我们同等看待这两种情况。在这两种情况下，一些个人对生产资料具有绝对的控制权，他们既不期望在生产中与别人进行合作，也不期望从其他的经济单位赚取利润。此时，不存在物品的价格，而只存在物品的价值。因此，当我们把分析的重点转向非交换经济时，作为利润根源的价值现象的探索就开始了。

我们知道，在这两种情况下，也存在一个循环流动的生产过程，其中，成本定理起着严格的作用，这里所说的成本定理指的是产品的价值和生产资料的价值是相等的。同样，这里也存在经济发展，即对现有商品进行新的生

---

[1] 严格来说，这些构成实物投资的生产资料的价值与它们仍然能够起作用的生产方式相适应，而与新的生产方式无关，即使在实践中，它们的价格在多数情况下也要按照这个价值来进行支付。——原注

产组合。人们可能认为对商品存量的积累在这里是很必要的，而且会形成一种特殊的职能。这种观点有一部分是正确的。的确，对商品的积累不总是但常常是执行新组合的一个步骤。它从来不构成特殊的职能，因为特殊的职能是需要加上特殊的价值现象的。商品不同的使用方法取决于这两个经济系统中各自的领导者或领导机构。这些商品不同的使用方法所期望的结果是直接达到，还是通过间接收集存货的方式达到，是完全不重要的。其中参与的个人是否赞同新的目标并愿意承担收集存货这样的工作，也是不重要的。领导者为了这些工作不会有任何牺牲，而且只要权力在握，他们也就不会关心下属为了这些工作所做出的牺牲。如果执行具有深远影响的计划导致下属当前不必要，但有可能的消费有所减少，下属就会反对这个计划的执行[1]。他们的反对可能使这些生产计划无法执行。如果忽略这种反对，下属对将要发生的事情就不会产生任何直接的经济影响，特别是对于压缩消费、积累存货等活动，他们并不是自愿这样去做的。我们对发展过程进行勾勒时，不应该包括那些应该被插入到我们的分析过程中的特殊职能。如果领导者向下属承诺让他们将获得一笔额外的补偿收入，也只不过是像一位将军向他的士兵承诺他们将得到某种特殊的报酬，这只是为了让人们更加服从命令的一种赠予，而不是我们所分析的发展过程本质的一部分，它也不能形成某种特殊的、纯经济的类型。因此，庄园主和共产主义经济的领导者之间的区别，只是一种程度很小的区别。根据共产主义社会的观点，社会发展所带来的利益的增长应该属于全体社会所有，而庄园主的眼里却只有自己的利益，这两者之间的区别并没有本质不同。

从上面的分析我们还可以看出，时间要素在这里不能起到任何独立的

---

[1] 因为他们只看到当前的损失，而未来的收益可能只具有非常小的实现的可能性，以致这种收益可能都不会存在。这一点适用于所有我们能够认识到的文明阶段，哪怕是我们对其只有一点认识的文明阶段。纵观历史，就发展问题而言，驱动力这种因素从来没有消失过，我们这里所说的发展是以数量巨大的人群之间的相互合作为前提的。很多情况下，牺牲不是强加给人们的。——原注

影响。当然，领导者不仅要把他们已经深思熟虑的组合的结果，与同时期内运用之前的生产方法和同样的生产要素所得到的结果进行比较，还要和运用相同的生产方法，在其他可以替换的新的组合方式下可能产生的结果进行比较。如果后者需要更少的时间，那么他就需要考虑这些能够节省时间的生产组合可能产生的结果，以此来估计这些相互竞争的使用方法的相对重要性。因此，时间要素必将出现在非交换经济中，而在资本主义社会，时间要素的影响是由利息来表现的，这一点我们将在后面的分析中看到。在这里，时间要素是明显不起任何作用的。例如，时间要素不会把必要的等待或未来较小的需求欲望变成特殊的要素。人们不愿意等待，只是因为在等待的时间里，人们可以去做其他的事情；未来的需求满足变小是因为人们的享受在未来实现得越晚，按照"能够在其他地方实现这种享受"的原则，人们现在的满足需求应该打的折扣就越大。

一个社会的领导者，不论地位如何，都把一定数量的生产资料从它们之前的用途中抽离出来，并将其用于实现一种新的生产组合，例如生产一种新产品或用更好的方法生产一种已经存在的产品。后一种情况中，领导者可以从制造相同产品的工业分支中抽离出必要的生产资料；也可以允许现在的厂商继续以惯用的生产方式，并同时与新的生产方法一起来进行生产，而这些生产利用的生产资料是从完全不同的工业分支中抽离出来的。无论采取前一种方法还是后一种方法，都是不重要的。新产品的价值要高于用原来的生产方式以同样数量的生产资料所生产的产品的价值——不管在这样的社会中，价值是如何形成的。新产品的归属过程是怎样的呢？当新的组合被执行，产品已经生产出来，价值就已经被确定了。那些参与要素的价值是如何形成的呢？最好的决策时机还是选择决定执行新组合的时刻，并假定所有的事情都是根据决策进行的。

第一，生产者必须对所有的价值进行评比。新产品的价值，必须和在正常的循环流动的经济中用同样的生产资料所生产出来的产品的价值进行比较。显然，为了对新组合的优势进行评估，这种对比是必要的，如果没有这样的对比，后面的任何行动都是不可能的。我们所研究的问题的核心在于，用同样的生产资料生产出来的两种产品的价值，哪一个将被归属到所使用的生产资料的价值？答案很清楚：当执行新组合的决策制定之前，只有与旧的使用方式所适应的价值。如果事先把执行新组合的剩余价值归属于生产资料，那执行新组合就不再具有优势，也失去了对生产资料的两种用途所产生的价值进行必要比较的基础，这样就没有任何的意义了。但是，如果实施了

▼《鲁昂的巴黎码头》，约翰尼斯·博斯博姆绘制于1839年。这幅画呈现了非常生活化的场景，可以看到码头上停泊着船只，背景是哥特式的鲁昂大教堂。

执行新组合的决策,情况会是怎样的呢?根据门格尔的学说[1],满足了更大需求的价值应该归属于生产资料,就像在循环流动的经济过程中,它们实现了更高的价值。如果所有的事情都完美地运行,那新产品的所有价值能够在所使用的生产资料中得到反映吗?

我们的回答是否定的。我甚至坚持认为,此时,劳动和土地服务的价值应该根据它们原来的价值进行估计,有如下两个理由。第一,原来的价值是人们已经习惯了的价值。长期的经验决定了这些价值,在人们的意识中,这些价值是已经确定了的。它们只有经历较长时间的经验的压力才会有所改变。它们的价值是高度稳定的,尤其是因为土地和劳动服务本身没有变化,所以它们的价值就更加稳定。新产品的价值与它们的价值是完全相反的,新产品的价值独立于现有的价值体系之外,这和资本主义系统中新产品的价格是一样的。新产品的价值和老的价值是没有相关性的,它们之间是相互独立的。任何产品的价值只能根据它的其他的使用方法所产生的价值来进行估计,而不能根据它被实际使用的方法所产生的价值来进行估计[2],只有产品的这种价值才是我们所说的迄今最流行的价值,这种价值是依赖于具体的生产资料的。如果它们不存在了,它们将被其他使用方法所生产出来的其他单位产品的价值所替代。如果这两种价值同时存在,那任何一单位商品的价值都不能高于另一单位同样产品的价值。新组合所使用的劳动和土地的服务与其他不同的生产方法所使用的劳动和土地的服务是同质的——如果它们不是同质的,就会出现价值差异,但是我们也可以在不影响原则的情况下轻易阐明原因——这样,前者和后者之间就没有价值差异了。在最极端的情况下,如果经济系统中所有的生产力都投入到新组合的服务中,它们也必须按照流行

---

1 参阅维塞尔的《自然价值》,第70页。——原注
2 我并不完全赞同这种说法;参阅《本质》第二章,以及《关于归属问题的评论》,载《政治经济学、社会政策与管理杂志》(1909年)。——原注

的价值来进行投资，即使新组合失败，这些生产力的价值还是可以实现的。如果生产力被完全赔光了，它们损失的数量也要以流行的价值来进行评估。因此，在非交换经济中，新组合的成功执行也会带来剩余价值。事实上，价值的剩余在某种意义上就是一定的价值，而不仅仅是相对于之前状态的一种满足的剩余，生产资料对这种价值的剩余没有要求它们归属的权利。我们还可以说，发展中的剩余价值[1]不仅是私人的现象，还是一种社会现象，它与我们前面所说的资本主义企业家的利润在各个方面都是相同的。

第二，用另一种方法可以得到相同的结果。领导者的企业家活动，确实是实现新组合的一个必要的条件，它也可能被当作一种生产资料。我通常不会把企业家的活动看作生产资料，因为这两者之间有很多不同，而我对这些不同更加感兴趣。但是，这种思考方法对我们的分析具有很大的帮助。因此，我们暂且把领导者的作用看作第三种原始的生产要素。很显然新产品价值的一部分必须归于它的名下。但是，是多少价值归于它的名下呢？领导者和生产资料同样都是必需的，新产品的全部剩余价值的大小取决于两者之间的合作。这不需要进一步论证，而且与我们之前的论述并不矛盾。所有价值分类的合适数量仅仅取决于竞争的驱动力，不管对商品还是个人来说都是如此。由于第二种竞争并不存在于非交换经济中，而且，在非交换经济中，对于什么是利润、什么不是利润这两个问题之间的区分，并不像在交换经济中那么重要（我们很快就能看到这一点），因此它的价值就不像交换经济中那样清楚。尽管如此，在大多数情况下，我们还是能够说明有多少价值是应该归属于企业家职能的。正如我们已经讨论过的，生产资料是可以被代替的，但是领导者是不可以被代替的。因此，应该把进行生产资料替代的情况下所损失的那部分价值归属于生产资料，而把余下的部分归属于企业家职能。新

---

[1] 这种剩余，只有从私人经济的观点来看，才是利润和资本的剩余，才是马克思所称的剩余价值。——原注

产品的价值减去在没有领导职能时所实现的价值，剩下的就是归属于领导者职能的价值。在这里，剩余是与对价值归属的特殊要求权相对应的，任何情况下，都不能夸大来源于生产资料的这些要求权。

然而，请不要忘记，如果我们总是就流行的价值谈论生产资料的归属问题，是一种不正确的做法。由于把生产资料从它们原来的用途中抽离，那么这些生产资料的边际价值确实是提高了。在资本主义系统中，我们可以观察到相同的现象。在资本主义系统中，由于企业家的需求而造成的生产资料价格的上涨，恰好符合价值评估的整个过程。因此，我们的表述方法应该做相应的修改，但不能进行根本性的改动，也不能把这种价值的上涨与发展所带来的生产资料归属价值的上涨相混淆。

谁也不能说，上面的价值评估过程是不真实的；也不能说在非交换经济中，利润作为一种特殊的价值尺度没有任何的意义。在非交换经济中，人们也应该知道正在做什么，这种新的组合能够带来什么样的好处以及所带来的这些好处应该归因于什么。然而，人们可能会说，在非交换经济中，利润作为一种分配范畴是没有任何意义的。从某种意义上来说，这个想法是对的。在封建式的非交换经济中，地主确实可以根据自己的需要自由支配产品数量，也可以自由处置所有的收益——他可以给劳动者们高于或低于他们的边际生产率的报酬。在共产主义式的非交换经济中，利润完全归于全体人民——至少理论上是这样的。这与我们的论述无关，但是我们是否可以据此推断，尤其是对共产主义类型来说，利润被纳入工资中，现实中的价值理论被推倒，而工资包含了全部的产品的价值？答案是否定的，我们必须区分收益的经济本质以及人们对它的处置。收益的经济本质是以生产性服务为基础的。在这种意义上，我们把工资称为归属于劳动的服务的那部分。在交换经济的自由竞争下，这部分收益落到劳动者手里，但这仅仅是因为自由竞争的原则是根据边际重要性来分配报酬的。在资本主义系统中，正是这种工资鼓励人们努力工作。如果这种努力是通过其他的方式被激励出来的——比如通过社会责任或强制作用——那么工人获得的收入可能更少；工人的工资是由劳动者的边际生产率决定的，他的边际生产率小，他的报酬就应该变少，少的这部分报酬可以看作对经济工作的扣除。这个扣除的部分也是工资，与支付给工人们的工资性质是一样的。在共产主义社会，领导者是不能追求利润的，但我们不能据此就认为发展是不可能的。相反，在这样的组织中，人们可能会有不同的想法，他们不再对利润提出要求，就像一位政治家或将军不会把胜利全部或部分归功于自己一样。但是，利润仍然是利润，不能把利润看作是劳动者的工资。把庞巴维克关于利息的经典表述应用到这里会使问题更加明确[1]。同样，他的阐述也适用于地租，土地的生产性贡献的价值和本质，应该和特定人们所获得的收入区别开来[2]。

利润应该被指定为哪些工人的工资呢？我们可以构想两种答案，第一种答案可以这样说：工人工资的一部分是由于他们从事生产新产品的工作。现在这种情况是不可能的，因为如果这样的话，根据我们的假设，这部分工人的工资应该比其同事高。然而，同事的工作不会比他们的工作少，劳动质量也不比他们的差，因此，如果我们接受这种可能性，就会与基本的经济原理相冲突，即同种类型商品的不同部分应该具有不同的价值。这种说法的公正性我们暂且不谈，它确实能够产生一些具有优先权的工人。这种生产的安排是可能的，但是这些具有优先权的工人所得到的剩余是不属于工资的范畴的。

另外一种答案可以构想为：我们称之为利润的价值，以及与这些价值相对应的一定数量的产品仅仅是构成国民经济的一部分，这些价值应该平均分配给在经济周期内做出贡献的所有劳动服务——假定这种劳动服务是同质的，或者可以把这些价值以一种可以被识别的方式来进行差异化的分摊。利

---

[1] 《资本实证论》最后一章。——原注
[2] 参阅《理论政治经济学的本质和主要内容》第三章。——原注

润作为一种特殊的、独立的价值现象，与经济系统中领导者的职能具有本质性的联系。如果发展不需要任何方向指导和驱动力支撑，那么利润确实是存在的；利润是工资和资金的一部分，它不是一种独特的现象。只要利润的归属情况不是这样；只要一种社会制度中大多数的人们，哪怕在很轻微的程度上，与我们所了解的所有国家的人们具有很小的相似之处，那么我们就不能把全部收入都归于劳动和土地的服务，即使在非常完美的情况下，甚至没有任何摩擦和不考虑时间因素的经济过程中，情况也是如此[1]。

然而在非交换经济中，利润也不是永久存在的。一种必要的变化会出现，能够使利润消失。执行了一种新组合，它所产生的结果是真实存在的，所有关于这种新组合的怀疑就会消失，因为执行新组合所带来的好处，以及获得这些好处的方式都是显而易见的。这时，新组合的执行只需要一个经理或者一个监工，而不需要领导者的创新能力。经理或监工必须要做的事情就是重复之前已经做过的事，以得到与之前相同的利益，做到这些是不需要领导者的。即使仍然需要克服摩擦带来的阻力，事情在本质上已经变得不同了，而且能够更加容易做到。对所有的社会成员来说，利益已经变成现实，新产品也总是能够及时地分配到他们手中，这种事情还会继续发生在他们的眼前；他们不需要像我们第一章所描述的那样，为了生产这些产品而做出牺牲或进行必要的等待。经济系统不会再往前发展，而只是为了确保已经存在的商品的流通能够正常进行下去。这些都是我们可以想到的。

---

[1] 当前，经常听到这样的争论：企业家不生产任何东西，组织生产所有东西；没有任何人的产品是属于他自己的，所有产品都是属于社会整体的。这种说法的存在是以下面的事实为基础的，即每个人都是他自己所继承的、关于他本身的社会环境的产物，如果条件不存在，这个人就不会生产出任何东西。但是在理论领域，我们不能根据上述论点解决任何问题，因为理论领域关注的不是人们是如何被塑造的，而是已经被塑造的人们以及已经成形的社会问题。关于个人的创新是否具有一种职能的问题，即使是上述观点的代表人物也会做出肯定的回答。此外，对于发展这种次要的现象，这些解释也是比较准确和恰当的。除此之外，这种解释只是以一种流行的先验知识为基础，即只有体力劳动才是具有生产力的，发展的所有要素都是很和谐的一起合作，发展的每个阶段都依赖前一阶段的发展。然而这些都是发展已经启动之后产生的结果，不能解释任何东西。我们所有研究的问题就是这些发展机制的原理。——原注

▲《阿德里安·博内巴克的家庭肖像与德克·本内维茨》，阿德里安·德·莱利绘制于1809年。画中的家庭是阿姆斯特丹著名的银匠之家，本内维茨也坐在人们中间。

于是，新的生产过程会被不断重复。此时，企业家活动就不再是必需的了。如果我们继续把企业家的活动看作第三种生产要素，那么我们可以说，这种要素在刚刚执行新组合的生产时是必需的，但是当人们已经熟悉了这种新组合的生产，并在重复进行这种生产时，这种要素就消失了。同时，与这种要素相关联的对价值的索取权也逐渐消失了，而属于劳动和土地服务的价值将增长，直到这些要素的价值包括了所有产品的价值。这时，只有劳动和土地的服务是必需的，它们可以创造出产品，这些产品的价值同样属于这两种要素。首先，产品的价值归属于已经在给定的生产中实际使用的劳动和土

151

地的服务,但是后来,根据人们都已经熟悉的普遍原则,这些产品的价值就平均地归属于所有的劳动和土地的服务。之前已经使用的劳动和土地的服务的价值将首先增加,然后会扩散到所有其他的劳动和土地的服务上。

因此,所有的劳动和土地的服务的价值将相应增长。然而,这种价值的增长与实施新组合带来的价值增长是有区别的,这种区别不仅表现在程度上,而且表现在种类上。这种增长并不表示劳动和土地的服务的价值规模的增长,而只是它们的边际效用的增长,这是因为由于把这些生产资料从它们之前已经流行的用途中撤离出来,生产就不能像以前一样进行,只有提高这些生产资料利用的强度才能使需要得到满足。在其他情况下,会出现差异很大的情形,即新产品的价值进入到生产资料的价值规模中。这可能会提高生产资料的边际效用;但这也会提高这些生产资料的总效用,当所考虑的生产资料的数量比较大时,这些边际效用和总效用的差别就会具有实际的重要性。因此,生产资料的价值表明新的满足感的增长需要依靠这些生产手段,而且也只能依靠它们;劳动和土地所生产的产品会增加。此时,劳动和土地的价值将不再是之前的循环流动体系中所具有的价值,而是它们在新的循环流动体系中实现的价值。在劳动和土地的价值进行转换的时候,把高于它们重置价值的价值归属于它们,是没有任何意义的,因为此时它们的重置价值已经包括这种新的使用方式的价值了。社会产品价值的增长能够使生产资料的价值随之增长,这种新的价值会替代旧的、人们已经习惯的价值,这种以新的边际生产力为基础的新的价值最终也会成为人们习惯的价值。这样,产品价值与生产资料价值之间的关系将会被重新构建。在这种新的体系中,这两种价值之间的关系也会像前一阶段一样,没有任何的差异。假设一切事情都在理想状态,那么如果共产主义社会把这种产品看作是对劳动和土地的永久收入,并把这些收入在它的社会成员之间进行分配以用作消费,将是十分

第四章　企业家利润

合理的[1]。

非交换经济中利润的消失过程，与资本主义制度中利润的消失过程，是非常相似的。但是在资本主义制度中，这种利润消失过程的另外一部分，也就是因竞争公司的出现而导致的新产品价格的下降，在非交换经济中是不存在的。当然，在非交换经济中，这种新产品也必须被纳入循环流动的体系中，新产品的价值也必然与所有其他产品的价值具有某种联系。理论上，我们仍然可以把循环流动中创新的执行，与创新执行所体现的过程进行区分。但是，这两者是否同时发生有很大的区别，这也是很容易可以看出来的。在非交换经济中，能够证实这种剩余是归属于企业家活动的，这就足以解决我们所研究的问题。在资本主义系统中，这些剩余只有借助于市场机制才能到达企业家手中，而且只有借助于市场机制，这些剩余才能再次被剥夺。因此，除了这个单纯的价值问题，还有一个更深入的问题：利润是如何落到企业家手中的。我们可以说，资本主义系统中的市场机制创造了很多在非交换经济中所不存在的现象。

尽管如前所述，在所有的经济组织形式中，不仅利润的最内在的经济本质是相同的，而且消除利润过程的内在本质也是相同的。在所有情况下，那些阻碍整个产品价值归属于劳动和土地的服务的障碍，或者可以说，那些使劳动和土地的服务的价格与产品的价格不在同一水平的障碍，最终是要被消除的。居于统治地位的原则是：如果经济过程不受阻碍的话，首先它不允许个别产品有价值剩余，其次它总是强制生产资料的价值上升到与产品价值相同的水平。这个原则在非交换经济中也是有效的，而在资本主义系统中，这些原则是通过自由竞争来实现的。在这里，生产资料的价格必须处于自由竞争的状态，这种竞争会使产品的价格完全耗尽。如果情况不是如此，产品的价格必然会相应下降。如果在这些环境下，利润还存在，没有企业家的帮

1　资本主义制度也在以它自己的方式在处理。——原注

▲1893年芝加哥世界博览会上的电力建筑。这次世博会完全采用人工照明，作为纪念建筑的电子宫用了12万个灯泡来照明，灯亮起来如同白昼。许多美国人在那里第一次看到了电灯。

助，不可能从一种没有任何剩余的状态过渡到另一个没有剩余的状态。如果这样的事情一定要发生，除了借助于企业家的帮助，还需要另外一个资本主义制度下的必要条件，即企业家的利润不会由于竞争的出现而立即被消除。

利润依附于生产资料，就像诗人为了完成他的部分手稿所需要做出的努力。此时，由于生产还没有完成，因此利润的任何部分不能被归属于生产资料，而且拥有和使用这些生产资料也不是企业家的职能。总之，正如我们所看到的，利润不会因为企业家对原始的生产资料采用了新的使用方法而使价值持续增加。让我们考虑奴隶经济的情况，土地和奴隶是属于企业家的，企业家为了执行新组合而把他们购买过来。人们可能会说，奴隶制度下的这种情况和迄今流行的雇佣情况是相同的，都要支付给土地和劳动力价格，而利润是土地和劳动力的服务从现在到永久所创造的超过产品价值的部分。但是，这种想法是不正确的，原因有二。第一，新产品所带来的收入会达到一个新的高度，而竞争会把这种收入给拉下来，因此这种情况并不能确立利润要素。第二，持续的剩余量——只要它不是准地租——在经济的意义上，只是劳动工资的增长和地租的增加，当然这里所说的劳动工资属于"劳动力的所有者"，而不属于工人。此时，奴隶和土地对它们的所有者来说，具有更高的价值，但是如果忽略掉偶然的或者暂时的利润，奴隶和土地的所有者也只是作为它们的所有人而变为永久的富人，而不是作为一个企业家变得更富有。即使在新的生产组合中第一次出现自然生产要素，比如一条小溪成为水力因素，这个问题也不会有任何不同之处，并不是水力产生了利润，水力不断产生的是我们所说的租金。

在上面我们所说的第一个例子中，利润的一部分变成了地租。因此，我们所考虑的利润数量的经济性质就发生了变化。假定一位农场主一开始种植的是甘蔗，后来他又改种棉花，直到前不久种棉花还是比现在更为赚钱的[1]。种植棉花是一种新的组合，这位农场主由此成为企业家并赚得了利润。此时的地租与种甘蔗时的地租在数量上是相适应的。按照实际发生的情况，我们应该假定竞争迟早会使收入下降。然而，如果剩余仍然存在，这又该如何解释呢？这在经济上又意味着什么呢？忽略摩擦因素，产生这种结果，要么是因为这片土地特别适合种棉花，要么是因为土地新的使用方式使得地租上涨——原则上来说，通常是这两个因素共同起作用的结果。这立刻表现出总收入中增长部分的特点，即它总是作为土地的地租。如果这个农场主继续种植棉花，那么他作为企业家的职能就会消失，此时全部的收入就都归于原始的生产要素了。

我们再就利润与垄断收益之间的关系问题谈几句。在新产品开始出现

---

[1] 指本书写作的日期，1911年。——原注

时，企业家是没有竞争者的，新产品价格是根据垄断价格的原则在一定限度内确定的。因此，在资本主义经济内，利润就包含一种垄断因素。我们假定新组合包括建立一种永久的垄断，也许想要建立一种完全不用担心外界竞争的托拉斯。这样，利润显然可以被看作永久的垄断收入，而垄断收入也就是利润了。然而，这里存在着两种不同的经济现象。执行垄断性组织的行为是一种企业家行为，它的"产品"体现在利润中。一旦它开始这种运行，这种情况下企业就能持续获得剩余，以后，这些剩余必然归属于这种垄断地位所依靠的自然或社会的驱动力——它已经变成一种垄断收入。在实际中，创建一家企业所获得的利润和持续性的收入是有区别的，前者是垄断价值，后者只是垄断条件下获得的收入。

在本书的范围之内，这些讨论不会再继续深入下去，或者我们可以说这些讨论已经足够多了。但是，即使我必须责备自己对此进行了太多烦琐的议论而使读者有些厌倦，我仍然要说自己还没有把所有论点都阐述清楚，也没有排除几个可能会产生误解的论点。因此在我们结束这部分的讨论之前，还有几点意见要谈。

企业家利润不是一种类似于一个企业永久性因素所产生的差别优势的收入一样的租金，它也不是资本的回报，不管人们怎么定义资本。所以，没有理由去谈论这个现实中根本不存在的利润平均化趋势的问题，因为只有把利息和利润混在一起才能解释为什么很多学者对这种利润平均化趋势问题展开争论[1]，尽管我们能够在同一地点、同一时间和同一行业中观察到非常不同的利润。我们最后想强调，利润也不是工资，尽管利润等同于工资这种类推很吸引人；利润也不是一种简单的剩余。利润是企业家对生产所做贡献的相应的价值表达，在某种程度上，它和工资是工人进行"生产"的价值表达是

---

[1] 其他人，比如雷克西斯，也对利率的一致性提出质疑。这个问题也是马克思曾经觉得很困难的问题，而如果接受我们的结论，这个问题就不存在了。——原注

一样的。利润和工资一样,不是剥削。然而,尽管工资是按照劳动的边际生产率来决定的,利润对于下面的规则而言仍然是一种明显的例外:成本原则和边际生产率原理似乎把利润问题排除在外,利润问题即基于这样的事实。"边际企业家"所得到的,相对于其他企业家的成功而言,完全没有任何的关系。工资的每一次增加都会扩散到所有的工资上,作为一名成功的企业家,这种收益刚开始是他一个人独自占有的。工资是价格的一个要素,而利润则不是;支付工资是生产中的制动过程之一,而利润则不是。古典经济学家认为地租不能被纳入产品的价格中,对于利润不是价格的一个要素这个问题,我们更应该认为是正确的。如果我们把收入的规律性的重复出现看作收入的一个基本特征,那么,工资就是收入的一个永久分支,利润就不是收入的一个分支。企业家的职能一旦完成,利润就从企业家的手中溜走了。利润依附于新事物的创造,依附于未来价值系统的实现,它既是发展的产物,也是发展的牺牲品[1]。

没有发展就没有利润,没有利润也没有发展。对于资本主义经济系统,还必须增加一点:没有利润就不会有财富的积累。至少不会出现我们现在所看到的社会的伟大现象——这当然是发展和利润产生的结果。如果我们狭义概念上所理解的地租和储蓄的资本化这些要素不会起很大的作用;如果我们忽略因抓住发展的机会而获得的意外财富——这些意外财富是暂时的,如果它们不被消费掉,也可能会导致财富的增加。那么忽略掉这些意外的财富之后,财富积累最重要的来源仍然存在,可以产生更多财富。从某种意义上来说,未被消费的利润并不是储蓄,因为它没有对习惯了的生活标准产生影响。所以我们可以说是企业家的行动创造了大部分财富。在我看来,现实更

---

[1] 这种表述如何符合现实,又是如何清楚地表达一种无偏见的观点的,可以看亚当·斯密的结论——任何实事求是的人都会做出这样的判断,事实在日常生活中也是这样做的——他认为生产的新的分支比旧的分支能够获得更多利润。——原注

加能够让人们相信利润是财富积累的来源。

虽然在第一章中，我让读者自由地把资本的利息视为除了工资、租金之外的另一种生产性开支，但我在分析调查这些问题时，却好像把超过工资和地租的剩余全都归于企业家。事实上，企业家仍然要为资本支付利息。可能我不会由于起初把一笔资金指为利润，然后又把它指为利息而受到责备，但在后面将会对这一点进行充分阐述。

在循环流动的系统中，收入的度量可以清晰地确定，但是，利润的多少并不是如此。特别地，利润不像循环流动系统中各成本的要素那样能够确切度量，不能把利润精准地度量成"所需企业家活动的数量"。这种数量在理论上是可以确定的，但在实际中是不存在的。在给定的时间内所获得的利润总量，可能远远大于实际起作用的企业家活动量，个别企业家实现的利润和这种利润总量是一样的，这种总量总是被高估[1]。必须记住，不同比例的个人成就也有作用，因为获得这种个人成就的可能性起着很强大的刺激作用，这种作用比正常能够得到的利润量乘以概率系数之积所表示的激励作用还要大。对于那些还没有实现这些成就的企业家而言，这种前景也属于一种有吸引力的"报酬"。不过，在很多场合，较小的利润量，尤其是较小的利润总量，将和这种激励产生同样的结果，这一点是非常清楚的。同样清楚的一点，就是服务的质量和个人成功之间的关系比在专业性的劳动力市场中的关系要微弱得多。这一点不仅对于税收理论是非常重要的——从增加生产资料供应的角度来说，即使这一因素的重要性在实际中仅限于考虑"资本积累"的需要——而且这一点还说明了为什么企业家能够被相对容易地"剥夺"利润，以及为什么"领薪水的企业家"（比如起到企业家作用的工厂经理）满意远低于利润总量的报酬。生活越是合理化、平均化、民主化，个人与具体的个人（尤其是家庭）以及具体事务（具体的工厂或祖传的宅院）之间的关

---

[1] 参阅《印花税、财富和纳税能力》，第103页。——原注

第四章　企业家利润

▲1889年，纽约波士顿公园中的棒球赛。19世纪，又一场轰轰烈烈的工业革命浪潮几乎席卷了整个资本主义世界，波士顿迅速发展起来。19世纪下半叶，随着工业化进程的推进，波士顿的制造业和商业迅速发展起来并逐渐取代海上贸易成为主要产业，随之而来的是城市人口的急速增长和城市用地的无序扩张。日益恶化的城市环境、混乱的交通状况等城市问题，让波士顿人心生厌倦。他们内心对回归自然的渴望愈发强烈，希望能在城市之中找到一片可以呼吸新鲜空气、尽情放松娱乐的地方。于是，波士顿公园体系应运而生。

系就越是短暂，此时我们在第二章列举的很多动机就会失去重要性，而企业家也会逐渐丧失他们对利润的把握[1]。这个过程与发展的日益"自动化"是同时进行的，而发展的日益"自动化"这种过程也有逐渐削弱企业家职能重要性的趋势。

企业家职能不仅是推动经济体系不断改进的工具，也是推动包括社会上层阶级在内的各要素不断变化的手段。成功企业家的社会地位会上升，同时

---

1 参阅我的文章《今后社会主义的可能性》，载《社会科学文献》，1921年。——原注

他的家人从企业家的成功中也获得了地位提升,这种提升并非直接依赖于他们的个人行为。这代表了资本主义世界中人们的社会地位上升的最重要的因素。因为这种进程是靠在竞争中摧毁旧企业来推动的,相应地伴随着衰落、丧失社会地位、消亡的过程。这种衰落、丧失社会地位、消亡的命运威胁着那些权利正在衰退的企业家,或者威胁着那些继承了财富却没有继承能力的企业家后代。这不仅因为竞争机制不允许存在永久的剩余价值而使得个人的利润枯竭,另外,通过追求利润的刺激(这种刺激是竞争机制的驱动力)也可以消灭个人的利润;还因为在正常情况下,企业家的成功是体现在他对企业的所有权上的,这个企业通常由企业家的继承人继续管理,很快这些企业就成为普通的企业,直到被新的企业家所代替,事情的发展通常都是这样的。美国有一句谚语:三代之内,兴而复衰。情况的确是如此[1]。例外的情况是很少的,快速衰落的情况倒是很多,这些情况足以覆盖那些例外。因为有很多企业家、企业家的亲戚、企业家的继承者继续管理,而公众舆论以及社会斗争的舆论很容易忽略这些事实。这些逃离社会竞争的继承者们组成了一个"富人"阶层。事实上,社会上层的情况就像是旅馆,里面住满了人,但是住客永远在变化。这些变化的人中包括来自社会下层的人,这些人的数量是很多的,甚至多到我们不愿意接受的程度。于是,另外一个更深层次的问题出现了,只有解决这个问题,我们才能更深入地了解资本主义竞争制度以及资本主义社会结构的实质。

---

[1] 我们对这个基本现象只做过很少的调查。可以参阅查普曼和马奎斯写的《工资收入等级招募新雇员》,载《皇家统计学会杂志》,1912年。——原注

第五章
资本的利息

这本书的第一版中我已经提出了利息理论，本章中，除了对一些词语做了修改外，内容基本没有变动。对于所有引起我注意的反对意见，我唯一的答复就是请参阅原文。这些异议使得我没有对本部分的内容进行缩减，而如果没有这些异议，我原本是乐意缩短原文的。在我看来，本部分内容是原来的版本中最冗长、最难以理解，以致会损害论点的简明和说服力，但是我预见到了这些重要的反对意见，从而将这部分保留下来。

原先的论点能够清楚地表明，我并不否认利息是现代经济中的正常要素——如果否认，那的确是非常荒谬的——相反，我试图解释它，我几乎不能理解那种说我否认利息的反对意见。利息是现在购买力相对于未来购买力的一种溢价，这种溢价是由几个因素引起的，很多因素是没有问题的。消费信贷中的利息就是这样的例子。任何处在意想不到的困境中的个人（比如大火烧了一家工厂），或者期待未来收入增长的个人（比如一名学生是其体弱多病但非常富有的姑妈的继承人），他们对当前100马克产品的估值会高于未来100马克产品的估值，这是不需要任何解释的，这种情况下存在利息，明显是非常明显的。政府信贷要求的各种类型属于这种情况。在没有任何发展的情况下，在循环流动的系统中也会存在利息，这种情况显然也是存在的。但是，这些利息并不构成需要解释的重大社会现象，它是由生产性贷款的利息构成的。在资本主义制度中，这种利息不仅存在于新企业中，而且随处可见。我们只是想表明生产性利息的本源在于利润，从本质上来说，这种利息是利润的派生物，就像我把收入看作"利息方面"一样，这种利息驱动人们在整个经济系统中，成功地执行新组合的生产，从而促进利润的产生，这种驱动力也能够扩散到旧企业的领域中，不过如果这里没有发展的话，利息就不是必要的要素。这就是我的阐述所要表达的含义："静态的"经济中是没有任何生产性利息的——这是我们分析资本主义制度和运行的基础。就像商业形式决定了利息的变动一样，没有人能够否认我们上面的这些分析——商业形式指的是在忽略非经济力量的影响下，当前发展的速度——在货币市场中，创新所需要的货币构成了工业所需的主要要素。从这一点我们认识到货币这个主要的真实的要素，也是最基本的理论要素，能有这个认识，说明我们取得了很大的进步。只有通过创新这个根本的理论要素，其他的需求对货币来源起作用，但这些需求通常指不断循环重复运行中被考验的旧企业的需求。这些需求通常根本不必进入货币市场，因为有这些需求的旧企业从生产中获得的当前收入就可以支持它们获得足够资金。从这一点可以推导出，利息是依附于货币的，而不是依附于商品的。

我关心的是事实，而不是理论的独创性。我非常希望自己的理论尽可能多地建立在庞巴维克理论的基础之上——不管庞巴维克是如何坚决拒绝所有交流的。根据他的观点，处于第一位的问题是购买力的问题，即使他立即把这种购买力的分析转到分析当前商品的溢价上。事实上，在庞巴维克把利息看作是对当前购买力的价值溢价的三条著名理由中，我只反对其中的一个：利息是对未来享受的"贴现"。庞巴维克要求我们接受这一点，而没有做

第五章 资本的利息

任何解释。另外，我把他所称的需求和满足手段之间的变化关系的原因，作为我的理论的一个公式。如果庞巴维克坚持他所认为的"采用迂回的生产方式"并遵循这种说法所包含的含义，那么这就会成为一种企业家的行为——也就是从属于我所说的执行新组合的众多概念中的一个。但是，他没有这样做；我相信借助于他自己的分析就能够表明，通过简单的重复执行，是不会产生净收入的——简单的执行指的是在循环流动系统中已经实施并包括在内的生产方式。我们的解释很快可以为大家展现出一个完全不同的场景。不过，我们的分析始终是符合庞巴维克的价值理论的，而且不会引发庞巴维克的反对[1]。

I

正如经验告诉我们的，资本的利息是永久性的净收入，它流向一些确定的个人类型。第一个问题是商品流的来源。为了使商品能够流动，首先必须存在能产生商品的价值[2]。第二个问题是这些价值成为这些特殊个人的战利品的原因，即商品世界中这个价值流的原因问题。最后，还存在一个最困难的资本利息的核心问题：这种商品流动是如何永久发生的？利息是如何成为人

---

[1] 这一点必须进一步强调，因为在这个狭窄的专家圈子之外，对庞巴维克所做贡献的关键部分还没有被充分吸收。但是我假定大家对他的理论已经有所了解。下面的所有分析都和他的理论有关，如果有人仍然认为利息是显然存在的，并没有看到这个问题的关键要素，那么他就会发现下面的分析是不必要的，很多是难以理解的，甚至是错误的。然而，在庞巴维克的著作中，读者可以发现几乎所有的文献都是必需的。对庞巴维克著作做一个一般性的了解是必要的。最后，我再重复一次我不想重复的话：参阅《本质》一书，第三章。——原注

[2] 参阅庞巴维克的著作《本质》，第一章，第142页。庞巴维克的表述方法已经受到他心中已经明确的利息理论的影响。——原注

▲19世纪末，一个俄罗斯家庭的照片。到19世纪中叶，英国已经完成了第一次工业革命，法国和德国也开始了工业化的急行军。但是俄国并没有意识到自己的危机。1856年俄国在克里米亚战争中失利，从主宰欧洲的顶点迅速跌落。

们能够用于消费而不用损害他们的经济地位的净收入的？

  利息的存在成为一个问题，是因为我们知道在正常的循环流动中，所有产品的价值都应该归属于原始的生产要素，也就是归属于劳动和土地服务；从生产中获得的收入应该在工人和土地所有者之间进行分配，除了工资和地租之外，不可能有任何永久的净收入。一方面有竞争，另一方面有归属问题，必然会消灭收入超过支出的剩余部分，消灭任何除产品中体现的劳动和土地服务的价值之外的产品价值。原始性生产资料的价值必然紧紧依附于产品价值，而且这两种价值之间不能存在哪怕一点差距[1]。但是，利息的存在是一种事实，那么问题究竟出现在哪里呢？

  摆脱这种两难境地是很困难的，比利润例子中相对容易的类比问题要更

---

1 参阅庞巴维克的著作《本质》，第一章，第230页。——原注

第五章 资本的利息

难解决，因为在利润问题中，只是暂时性的，而不是永久性的，涉及商品流的问题，因此我们不会遇到利润与竞争和归属的冲突问题，而竞争和归属是最基本的、毫无疑问的事实；相反，劳动和土地的服务是收入的唯一来源，它们的净收入是不会减少到0的。面对这种两难境地，我们可以采取两种不同的方法。

第一，承认利息的存在。这样一来，利息似乎必然被解释为工资或者地租的一种，而由于被解释为地租是不可行的，就只有被解释为工资：作为对工资收入的掠夺（剥削理论），作为资本家劳动的工资（字面意义上的劳动价值论），或者作为体现在生产工具和原材料中的劳动的工资（例如詹姆斯·穆勒和麦卡洛克的理念）。这三种解释都曾经被人尝试过。对于庞巴维克的批评，我只想把对企业家的分析加入进来，尤其是企业家与生产资料的分离，这就让前面两个因之演变而来的观点失去了立足依据。

第二，可以否认引导产生这种两难境地的理论结论。这里我们要么扩大成本的项目，也就是继续坚持认为工资和地租不足以支付全部必需的生产资料；要么在归属机制和竞争中寻找一种制动力，这种制动力能够永久阻止劳动和土地服务的价值达到它们所生产产品的价值，这样就有了永久性的价值剩余[1]。下面我对这两种可能性进行分析。

扩大成本的项目在某种意义上，不仅意味着利息代表着企业的支出，这是不言自明的，还有更多的含义，即在最狭窄、最特殊的意义上，把利息作为一种成本要素，这种成本要素在第一章就已经进行了阐述。这就相当于构成了第三种原始生产要素，它能产生利息就像劳动可以获得工资一样。如果这一点成立，那么我们所说的三个问题：来源问题、基本问题和利息的永久存在问题，显然都能够得到解答，同时也可以避免两难境地。节俭可能是第三种要素。如果它真的是独立生产服务要素，那么我们所有的要求都会毫无

---

[1] 参阅庞巴维克的著作《本质》第一章的结束语，606页。——原注

争议地实现，而且，永久性净收入的存在和来源，以及这种净收入归属于特定的个人的问题，都将毫无争议地得到解释。唯一需要证明的就是现实中，利息确实是需要这种要素的。但不幸的是，这种解释不是很令人满意。这种独立的要素是不存在的，没有必要做进一步的讨论了。

已经生产出来的生产资料可能构成独立于节俭之外的第三种生产要素。通过它们，可以找到另一种论证的途径。毫无疑问，这些生产出来的生产资料是具有生产性影响的。很清楚，调查者一眼就能注意到产品的价值与劳动和土地的服务的价值相等这一个根本性命题，直到今天，这个命题仍然能够让人们感到惊奇，同时，经验告诉我们，即使是专家也很难从这个命题的错误的研究思路中脱离出来。这种命题也没有解释永久性净收入。当然，生产出来的生产资料有能力服务于商品的生产过程。通过这些生产资料，更多的商品被生产出来，而这些商品的价值比没有用这些生产资料生产出来的商品价值要高[1]。但是，这种更高的价值会导致生产工具具有更高的价值，有趣的是，这又重新导致所使用的劳动和土地的服务的价值更高。没有一种剩余价值的要素能够永久附属于这些中间的生产资料的。一方面，应当归属于这些生产资料价值的产品价值和生产资料本身的价值不会永远存在差距。不论一台机器能够多生产多少产品，日益加剧的竞争总是会压低产品价格，直到产品价格和生产资料的价值彼此相等；另一方面，不论机器能比手工多生产出多少产品，一旦采用机器进行生产，它不会持续节约劳动力，因此它也不能持续产生新的利润。由于采用新机器而产生的额外收入是非常引人注目的，使用者为机器准备支付的所有金额，都必须交给工人和土地所有者。一般来说，机器是无法产生能增加到产品本身上去的价值的，产品增加的价值只是暂时与机器具有联系，就像前面所讨论的那样。这种情况就像一件装有

---

[1] 参阅庞巴维克的著作《本质》，第一章，132页，生产出来的生产资料的物质和价值生产率的概念。——原注

银行票据的上衣，对其所有者来说确实具有比较高的价值，但是这件上衣比较高的价值只是从外界获得的，并不是自己创造的。同样，机器对于相应的产品来说，也具有自己的价值，但是它只是通过机器被创造出来之前已经存在的劳动和土地的服务来获得价值的[1]，机器的价值应该归属于劳动和土地的服务。商品流流向机器，但这些商品流也通过机器流走了。在这一点上，机器并没有形成消费的蓄水池。机器的所有者所得到的收入不会永远大于支出——无论是用价值来衡量，还是用价格的会计核算来衡量。机器本身也是产品，因此，如同消费品一样，它的价值也被引入蓄水池，不会产生任何利息的流动。

基于第一章和第四章的论点，以及参考庞巴维克的观点，我们可以说，上面的论述没有为解决两难的问题找到任何的办法，而且也不存在用于利息支付的价值源泉。只有在商品"自动"增长的情况下，才会发生困难——例如，谷物的种子或者用于繁殖的牲畜。难道这些种子或牲畜不能使它们的所有者确信未来将会得到更多的庄稼或牲畜吗？而且，难道这些增加的谷物或牲畜的价值比原来的谷物或牲畜的价值更高吗？对这些事情熟悉的人们都能确信这些就是价值增加存在的证据。但是，谷物种子和用于繁殖的牲畜不会"自动"增加；相反，必须把人们所熟知的支出项目从他们的收入中扣减。然而，即使做了扣减，剩余的部分也不代表任何价值增加——因为庄稼和牲畜依赖于谷种和繁殖的牲畜，后者的价值必须根据前者的价值来确定。如果谷种和繁殖的牲畜被卖掉了，那么（假设不存在任何的替代物）在扣掉发生的成本和对风险因素的补偿之后，这些庄稼和牲畜的价值将以它们的价格充分体现出来。它们的价值等于归属于它们的产品的价格。庄稼和牲畜将在以

---

[1] 对于机器来说，它生产出来的产品的价值归属于它；对于生产机器所必需的劳动和土地的服务来说，机器的价值又属于劳动和土地的服务。因此，这些服务就是这些最终产品的价值，一旦这些服务变成机器，机器就会代替这些服务的位置。从这种意义上，我们可以说，机器"接受"了生产性服务的价值。希望这没有让读者对我的观点（价值来自成本）产生误解。——原注

后的生产中被重复使用，直到对它们的使用将不再产生任何的利润，而此时它们的价格恰好能够支付必要的费用，即工资和地租。它们的产品的边际效用，也就是归属于它们的产品的份额，将趋近于0。

II

在这里，我们现阶段所讨论的情况应描述为：我们不能解释产品的价值和生产资料的价值之间的差额，但是这种差额确实是存在的。我们必须尝试用其他方法来解释它。当然，这样的说法看起来是不正确的，或者说是不明智的，因为它把自己局限于一种成见之中。相反，我否认这种永久性差额的基本存在。我们面对的只有一个尚未分析的、宁可被怀疑的事实——我相信事实能够教给我们真理——资本产生利息的结果，应该用完全不同的方式解释，而不应该用一种独立的事实来解释。个人对生产资料的估值可能低于它们的价值，因为它们在生产资料转化为产品的过程中必须支付利息，但是它们不是一定支付利息的，因为他们对生产资料的估值低于他们对产品的估值。这一点是非常重要的。我们在利息这个例子中面对非常大的困难，这个困难就是把很多事情看作复杂组合中的要素。我们面对的困难除了一些基本的原理之外，还有我们已经习惯简单接受一系列未被分析的事实，而不是更深入地分析事物的本质。一旦形成上面所说的这些习惯，我们就更加不乐意对事物做深入分析了，我们总是倾向于把这些事实看作反对意见。节俭就是这样的一个事实，认为资本的价值就是收入价值的资本化是另外的事实。由于人们在表述这种主张时，总是建立在他们的经验之上，而经验并不能提供足够有力的反驳。尽管如此，我们仍然保留"差额"的概念。

我们需要提出几点必要的评论，来精确地阐述计算过程。迄今为止，我们总是谈到归属的过程，从产品价值的落脚点追溯到劳动和产品的服务。现在看来，归属问题可以从另外的角度进行分析，这个角度也许能够把价值引导至劳动力和土地的服务中。在交换经济中，人们不可能意识到劳动力的价值，同样的道理也适用于土地。我们应该将讨论限定于土地的范畴。关于劳动力，我们只需再强调一次，如果我们把劳动力看作维持劳动者及其家属生活的生产资料，那么劳动力的问题只是一个特殊的问题。在只考虑土地问题的范畴内，人们首先可能会把土地的服务看成土地的产品，并把土地的产品看成真正的原始生产资料，并且认为生产资料的价值应该归属于土地。这种想法在逻辑上是错误的[1]。土地不是一种独立的商品，它不能与自己的服务相分离，它只是这些服务的总和。因此，在这样的例子中，我们最好不要谈归属问题，因为归属问题包括商品价值不断向更高层级转移的想象。如果归属问题就这样进行下去，那么就不会存在价值的剩余，任何的价值都会找到来源。然而，在土地价值的决定中，还需要考虑其他因素，也就是某些要素的特定价值所派生出来的价值，这些要素在经济上构成了土地的价值，这些要素的价值是由归属过程决定的。我们在这里称这种归属过程为计算过程。

对于每一种商品，不管是消费品还是生产品，都要区分这两个过程。只有这些商品的服务才具有价值，这些确定的价值要么直接由需求的规模决定，要么间接由归属过程决定[2]。从这两种过程中一定能够得到商品的价值。尽管已经生产出来的产品的归属过程非常简单，通过迟早要发生的再生产过

---

[1] 参阅庞巴维克的《法权与国民经济商品学观点的关系》。他对"使用"利息理论的观察同样适用于我们的例子。同时，我发现我可以把这种使用利息理论的基本思想排除出我的考虑范畴之外，因为我没有什么补充的论点可以添加到庞巴维克的论证中。——原注

[2] 严格来说，这种表述方法只适用于非交换经济的情况。在交换经济中，生产资料的价值不会被当作间接的使用价值。尽管如此，生产资料作为潜在商品的概念，仍然能够为商品价值的形成提供基本原理。一个表述更加准确的方法，得到的结果也是相同的。——原注

程，归属过程就变成固定的、众人皆知的规则了。对于土地的归属过程，情况就变得更加复杂了，因为土地本身包含了无限可能的一系列的用途，土地能够再生产它们自身，而且原则上来说，这种再生产的过程不需要成本[1]，这样，问题就产生了。为了说明这个问题，我们必须开始下面的讨论：难道土地的价值不能无限大吗？在土地价值无限大的过程中，通过计算，作为净收入的租金就能消失吗？我将用不同于庞巴维克的方式进行回答[2]。

第一，即使土地的价值无限大，我仍然会将租金看作净收入。这样一来，收入的源泉就不会由于消费而枯竭，商品流不断地回到土地所有者的手中的情况也可以得到解释。把净收入简单相加，永远不会使其失去特征。只有归属过程，而不是计算过程，才能把净收入消灭。第二，在真实生活中，土地价值不可能无限大。不过，不能因为我的概念导致出现了这个无限大的价值而责备于我。并不是我的概念错了，而是资本化理论流行的基本思想错了，这种资本化的思想就是产生收入的财产的价值不是仅仅对适当比例折扣的收入进行加总得到的。相反，这种价值的确定是非常特殊的、复杂的问题，我们将在本章进行讲解。对这个价值进行评估，和对任何事物的评估是一样的，都需要看看研究的具体目的。这里没有严格的相加规则，因为价值量通常是不能简单相加的。在正常循环流动的过程中，根本不需要知道土地价值。但机器不同：每一个产品都必须有确定的总价值，这对于决定这些产品的再生产问题是非常必要的。而且，相加规则在这里也是适用的。竞争加强了这条规则的适用性。如果机器能够以低于它所生产的产品的价格得到，就会产生利润，这必然使这台机器的需求和价格增加；如果这台机器所花费的成本大于使用它所产生的收益，就会导致亏损，这会降低对这种机器的需

---

1 土地的服务进行再生产的过程与一群牛的增加情况是不同的，因为人们能够用一种方式来增加牛的数量，即一头牛的价值最后能够降低到等于它在劳动和土地上所花费的成本。在每个经济周期，土地的服务只能以相同的数量自动进行自我再生产。土地的服务不是不能增加，而是它们的增加需要花费成本。——原注
2 参阅《资本和利息》，第二卷。——原注

求，并导致价格下降。另外，土地不是在正常的循环流动过程中被卖出的，被卖出的只是土地的用途。因此，在经济生产计划中，土地的使用价值而不是土地的价值构成了生产中的要素。这些正常的循环流动过程不能教给我们任何土地价值确定的方法。只有发展才能创造土地的价值；发展"资本化"了地租，使土地"流动起来"。在没有发展的经济系统里，土地价值根本不会作为一般的经济现象而存在。现实能够确定这一点的存在，是因为能够意识到土地价值的唯一场合，就是出卖土地的时候。实际

▲芝加哥证券交易所，1886年。

上，在经济舞台上这种现象几乎是不会发生的，这里的经济舞台指的是经济事实最接近循环流动这个概念的阶段。土地交易市场是一个发展的现象，只有从发展中我们才能进行理解，也只有从发展中我们才能找到解决问题的钥匙。到目前为止，我们对这个问题仍然一无所知。直到现在，我们可以说，我们的概念没有把土地引导至具有无限价值，而是引导至没有价值，也就是说，土地的服务价值与其他任何的价值是没有关系的，因而它是纯收入。如果有人反对，认为即使如此，还是会出现出售土地的激励因素，那么我们只有说，这些激励因素是偶然发生的，而且个人的情况，比如贫穷、浪费、非经济目的等，会起决定作用。在以上几个情况相互作用下，就不会出现任何

171

反对意见了。

无论这种附加的规则在什么地方产生无限的价值，我们都可以像谈论工资一样，对这些纯收入进行讨论。因为我们唯一关心的是流向个人的永久性的商品流，而且这些个人不需要再把这些商品流转给别人。结果为"无限的价值"的计算过程，没有把这种永久流向个人的、不需要个人再转让出去的商品排除，反而，这个计算过程正好是这种商品流存在的象征。事实上，这是理解我们将要分析的利息理论的关键要素。

III

还有第二种方法可以避免"利息的两难境地"。超过劳动和土地服务的价值的永久性剩余是如何成为可能的，可以通过讨论劳动和土地服务的制动因素来回答。如果这种制动因素确实存在，那么永久性剩余价值的可能性无疑就是可以证明的，产生这种剩余价值的环境可以归结为最充分意义上的价值生产率。价值生产率——或者体现它的商品——能够产生净收入。在每个经济过程中，都会产生独特的、独立的价值剩余。在真正的意义上，利息就是一种成本要素；利息的存在是由于成本与价值，或者成本与产品的价格之间的差额；利息是超过成本的真实剩余。

当某种产品被垄断时，交换经济中就会发生上面所说的这种情况——原始生产要素的垄断不能引起我们的兴趣，因为从一开始讨论，我们就很清楚，利息是不能建立在这些原始生产要素之上的。垄断地位所起的作用就像一种制动因素，它给垄断者带来了永久性的净收入。我们可以把垄断收入看作是净收入，我们也可以把地租看作净收入。在这种情况下，附加规则将产生一种无限的结果，但这不会剥夺收入作为一种净收入的特征。然而，为什么垄断价值——比如，永久性的专利——不是无限的，这个问题并不能引起我们的兴趣，答案我们会在后面说明。最后，垄断价值的决定是一个特殊的问题，在解决这个问题时，我们不能忘记，在正常的循环流转中，没有任何形成这种价值的动力，因此收益不应与任何数量的其他价值存在联系。尽管事实如此，但垄断者绝不会说："我从不赚取利润，因为我已经把极高的价值归属于我的垄断。"

在讨论劳德代尔的利息理论时，庞巴维克同样评论过这种情况，即机器的垄断节省了劳动力，从而产生了利润。他强调，机器不能产生利润，或者只能产生很小的利润，但能够吸引人们去购买或租用它，这与机器的用途分不开。然而，利润无疑是与它的生产联系在一起的，而且会很长久，就像专利一样。人们可能会认为对垄断者来说，垄断地位如同一种生产要素。当谈到这种生产要素的服务时，会像其他要素的服务一样产生归属问题。机器并不是产生剩余价值的来源，它的生产资料也不是剩余价值的来源，但是垄断使得通过机器或它的生产资料获得剩余价值成为可能。如果我们把机器的生产者和使用者看作是同一个人，情况也不会改变。

因此，这种纯收入是特殊的。如果利息也是这种纯收入，那么问题就好办了，我们的三个问题也能够得到合理的解答。剩余价值来源的存在可以用垄断理论来解释，把收入分配给垄断者也是有理由的。最后，归属或者竞争把收益给消除的事实也会得到解释。但是，这种垄断地位并非经常发生，使得人们不能完全接受上面的解释。另外，如果没有垄断地位，利息也是会存在的[1]。

---

[1] 然而，还是有人在这个方面做了很多研究方面的努力：参阅奥托·康拉德的《工资与地租》。所有以这种方法解释利息的理论，都不是详尽的理论。——原注

人们可能会谈论到另外一种情况,即如果对未来产品的估值在系统上、原则上要少于现在的产品,那就会存在落后于产品价值的劳动和土地服务的价值,这种落后是永久的、经常的。读者已经知道这种情况在这里是不能被接受的,但是我们有必要再次谈到。在所有的情况中,收入的永久性的来源是产生于永久性的生产性服务,这种情况将包含价值本身的运动这个不同的问题。之前的解释集中于某种生产性服务价值的确定,然而,这种解释一方面要集中于确定劳动和土地服务的价值,另一方面在于确定消费品的价值。从一个比垄断这种情况更狭窄、更真实的意义上说,存在产品价值高于生产资料价值的剩余。"超过成本的剩余"表明一种净收入以及超过生产出来的生产资料的"资本价值"的剩余。因此,这从实际上证明了收益既不会消失,也不会被计算过程所吸收。因为未来产品的全部价值是不能归属和计算的,如果要对这些生产资料的价值进行确定和归属,那么此时它们表现出来的就不是它们的真实价值,而是比较小的价值。这种永久性的商品流的可能性被明确证明了,不管我们在现实生活中所观察到的这些商品流到底是不是利息。我们的第一个问题可以这样回答:能够产生利息的价值来源是存在的。第二个问题,即为什么这些商品流能够流向这些特殊的人们,看起来不是非常难以回答了。第三个问题,即为什么这种收益不会消失,是当前利息问题中最棘手的问题,这个问题将会成为多余的。既然价值剩余能够用非归属的原因去解释,那再问它为什么没有用归属的方法就没有意义了。

如果时间的流逝对价值具有首要影响,并且现实向我们表明了时间的影响只是尚未分析的事实,这个事实又依赖于利息的存在,但利息又要由其他的理由来解释,这种论证的路线本身是非常令人满意的,尽管从我的观点来看,这种论证会给我们带来很多与经济过程的实际进程不符的冲突。从逻辑上来看,这种论证不会遭到反对,但是时间的流逝并不具有独立的首要影响。即使在时间流逝的过程中,很多商品的价值增长了,也不能证明任何问题。这个事实非常突出,在有关文献的论题中也产生过一定的作用,因此我们可以对此进行一些分析。

价值增长有两种方式。第一,一种实际的或潜在商品的服务可能在时间流逝的过程中自动改变,商品的价值会增加。森林和窖藏的酒就是经常被举的例子。森林和酒的价值随着自然的过程增加,这种自然的过程是需要时间的。然而,它们只是在物质上变得价值更高了;在经济上,这种更高的价值已经存在于树的幼苗以及刚储存的酒中了,因为这种价值是依附于它们的。这些树苗和新酒,从我们已经熟悉的事实的角度来看,与适合砍伐的老树以及陈酒具有完全相同的价值。由于树木和酒在它们变得成熟之前就能够卖给消费者,那么这些树木和酒的所有者就会问自己,两种选择中,哪一种能够在每个经济周期产生更大的收益:是现在就卖掉,然后开始新的生产;还是等待它们成熟之后再卖。他们为了选择能够产生更大收益的方法,会对比树和酒的价值与刚开始投入的劳动和土地服务的价值。事实上,情况并非如此。因为随着树和酒接近成熟,它们的价值是不断增加的。从根本上来说,这个价值增加的过程要面对原材料和个人的风险,尤其是个人的生活中的风险,而且再加上利息的存在这个事实。因此在这些条件下,这些事实使得时间构成了成本的一个要素。如果没有这些要素,就不会有价值的增加。如果人们决定摒弃刚开始的想法,而决定延长森林和酒的成熟期,只是因为人们发现这样做是更有利的。于是,就会出现一种新的利用森林和酒的方法,在决定采用这种新方法的时候,必然能带来价值的增长。然而,由于时间作为一种首要的、独立的现象,并不能产生真正的、持续的价值增长。

第二,经常会发生这样的情况,即某种商品的服务在物质上与以前一样,但价值随着时间的流逝增加了。这只能归因于新需求的出现,而且这是一种发展的现象,很容易能够看到人们是如何对待这种情况的。如果没有预见到需求的增加,但是获得了赢利,这些赢利并不构成永久性的价值增加。

175

▲1899年，纽约市曼哈顿南渡口的高架铁路。 火车由蒸汽动力的发动机牵引，有轨电车和马车在下面的街道上行驶。

如果预见到需求的增加，那么从一开始就会把这种赢利归属于相关的商品，之后就不会存在价值的增加了。如果在现实中出现了这种情况，我们将用一种方式来解释它，这种方式和物质方面的质量改善的情况是一样的。

IV

我们花费了很大的心思来引导我们自己摆脱利息的两难境地，但是却产生了消极的结果。我们又回到了已经反复讨论过的剩余价值的问题上来，而且可以明确地把这种剩余价值看作净剩余，也就是，产品的价值超过体现在产品中的生产性商品的价值的剩余。剩余价值的存在是由于某种特殊的环境，这种环境把产品的价值提高到均衡价值之上，这种均衡价值是在循环流动过程中产品所具有的价值。这种作为净收益和商品流来源的剩余的特征，实际上和对未来的商品进行系统低估的情形是一样的。

环境能够提高产品的价值，使其高于生产资料的价值，从而借助生产资料的价值获得利润，这种环境在没有发展的经济中也是可以发生的。差错和意外之财、无意识的偏离预期的结果——这些以及其他很多的环境都可以产生剩余，但是这种实际价值对正常价值的偏离，以及同时所使用的生产资料的价值，都是无关紧要的。我们更感兴趣、更加关注的是那些由于发展而存在的剩余价值。我们把这些剩余价值分成两个主要的组别。一组包括由于执行发展而带来的必要的剩余价值。从某种意义上来说，发展包括了创造这些剩余价值，而且这些剩余价值可以用新的、更有利的、生产者生产出来的产品的运用来解释。这些剩余价值以前是根据其他较为不利的使用决定的。另一组包括那些建立在发展基础上的剩余价值，这些剩余价值是根据发展所带来的某些产品需求的增加而产生的，这些需求的增加或者是实际的，或者是预期的。

再次重复，所有的剩余价值——正如庞巴维克也会承认的——在任何可以想象的意义上都是真实的剩余，不用担心由于计算而带来的风险，也不用担心由于成本而产生的两难境地。以任何名义流向个人的商品流，除了工资、地租和垄断收入之外,都必须直接或间接地源自剩余价值。然而,让我们回忆一下已经推导出来的命题——竞争机制和一般估值规则的作用都倾向于一种趋势,即消灭任何超过成本的剩余[1]。如果一家企业突然需要某种类型的机器,那么这种机器的价值就会上升,这种机器的拥有者肯定会获得部分或全部的剩余价值。但是如果这种新的需求被预见到了,一定已经有很多机器被生产出来,此时这些生产者是相互竞争着供应这些机器的。此时,一种情况是不会实现任何特殊的利润;另一种情况是生产没有相应扩大,剩余将被归属于自然的、原始的生产要素,并以大家都知道的规则转移到它们的所有者手里。即使对机器的新的需求没有被预料到,经济系统最终也会根据这种需求进行调整,所以不会存在任何与机器具有联系的永久性的剩余价值。

V

现在我们可以明确地表达我们关于利息理论的五个命题,这些命题都自动来源于"利息是一种价值现象"这一基本结论,从价格方面来说,利息也是一种要素——我们与每一个科学的利息理论在此都是一致的——这一点将由第六个命题来完成论证。

第一,利息本质上是来源于剩余价值的。在正常的经济生活过程中是没有剩余的,因此利息就不会产生。当然,这仅适用于我们在最狭窄的意义上所说的<u>生产性利息</u>,不包括"消费性的生产利息"[2]。由于利息只是工资和

1　参阅第四章的论点。——原注
2　参阅《本质》第三篇,第三章,以及本书第一篇,第三章。例如:一家工厂由于事故被毁坏了,如果它通过贷款的方式来进行重建,那么这种贷款所产生的利息就是我们所说的"消费性生产利息"。——原注

第五章 资本的利息

租金上的寄生虫，因此，利息与这些剩余价值是没有直接关系的。但是，资产阶级赖以生存的大量的、有规则的商品流，在每个经济周期中的生产收益都能流向这些商品——这只能来自我们所说的剩余价值。这几点将在以后进行更详细的论证。此外，还有一种不属于这种类型的剩余价值，也就是垄断收入。因此，我们的论题假设这些典型的利息来源不是垄断收入。这一点如同我们前面所说的一样，是非常清楚的。没有发展，在上面提到的这些限定条件下，就不会有利息。利息是发展在经济价值海洋中掀起的巨大海浪的一部分。我们的论证依赖于一种反向证据，即循环流动的过程中价值的确定排除了利息这种现象。这一反向证据首先依赖于人们对决定价值过程的直接认识；其次依赖于站不住脚的各种试图建立决定性差异的尝试，即试图在没有发展的经济中，建立产品价值与生产资料价值的差异。我们也有正面的证据能够证明这种价值的差异在发展中的确存在。在下面的讨论过程中，这个命题就会失去很多奇怪之处。然而，在这里我们必须强调，这个命题并没有像它看起来可能的那样远离我们对现实无偏见的对待，因为工业的发展是利息这种收入形式的主要来源[1]。

第二，如同我们已经看到的，发展所产生的剩余价值可以分成两类——企业家利润和那些代表"发展的结果"的价值。很明显，利息不能把自己附属于后者。我们能够轻松地下结论，是因为创造这种类型剩余的过程是非常清楚的，我们能够立即看出其中有什么、没有什么。假设有这样一个商人，他在村庄里建立了一些工厂，因此在一段时间内能够得到比均衡收入要多的收益，这样他就能得到确定的利润。这种利润本身不是利息，因为它不是永久性的，而且可以通过竞争被消除掉。但是，利息也不是从这些利润中流出的——假定商人只是站在商店里，向顾客收取更高的价格，也就是说，他为

---

[1] 当利息的规则性能够支持这种先入为主的偏见时，必须从"静态的"方面来解释这种偏见。但我们会对利息的这种规则性进行解释说明。——原注

了得到这些利润，什么其他的都没有做——这些利润不会再发生任何的事情：商人把这些利润放入口袋，并随心所欲地使用它们，整个过程没有为利息留下任何空间，因此，利息必然来源于企业家利润。当然，这只是通过间接方式得到的结论，与其他支持这个命题的事实相比，这种结论只占第二重要的位置。发展，以某种方式，把一部分利润转移到资本家手里。利息实际上是对利润的一种征税。

第三，全部利润，甚至是部分利润，也不可能直接、立即成为利息，因为这些利润只是暂时的。以此类比，我们就能立即明白，利息是不附属于任何种类的商品的。所有依附于具体商品的剩余价值必定是暂时的，即使这种剩余在经济系统中随着发展而不断增加——以致我们只有通过深入的分析才能认清这种剩余价值的暂时性——这些剩余价值也不能立即形成一种永久性的收入。利息是暂时的，它不能仅仅被理解成从具体商品中而来的剩余价值。尽管利息来自确定种类的剩余价值，但是没有一种剩余价值本身就是利息。

这三个命题表明，利息这种重大的社会现象，是发展的产物[1]。利息来自利润，但是不依附于具体的商品，这些都是我们的利息理论的根据。承认这些理论，就意味着终止了一种反复的尝试，即在具体商品中寻找与利息相对应的价值要素[2]。因此，我们可以把中心工作集中于狭小的范围内来研究利息问题。

---

[1] 参阅《本质》，第三篇，第三章。——原注

[2] 从这一点，可以得出两个实际的结果。第一，所谓的原始交易性利息不是利息。只要它不是垄断利润或工资，就一定是企业家利润——这些也是暂时的。第二，地租不是利息。地租是部分购买力，在循环流动的系统中，它不包含任何利息要素。出租房屋的净收入只是地租和"监督"工资。利息要素是如何在发展中进入到地租中的，这一点将从我们的论证中看出来。资本中已经存在的利息使得时间成为一种成本要素，这一事实是非常重要的。——原注

VI

现在我们应该把注意力集中到重要的问题上来了，这个主要问题的解决是处理利息问题最关键的一点。这个主要问题是：这种持久性的利息流，是如何从暂时的、不断变化的利润中抽离，而总是流向资本中去的？这个问题体现了我们至今研究所得的结果，而且也独立于我们继续研究的方向。如果这个问题能够得到满意的回答，那么利息问题就得到了解决，而且这种解决方法满足了庞巴维克的分析中必不可少的所有要求——不论这种方法在其他方面还有什么缺陷——不会遭到强烈反对。

VII

我们关于利润问题的概念所包含的内容与我们通常的概念是不同的。尽管这两者之间的不同是很明显的，但是我们还是有必要对这一点做进一步说明。

为了这个目的，我们从贷款的利息与资本中的"原始"利息之间的区别开始谈起。这个区别可以追溯到我们对利息本质问题做的初始调查，并且已经成为利息理论的基石之一。对利息问题的思考是从消费贷款的利息开始的。从这种消费贷款的利息开始研究利息是符合事物的本质的，因为这种利息是收入的一个独立分支，有很多明显的特征。这种收入的分支也能从外部特征区别出来，同时，它比必须先从其他要素的混合中识别出来的收入的分支要容易一些——因此，在英格兰，地租首先被清楚地识别出来，而且地租不仅在英格兰存在，还会按照常规进行单独支付。不过，消费性信贷的利息也是研究的起点，因为这种利息在古典时期和中世纪是最重要的、众所周知的。生产性贷款的利息也是存在的，但是在古典时期，这种利息只在不进行哲学探讨的领域起作用。在探讨哲学的世界，人们只是匆匆地观察经济事物，并只关注自己领域内能观察到的利息。同样，后来出现的资本主义经济要素，也只熟悉它自身世界中的循环。教堂的神父、精通宗教法规的人、依赖教会的哲学家以及亚里士多德[1]——所有这些人都只考虑消费性贷款的利息，他们认为这种利息令人不快。他们鄙视榨取穷人血汗钱的人、毫无顾忌进行剥削的人以及挥霍无度的人，从他们对高利贷者给别人带来压力的反应来看，他们对索取利息的行为是反对的，这样，就可以解释各种对利息的禁令了。

随着资本主义经济力量的增长，另一种概念从对商业生活的观察中逐渐形成。生产性贷款的利息是由后来的研究者发现的说法有点夸大其词。但是，对这一点进行强调，就如同一种发现。我们立刻就能明白，旧的概念忽视了这种现象的一部分，那是如今最重要的一部分，同时，我们也能明白，债务人绝不会因借款而变得更加贫穷。这削弱了对利息采取敌对态度的根本理由，并且在科学上前进了一步。直到亚当·斯密时期，整个英国关于利息的文献，都充满着贷款经常能够使借款者获得利润的思想。在理论家看来，处于弱势地位的借款人，变成了强势的借款人；憔悴可怜的人群和没有想法的土地所有者，现在变成了另一种类型：企业家——虽然没有给整个概念清楚而明确地下定义，但这足够清晰了。

对理论家来说，生产性利息仍然是贷款的利息。企业家利润被看作它们的来源。我们不能就此认为企业家的利润仅仅是利息——如同工资的来源是

---

[1] 亚里士多德（前384—前322年），古希腊最伟大的哲学家、科学家和教育家。——译者注

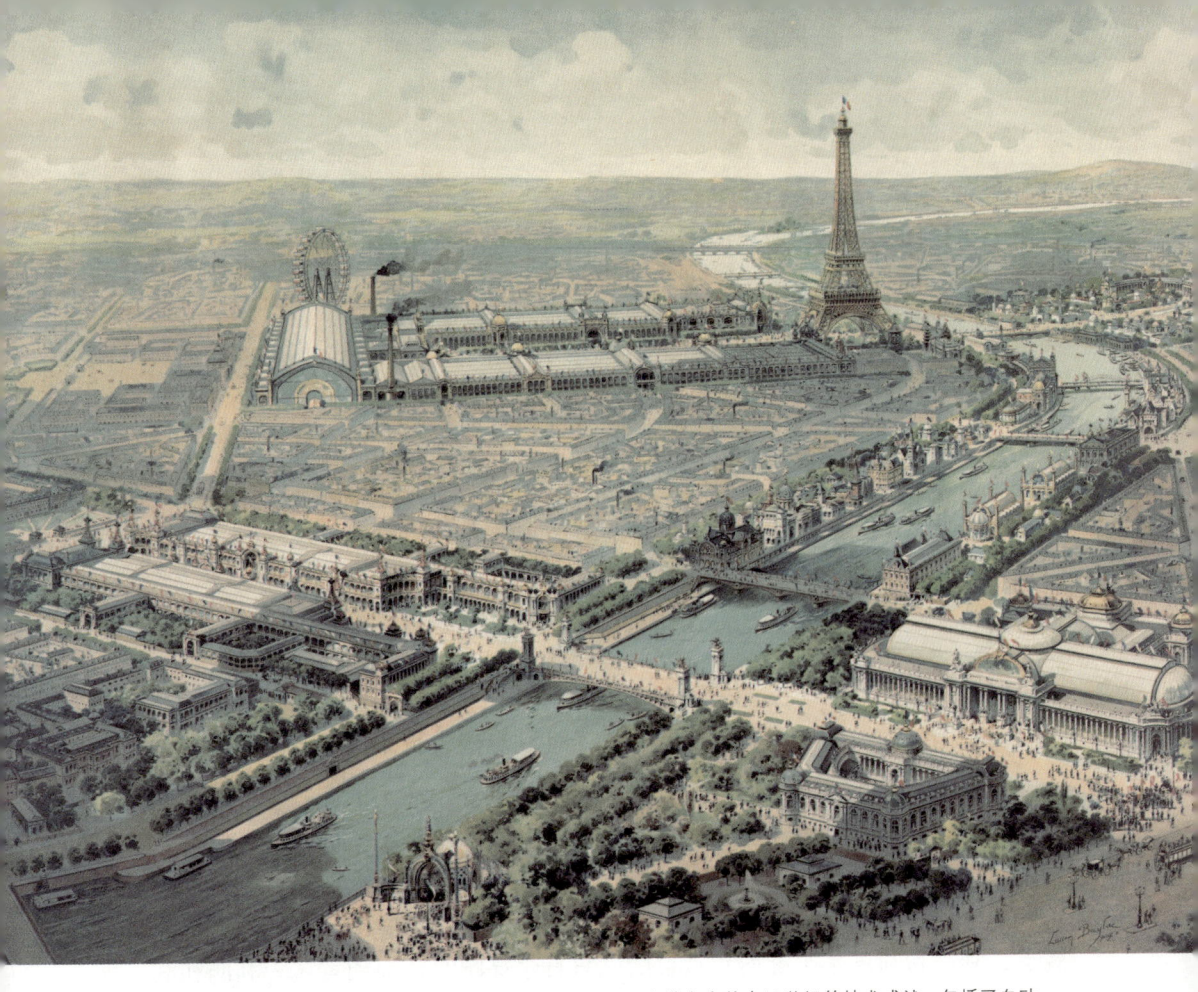

▲1900年，法国巴黎世博会全景。这次世博会展示了西方社会在整个19世纪的技术成就，包括了自动人行道和地铁。在1900年埃菲尔铁塔广场前的大厅里，放映了人类史上第一部环幕影片《跨越欧亚两洲的氢气球旅行》，在环形银幕上依次出现了巴黎、布鲁塞尔、伦敦、巴塞罗那等城市的风景。

总收入，但是我们不能认为所有生产的收入都是工资。如果要对这些学者关于利息的理论的不足之处提出一些值得肯定的地方，那就是他们至少没有搞混利息和利润，或者他们没有在特征上把利息和利润等同起来。相反，正如休谟[1]所观察到的[2]，他们也注意到了利润和利息之间的区别，但是他们没有看到利润只不过是某些人自有资本的利息。他们用来解释利润的方式，根本不

---

1 大卫·休谟（1711—1776年）英国哲学家、历史学家、经济学家。休谟被视为是英国启蒙运动以及西方哲学史中最重要的人物之一，其哲学是近代欧洲哲学史上第一个不可知论的哲学体系。——译者注
2 也可以用配第、洛克和斯图亚特的论证。——原注

适用于解释贷款利息，而只能用于解释作为贷款利息来源的另一种利润[1]。那些学者把利息追溯到商业利润，以此作为利润的来源，但并没有说明商业利润是利息的唯一来源，虽然这种利润的确是利息的主要来源。即使"利润"出现在"资本利润"这个词语中，利息也不能解释他们说的这种"利润"。他们没有解决利息问题。但他们也并未仅将派生形式的贷款利息追溯到原始的、真实的利息，而没有对这种原始的、真实的利息进行解释。他们只是没有证明为什么拥有资本的贷款者能够处于索取利润份额的位置，以及为什么这些贷款者的喜好总是能够决定资本市场。洞察利息现象所依赖的解决方法的中心问题，当然是商业利润，但是，这并非因为商业利润本身是真实的利息，而是因为商业利润的存在是支付生产性利息的先决条件。企业家当然是整个进展中最重要的人，不过，这并非因为他是真正的、原始的、典型的利息接受者，而是因为他是典型的利息支付者。

在谈到亚当·斯密时，我们仍然可以觉察到某种观点的轨迹，根据这个观点，利润和利息是不能简单重合的。只有李嘉图及其追随者认为利润和利息是一对同义词。直到后来，理论家才注意到商业利润中的唯一问题就是利息问题；企业家为何能够获得利润的问题才是利息问题。当英国学者所称的"利润"被解释为"资本的利润"或"原始利息"时，他们所要表达的意思才能被正确地理解。这些英国学者所要表达的绝不是仅仅用自有资本的利息毫无损害地代替借入资本的契约利息，而是一种新主张，即企业家的利润在本质上是资本的利息。下面的事实一定有助于解释这个问题，而从我们的观点看，这个问题明显偏离了正确路径。

首先，这个问题的陈述是非常浅显易懂。契约性的农业地租只是"原始"现象的一个结果，也就是可以"归属于"土地产品的一部分。从地主的

---

[1] 这解释只看一眼洛克的理论所产生的不一致，正如庞巴维克所强调的那样。（参考《资本与利息》，第二版，第一篇，第52页）。——原注

第五章 资本的利息

角度来看,农业的净收入只是地租本身,而地租只是"归属于"土地的部分产品本身。契约工资只是劳动的经济生产率的结果。从工人的角度来看,契约工资仅是生产的净收益。为什么利息的情况就不同了呢?如果没有特殊原因,利息的情况应该与工资一样。与契约利息相对应的是原始利息。与地主的典型收入相同,这种原始利息对于企业家来说,也是一种典型的收入,这个结论似乎是不言而喻的。实际上,企业家是允许自有资本获得利息的——这是一个不可争辩的事实。

产品价值超过它们的成本的剩余,产生于资本家之手,是一种基本的现象,是利息所赖以存在的。仅仅看到这个问题,并希望所有的问题都随着这个问题的解决而得到解决,对此难道还要感到奇怪吗?经济学家刚刚使自己摆脱了重商主义的肤浅,并开始习惯关注隐藏在货币背后的具体商品。他们强调,资本是由具体商品组成的,并倾向于把这种资本看作一种特殊的生产要素。一旦形成这个观点,就直接把利息看作库存商品价格的一个要素,从而把这种利息与企业家通过这些库存商品得到的利润等同起来。利息来自利润,并且代表利润的一部分,利润或者利润中的一部分会不自觉地成为利息。当利息与企业家生产中所使用的具体商品联系在一起时,利润或利润的一部分与利息之间的这种转变才会自动发生。利息本来可以从工资中付出,但工资并未同样变成利息,这种反映超过了人们的想象。

对企业家职能令人不满意的分析,曾经有力地支持了上面的观点,使其具有普遍性。把企业家与资本家混为一谈,或许不十分正确。但是,人们总是从这样的观察开始的,即企业家是借助库存商品这种意义上的资本的帮助获得利润的。人们对这种观察进行了超过其价值的强调。人们可以很自然地从资本的使用中看到企业家的特殊职能,并把企业家与工人区分开来。原则上,企业家被看作是资本的雇佣者、生产品的使用者,就像资本家被看作是某种物品的提供者一样。上面这些问题很容易进行论述。对于贷款利息,这

185

种论述必然更加准确、具有更加深远的意义。

这显然对利息问题产生过重大的影响。存在贷款利息的原因是存在产生于企业家手中的原始利息。因此，利息问题的解决都集中于企业家身上，这导致了很多假象。在这种情况下，用类似于剥削理论和劳动理论的理论来解释利息，第一次成为可能。因为只有把利息与企业家联系在一起，用来解释利息的观点才会产生，即用企业家的劳动服务，或者包含在产品中的劳动，或者企业家与工人之间的价格斗争来对利息进行解释。其他的尝试，比如所有的生产力理论，尽管没有成功对利息进行解释，但由于其对利息问题的阐述而变得更明显了。这些阐述方法不可能形成一种有影响力的关于企业家和资本家的理论，同时，这些阐述使对特殊的企业家利润的识别变得困难，因而一开始就毁掉了对利息的解释。但是，这种解释的最坏结果是它产生了一种经济永续运动的问题。

经验告诉我们，利息是一种永久性的收入，来源于企业家。我们可以说，一种永久性的收入产生于企业家手中。于是，传统利息理论所面对的问题是，利息从哪里来？一个世纪以来，理论家们一直在探讨这个无法解释且毫无意义的问题。

我们的观点完全不同。如果传统理论把契约性利息与企业家的利润联系起来，那么它只追溯到在它看来是利息问题的基本事实，而完成这些之后，还要完成利息问题的主要任务。如果我们成功地把利息与企业家利润联系起来，那么我们就能解决所有利息问题，因为企业家的利润本身来说并不是利息的另外一种情况，它与利息不同，这一点我们已经解释过了。"贷款存在利息是由于存在商业利润"的表述对当前流行的理论来说，只有作为对利息问题更加准确的表述才是有价值的；但对我们来说，已经具有解释性。商业利润又是从哪里来的呢？这个问题要求流行理论解决其主要问题，但是对我们来说，这个问题已经解决了。我们剩下的问题只是：利息是如何从企业利润中产生的？

我们有必要把读者的注意力吸引到对利息问题的不同的、狭义的表述上来，因为反对意见认为我们除了把利息引导至商业利润中之外，没有做任何事情。这种反对意见令人恼火，因为把利息变成商业利润是理论已经论证的了。大家都看到我们在反复强调那些读者自己也许很容易就能说清楚的事情，也足以证明我们的烦恼。现在，我们将对我们利息理论中的第六个命题，也是最后一个命题进行说明。

VIII

构成利息基础的剩余，是一种价值剩余，只能以价值形式出现。因此，在交换经济中，它只能通过比较两种货币总量才能表现出来。这一点是显而易见且毫无争议的。特别是，商品数量的比较对价值剩余的存在没有任何说服力。在这种关系中，无论提到多少数量的产品，它只作为价值符号出现。实际上，价值表现以及利息都是用货币形式来代表的。任何情况下，我们都应该承认这样的事实，但可以用不同的方式去解释。利息以货币形式出现只是依赖于必须的价值标准，而与利息的本质和自然属性没有任何的关系。根据这个流行的观点，货币只是表现价值的一种形式，而利息却产生于某种类型的物品中，并作为这些物品本身的剩余存在。我们对企业家利润也持这种观点。价值的衡量对于表述企业家利润也是必要的，用货币来对这种价值进行衡量是权宜之计。尽管如此，企业家利润的本质与货币没有任何联系。

试图使利息问题尽快脱离货币要素，而把对利息的解释带入到价值和收益产生的范畴内,也就是带入到物品的生产领域范畴内,毫无疑问是很有吸引力的尝试。但是,我们不能因此回避问题。在任何情况下,与货币利息相对应的是购买力的贴水,也就是购买某种物品的溢价。从技术意义上说,生产所需要的是物品而不是货币,但是如果我们仅据此得出货币只是起中间联系作用的结论,并用货币所购买的物品来代替货币,进而在最后的分析中用这些物品来代替利息的支付,那么我们的分析就是站不住脚的。我们的确可以从货币基础进入到商品的世界,但是,这条路会由于商品的溢价不能持久而终止。我们会立即发现这条路是走不通的,因为利息最本质的特点是它的持久性。因此,通过分析具体物品的溢价或贴水来揭开货币的面纱是不可能的[1]。

我们的分析不能离开利息的货币基础。这构成了一种间接的证据,即货币形式重要性的第二种解释就是利息是以货币形式出现在我们面前的,也就是说,货币形式不是外壳,而是核心。显然,仅有这样的证据,还不足以使我们能做进一步的推导。但是,这与我们前面对信用和资本的论证是相符的,通过这种匹配性,我们可以理解购买力在这里所起的作用。下面我们就可以陈述我们的第六个命题:利息是购买力价格的一个要素,而购买力被认为是控制生产品的一种手段。

这个命题当然不会赋予购买力任何生产性角色。尽管很多人拒绝承认货币市场中存在利息随着货币供求的变化而波动这样的事实,但这样的事实无疑支持了我们的解释[2]。当下雨时,人们就会被淋湿,企业家的情况与之类似。假设其他条件不变,当信用工具增加时,利息就会下降。现实中,如果政府印刷纸币,并把这些纸币借给企业家,难道利息不会下降吗?难道政府

---

1 这里我们不对"消费品的库存"和"劳动和土地服务所积累的库存"做深入的分析和探讨。——原注
2 马歇尔对贸易萧条委员会的评论。在讨论货币数量和物品价格之间的关系时,他说,一谈到货币的增长,"我认为它会立即影响隆巴顿大街,而且倾向于使人们借更多的钱;它将使存款和信贷膨胀,并使人们增加投机……"。说这些话的人是不会轻易拒绝承认我们的解释的(谁又能否认这样的解释呢?)。——原注

第五章　资本的利息

▲1901年，在新泽西州西奥兰治市的实验室里的爱迪生。爱迪生是举世闻名的美国科学家和发明家，除了发明留声机、电灯、电报、电影大众耳熟能详的事物以外，他在矿业、建筑业、化工等领域也有不少著名的发明。值得一提的是，爱迪生不仅是"发明大王"，还是一位富有创新精神的企业家。1879年，他创办爱迪生电力照明公司；1880年，白炽灯上市销售；1890年，爱迪生已经将其各种业务组建成为爱迪生通用电器公司。1891年，爱迪生的细灯丝、高真空白炽灯泡获得专利。1892年，汤姆·休斯顿公司与爱迪生电力照明公司合并成立了通用电气公司，开始了通用电气在电器领域长达一个世纪的统治地位。

不会因此而得到利息吗？难道利息和汇率以及黄金运动之间的关系还不足以说明这些吗？正是这些每天都在进行的极具深度与广度的观察，支持着我们的论述。

然而，只有少数具有影响的理论家把这些事实引入到对利息现象的探讨中。希奇维克提出了一种解释，我和庞巴维克都认为那实际上是一种节约理论。但在引用资料的来源，即讨论利息之前，他在关于货币价值的那一章里谈到了利息，将其视为一种货币的价值，并把利息与货币联系起来，同时在他的陈述中，还指出了购买力的创造对利息的影响，他说："……在很大程度上，银行家能够制造出他借出的货币……同时能够以低于资本利息率的价格卖出这种商品。"这个论述包含几种观点，但我们对此并不满意。此外，他的分析中没有对利息的产生过程进行分析，也没有对利息理论做出进一步的结论。但是，他的分析还是朝着我们的方向前进了一步，显然参考了麦克劳德的分析。达文波特更加前进了一步，但他的分析也没有得出任何结果。如果他继续进行的话，是能够找到结论的，但是他没有继续做出分析。流行理论完全忽略了货币要素——这种理论把利息问题作为一个技术问题留给了金融作家。这种对待利息问题的态度是相当普遍的，因此它必然建立在某些真理成分之上，而且无论如何，这都是需要解释的。

对于试图否认利率与货币数量之间的统计关系的尝试，我们没有什么好说的。R.乔治·勒维曾经比较过利息与黄金的生产，没有发现它们之间存在重要的关系。暂且忽略他所用的统计方法存在缺陷这样的事实，也不能证明货币数量和利息率没有任何相关性这样的结论。首先，不能期待存在精确的时间相关性；其次，黄金的供给，甚至是银行，不是简单地根据其所授予的信用量的比例来确定的——只有贷出的信用才对利息率具有意义；最后，所有黄金的生产并不是流向企业家的。

即使欧文·费舍尔进行了归纳性的反驳，（《利息率》第319页以及以后

第五章 资本的利息

各页）也不影响我们的论证。年平均的数据绝不能提供任何与我们的观察相对立的证据，这种观察是对日常的货币交易细节的密切关注。同时，他比较了每单位货币的流通量与利息率，但是这种比较和命题是没有任何关系的。

当然，18世纪的经济学家有各种理由强调利息最终还是要付给商品的。他们不仅同重商主义进行斗争，还和商人及哲学家犯的各种错误进行斗争，通过这种斗争，他们建立了价值真理，并揭露了一系列的普遍谬论。劳、洛克、孟德斯鸠[1]以及其他人无疑错误地认为利息率仅仅依赖货币量；亚当·斯密则正确地指出[2]，货币量的增加将引起价格的提高，并且，在较高水平上，收入与之前起作用的资本之间的相同关系也会逐步建立。甚至，流通中货币的增加所带来的直接影响是提高利息率，而不是降低利息率。对增长的预期一定会带来这样的结果[3]，而且在任何情况下，价格的上涨都会刺激对信贷的需求。尽管这种论述在某种程度上证实了为什么我们最高的权威反对"货币"利息论，但是它与我们的命题没有任何关系。

我们也可以从"与货币解释相对立"的观点中发现真理的其他要素[4]。商人和金融作家往往以一种错误的方式强调贴现政策以及货币体系的重要性。政府影响利息率这一事实不能证明利息是购买力的价格，而只能证明，政府控制价格的事实说明一般价格可以由政府行为来解释。无疑，利息率受到对通货关注程度的影响，但是这种事实的理论意义本身并不重要。这是市场之外的动机影响价格的一种情况。那种认为一个国家的利息能够通过货币系统

---

[1] 孟德斯鸠（1689—1755年），法国伟大的启蒙思想家、法学家。孟德斯鸠不仅是18世纪法国启蒙时代的著名思想家，也是近代欧洲较早系统地研究古代东方社会与法律文化的学者之一。他的著述虽然不多，但影响却相当广泛，尤其是《论法的精神》这部集大成的著作，奠定了近代西方政治与法律理论发展的基础，也在很大程度上影响了欧洲人对东方政治与法律文化的看法。——译者注
[2] 参阅《国富论》，第二篇第四章，亚当·斯密对此进行了简短而意义深远的论证。——原注
[3] 参阅费舍尔的《利息率》，第78页。——原注
[4] 例如，对利息与货币数量之间关系的蔑视可以表述如下：如果存在过多的货币，货币的价值会下降，支付给这些价值较低的货币的利息就越少。当然，这里不存在赎回特征。我在文中对这种解释没有进行讨论，但我相信，这种解释回避了货币与利息的关系，对经济学家造成了很大打击。——原注

和贴现政策保持低于其他国家的水平,从而促进经济发展的观点,是一种未经科学论证的偏见。货币市场的组织和劳动力市场一样,是有能力进行改进的,但是在这个根本过程中,任何东西都不会因此而改变。

IX

我们的问题现在可以归结为一个简单的问题:当前购买力超过未来购买力的额外费用,出现的条件是什么?如果我借出一定数量的购买力单位,我在未来的某天可以收回比借出的购买力更大的数目,为什么会发生这样的情况?

显然,这是一个市场现象。我们所说的市场是货币市场。我们所要调查的是价格决定的过程。每一个个体贷款交易都是真实的交换。起初,这看起来很奇怪,因为商品竟然与其自身在进行交换。但是,自从庞巴维克对这一点进行论证以后[1],就没有必要对细节进行详细论述了:当前与未来之间的交换,并不是相同事物之间的交换,因而是没有任何意义的;当前与未来之间的交换,只是像某地的事物与另外一个地方的事物之间的交换。如同一个地方的购买力能够与另一个地方的购买力进行交换一样,现在的购买力可以与未来的购买力进行交换。赊购交易与外汇套利之间的对比是很明显的,这一点请读者注意。

如果我们成功地证明了,一定的条件下——假定是在发展的情况下,在货币市场上当前的购买力价值按常规必然超过未来的购买力的价值,那么

---

[1] 参阅《资本》第二卷。——原注

▲1903年，在巴黎郊区，小贩正在向司机兜售汽油。

我们也从理论上解释了商品流向购买力所有者手中的这种永久性流动的可能性。资本家能够得到在各方面看起来都好像产生于循环流动中的永久性收入，尽管这种收入的来源不是永久性的，并且是发展的结果。任何的归属或计算都不能改变作为净收益的商品流的特征。

我们现在可以直接说明一笔永续年金的总价值有多高。它应该是一笔总数，即应该等于一笔年金的总数，如果以利息为目的把这个永续年金借出去，应该获得与一笔年金相等的利息。如果利息较低，出借者就会竞相购买年金；如果利息较高，潜在购买者将会以这个较高的利息进行放款，而不是购买这些年金。这是已经预先假定一个利息率的"资本化"的真正规则。根据这一点，我们再次强调，对永久性收入的估值不能脱离它们作为净收入的特征。

如果我们解决了现在购买力的贴水问题，我们就回答了利息理论所包含的三个问题。流向资本家手里的永久性商品流，不会流向其他任何人，而且在流动过程中也不会被扣减，找到这个过程的证据，就能够解决所有问题，并且能够解释这种流动也代表了一种收益，即净收入这样的事实。我们现在将进入到这一论证过程，并逐步完成我们对利息的多个问题的解释说明。

X

即使在循环流动的体系中，也会存在并产生这样的现象，即人们乐意去借款，即使条件是未来要偿还比他们所借到的数额要多的款项。不论出于什么动机——暂时的贫穷、对收入增加的预期、薄弱的意志或远见——具有这些动机的人们能够根据未来的购买力来对当前的购买力进行估值，这决定了他们当前的购买力需求曲线。另外，只要人们能够得到一笔溢价，总有人愿意满足这种贷款需求。这笔溢价能够补偿他们借出这笔款项所带来的麻烦，而这笔款项本来是为特定的目的准备的。因此，我们也可以构建供给曲线，这个价格——已经决定的溢价——在市场中是如何出现的，对这样的细节进行说明几乎是不必要的。

但是，这一类的交易通常不具有任何重要性，而且，它们不是经营活动中的必要因素。只要对借款者来说，对当前购买力的控制意味着带来更多的未来购买力，那么借和贷就成为日常工业和商业的正常规则的一部分，利息也在经济上和社会上获得了它实际上已经具有的重要性。由于商业利润的预期是对当前购买力的总价值进行估值的关键，所以我们暂时把那些甚至在没有发展的情况下也能产生利息的因素放在一边。

在循环流动的体系以及处于均衡的市场中，人们不可能用定量的货币得到更大数目的货币。不管我怎样利用100货币单位价值的资源（包括管理），在众所周知以及习惯的范畴内，我只能刚好得到100单位货币的收入。不管我把这100单位的货币用于哪一种现存的、可能的生产中，我从该产品中也总是只能得到100单位的货币，不会更多——甚至，可能更少。这种结果也反映了均衡位置的特征，代表了生产驱动力的最佳组合——在给定的条件下，从最广泛的意义上来说。在这种意义上，货币单位的价值必然等于其账面价值，因为我们假定所有的套利交易已经实现，并排除了这种情况。如果我用这100单位的货币购买了劳动和土地的服务，并用它们来执行最有吸引力的生产，我就能发现，生产出来的产品在市场上刚好可以得到100单位的货币。正是由于这些最具吸引力的生产可能性，生产资料的价值和价格才得以建立，这种最具吸引力的生产也决定了购买力的价值。

只有在发展的过程中，事情才变得不同。在这种情况下，如果我用100单位的货币购买了执行新组合所必需的生产资料，并成功地把新的生产品以较高的价值投入市场，我才能获得较高的收益。由于生产资料的价值不由这个新的使用方法决定，而是根据之前的使用方法决定。在这里，拥有一笔货币是能够获取更多货币的手段。因此，人们通常认为现在的一笔钱比未来的一笔钱更有价值。现在一定数量的货币——也可以说潜在的更多的货币——将有一笔价值贴水，这将导致价格的贴水。在这里，可以发现对利息的解释。在发展过程中，提供和取得信用已经成为经济过程的必要部分。这些现象被描述为"资本的相对稀缺性""资本的供应落后于资本的需求"。在发展中，社会的商品流变得越来越宽，越来越丰富，利息此时才显得很突出，并使我们受到它的影响，以至于必须经过长时间分析才能察觉到利息并非在人们经济活动的任何地方都会出现。

XI

让我们更加仔细地研究利息的形成过程。经过上面的论述，意味着我们应该仔细检查决定购买力价格的方法。为此，我们要把自己严格限定在我们认为是基本情况的研究中，这种研究在以前的章节已经出现过，即企业家与资本家之间的交易情况。我们将在后面探讨利息现象的最重要的细节。

在我们当前的假设下，只有那些对当前购买力的估值比未来购买力要高的人才是企业家。只有企业家才支持当前的货币，并承受这些货币在市场的运动，只有企业家才是能够把货币的价格提高到它们的票面价值之上的需求的承担者。

处于供给一方的资本家面对的是处于需求方的企业家。让我们从这样的假设开始，即执行新组合所必需的支付手段一定要从循环流动的体系中抽离出来，并且不存在信用支付手段的创造。此外，由于我们考虑的是不受之前的发展结果影响的经济体，因此不存在大量的闲置购买力的储存。所以，资本家在一定的条件下，通过限制自己在生产或消费中的开支，而把一定数额的资金从它们习惯的用途中抽离出来并转移给企业家，让企业家使用。我们还假定，经济系统中的货币数量不会以其他方式增加，比如发现金矿。

第五章 资本的利息

企业家与货币所有者之间的交易将会发展并进行下去。我们已经为所有的交换个体指定了确定的需求和供给曲线。企业家的需求是由借助于一定数量货币的帮助所能获得的利润决定的，他是通过开拓围绕在他面前的各种生产可能性获得利润的。我们假定这些需求曲线是连续的，如同其他商品的一样，尽管一笔小贷款，比如一笔较少单位的货币，对企业家来说所起到的作用很小，也尽管在重要的可能形成创新的某些点，个人的需求曲线实际上是不连续的。超过了一个特定的点，也就是超过了执行企业家所想到的所有生产计划所必需的金额，企业家对货币的需求就会急剧下降，也许会下降到0。然而，考虑整个经济过程，也就是考虑众多的企业家时，这种绝对的情况就会失去其重要性。因此，我们应该想象企业家有能力确定能够从每单位货币中得到的企业家利润的数量，这种利润数量是从0到实际目的中出现的最大数额之间的任何数字，如同每个人能够对任何商品的连续单位确定一定数量的价值一样。

正如第一章所解释的那样，任何普通的个人对其在每个经济周期内所拥有的货币存量的评估依赖于每一单位货币的主观交换价值。这个规律对超过人们已经习惯的这个普通货币存量的增量货币也是有效的。由此，产生了每个人都具有的确定的效用曲线，另外，加上众所周知的原理，能够得到货币市场确定的潜在供给曲线[1]。现在，我们必须对企业家与潜在货币供应者之间的"价格斗争"进行描述。

假设货币市场与证券交易所类似，有人通过不断的尝试对购买力提出了一定的价格，我们把这个假设作为研究的出发点。在这样的假设下，购买力的价格一定非常高，因为借出资金者必然严重打乱所有他私人的以及商业的安排。假定，现在购买力的价格用未来购买力来表示的价格是140元，期限为1年。在存在40%溢价的条件下，只有那些有希望至少得到40%，或更确切

---

[1] 详细细节，请参阅《本质》第二篇。在这里，我们不详细说明价格理论。——原注

地说，得到超过40%的企业家利润的企业家，才会产生一定的有效需求。假定存在一定数量的这种能够产生有效需求的企业家。根据"有一点优势就进行交换比不进行任何交换要好"的原则[1]，这些企业家已经准备好支付利息来获得一定数量的购买力。在市场的另一边，同样存在着借方，在当前的这种利率下，他甚至不愿意进行交换。让我们再次假定一定数量的人们认为这种补偿足够多，他们会考虑的问题是应该借出多少资金。对一定数量的资金来说，40%是一种充足的补偿；对每个人来说，都存在一种限度，超过这个限度，他在当前经济周期内所牺牲的效用数量一定会超过下一周期所增加的效用数量。但是，贷款实际上一定会大到一定的数量，此时再增加一点数量的贷款都会带来不利的剩余，因为如果贷款额小于这个足够的数量，继续以这个利率借出货币单位就会得到有利的剩余，根据一般性的原则，没有人会不进行货币借出这种行为。

因此，供给和需求是在这种"试探性"的价格中决定的。如果它们之间的数量相等，那么在我们的例子中，这个价格就是40%的利息率。然而，如果企业家在这个利息率价格上所需要的货币比供给的货币多，企业家之间就会互相竞争抬高价钱，某些企业家会被淘汰，新的借出资金者便会出现，直到资金的供求达到均衡。如果企业家在这个利息率价格下所需要的货币比供给的货币少，那么资金出借者之间就会互相竞争压低利息率，这样某些资金借出者就会被淘汰，新的企业家也会出现，直到资金的供求达到均衡。因此，货币市场和其他的情况是一样的，交换中的竞争会建立一种确定的购买力价格。由于双方对现值的估价要高于对未来货币的估价——对企业家来说，是由于现在的货币意味着未来更多的货币；对资金借出者来说，是由于在我们的假定下，现在的货币使他能够有序安排自己的经济活动过程，而未来的货币仅仅增加了他的收入——货币的价格也总是高于它的票面价值。

---

[1] 参阅庞巴维克的《资本》，第二卷。——原注

▲ 照片拍摄于1909年，当刘易斯·海因拍摄这张照片时，一脸稚气的拉乌尔·朱利安已经在佛蒙特州伯灵顿的棉纺厂车间工作了两年。

　　我们对这一点所讨论的结果可以用边际理论来表示，这和其他任何价格决定过程的情况是一样的。一方面，利息等于"最后一名企业家"的利润，这个企业家从执行他的生产计划中所获得的利润恰好够支付利息。如果我们对企业家排序——考虑了风险中的变化要素——根据企业家期望获得利润的大小，那么企业家的"借款能力"在排序中是逐渐下降的，如果我们假定这个排序是连续的，那么必然有至少一名企业家，所获得利润恰好等于需要支出的利息，这个企业家正好处于能获得较大利润的企业家与被排除在货币市场交易之外的人之间，这些人之所以被排除在货币市场之外，是由于他们所获得的利润小于他们需要支付的利息。实际上，这个"最后的"或"边际的"企业家可以获取较小的剩余，但是也存在这样的企业家，即对他们来说，这个剩余太小了，小到他们对购买力的需求是按照实际流行的利息而不

199

是较高的利息产生的，利息率的任何微小变化都会导致他的购买力需求消失。这些企业家所处的位置与理论上的边际企业家是对应的。因而，我们可以这样说，任何情况下，利息必然等于实际中实现的最微小的企业家利润。这样的表述使我们又接近通常的解释了。

另一方面，利息也必须等于最后一名资本家或边际资本家对其货币的估值。边际资本家概念的获得，与得到边际企业家概念所用的方法是相同的。很容易可以看出，根据这样的观点，利息必然等于最后一名资金出借者的估价，更进一步说，最后一名资金出借者的估值也必然等于最后一名企业家的估值。这个结果是如何发展的，也是很明显的事情——这在经济学文献中是经常出现的。只有一点还需要被提及。最后一名资金出借者对其货币的估值，依赖于他对习惯的经济生活过程的重视程度。贷款包含一种牺牲，对边际资本家来说，贷款就是一种"边际的牺牲"，这相当于利息收入所引起的收入增加的估值。因而，利息等于最大的或边际的牺牲，这种牺牲是在给定利息率的情况下，为了满足现有的货币需求而做出的。至此，我们接近节制理论的表述方法了。

XII

如果工业的发展实际上是依靠循环流动体系中的资源来获得资金支持的，那么利息就是以这种方式决定的。但是，我们也注意到，新创造出来的购买力，也就是信用支付工具，也是需要支付利息的。这又把我们带回到本书第二章和第三章所发展的结果，现在是介绍它们的时机了。我们能够看到，在资本主义社会，工业的发展原则上是可以通过信用支付工具的执行来实现的，我们现在接受这个观点。我们再一次记住：实际中存在的货币的巨大蓄水池是发展的结果产生的，因此，首先必须不予考虑。

这种要素的引入，改变了我们之前对现实的描述，但是它的主要特征还是没有被改变。我们对货币市场需求方面所进行的论述暂时不会改变。现在的需求像以前一样是来自企业家，而且是以同样的方式出现的。只有供应的一方需要有较大的改变。现在供应建立在另一种基础之上，出现了一种新的购买力来源，它具有不同的本质属性。这种购买力在循环流动的系统中是不存在的。现在，供给也来自不同定义的"资本家"，为了与我们之前的论述保持一致，我们称之为"银行家"。此时，作为利息起源的交换在企业家与银行家之间发生了，根据我们的解释，这种交换具有现代社会中所有有关货币方面的交换的典型特征。

因此，如果我们给出支配信用支付手段的条件，我们就把握了利息现象的基本情况。我们已经知道，这种供给是依靠什么力量来进行调节的：首先要考虑到企业家失败的可能性，其次要考虑到信用支付工具可能的贬值。我们可以把第一种要素从分析中剔除。为了这个目的，我们只需考虑加上从经验中得知的风险，并且认为这种风险包括在"贷款的票面价值"中。从经验中，我们知道这意味着1%的贷款收不回来，那么我们可以这样说：如果银行家实际上从不是坏账的所有债权中获得了额外的大约1.01%的利息，此时他收到的资金数额与他所借出的资金数额大小是一样的。当然这里也忽略了作为银行家职业能力的工资。供给的大小将只由第二种要素决定，也就是新创造的购买力与现有购买力之间的价值差额，所要考虑的也只是要避免这种价值差额。我们必须表明，价值和价格决定的过程也作用于新产生的购买力，并产生了一定的溢价。

根据我们前面所论述的情况，出现负的利息也不是完全不可能的事情。这种负利息可能产生在这样的情况中，即如果建立新企业所需要的货币量小于人们所提供的货币量，这些提供货币的人认为哪怕暂时提供给这些新建立企业的人使用，也是能够给他们带来帮助的。不过，我们排除了这样的情况：银行家收回的钱要少于他借出去的钱，此时他就遭受了损失；由于银行家不能完全偿还所有债务，他就不得不弥补这些损失。因此，在这种情况下，利息不可能降到0。而且，在一般情况下，利息应该高于0，因为企业家对购买力的需求与对普通商品的需求，在一个重要的方面是不同的。在循环流动的系统中，需求总是由实际的商品供给来满足，否则这种需求就不是"有效的"。然而，企业家对购买力的需求，与企业家对这些具体商品的需求相比，是不受实际商品的供给这个条件限制的。

相反，它只受另一个不太严格的条件限制，那就是企业家偿还贷款和利息的能力。即使不存在利息，企业家通过贷款的帮助能够获得利润的时候，也会对信贷产生需求——否则，他就没有进行生产的经济刺激——我们也可以说，企业家的需求受制于这样的条件，或者说在这样的条件下才是有效的，那就是他能够利用贷款获得利润。这又牵扯到供给与需求。不管经济情况如何，经济体所具有的创新的可能数目是无限的，这一点在第二章已经进行了解释。即使是最富裕的经济体也不可能十全十美，我们总能对其进行改进，但是，追求这种改进的过程总是受到给定条件的限制。每一步改进都能展现新的预期，使经济系统远离十全十美的表面现象。因此，利润产生的可能性，以及由此产生的"潜在的需求"，是没有一个确定的限度的。所造成的结果就是利息为0的需求总是大于供给的，而供给总是有限的。

然而，获取利润的可能性，如果没有企业家人格的支持，将是无力的、不现实的。目前为止，我们只知道，在经济生活中，产生利润的创新是"可能的"；我们甚至不知道，这些创新是否总是由一些具体的个人开始进行，并达到这样的情况，即利息为0时，对购买力的需求总是大于其供给。我们还需要深入研究。一些事实能够告诉我们一些事情，即不存在发展的经济系统可能是存在的，这样的事实告诉我们，有能力并且愿意进行这些创新的人可

第五章 资本的利息

能并不存在。我们也可以说,这种人的数量是非常少的,以致购买力的供给不能被全部吸收,而不是不能满足所有的需求。如果没有对购买力的需求,或者只有微不足道的需求,那就根本不会存在购买力的创造,信用支付手段的供给也会完全消失[1]。但是,只要存在企业家对信用的需求,那么利息为0时,这种需求就不会小于供给。因为一个企业家的出现会促进其他企业家的出现。在第六章中,我们将表明,创新所面对的障碍会随着社会越来越习惯创新的出现而变得越来越小,尤其是,创建新企业时面对的技术困难会由于与国外市场的联系、信用形式等而变得越来越小,因为这种创新一旦确立,追赶着前人的后人将会受益。因此,已经成功创立新企业的人数越多,企业家所面对的困难就越少。经验告诉我们,这个领域的成功,如同其他领域的成功一样,在他们创建企业的过程中会吸引越来越多的追随者,因此就会有越来越多的人执行新组合。对资本的需求本身也会产生新的需求。因此,在货币市场上,存在一个有限的有效供给,与之相对应,也存在没有确定限度的有效需求。

这必然会把利率提高到0之上。只要存在大于0的利息,很多企业家就会被淘汰,随着利息的增大,被淘汰的企业家数量也在增加。尽管利润的可能性实际上是无限的,但是它们在数量方面是不同的,大部分的利润是非常小的。利息的存在再次增加了供应,这不是绝对固定的,但是利息必定继续存在下去。价格的斗争是在货币市场开始的,我们在这里对此不再进行阐述,在经济系统中所有要素的影响下,必然会建立购买力的确定价格,其中必然包括利息。

---

[1] 为了避免误解,特别提醒读者注意,在循环流动的系统中,借助于信用支付手段的帮助,进行交易也是可能的,这种交易可以没有利息并且以票面价值来进行。但是,如果要刺激产生更多的信用支付手段,就必须存在利息。——原注

XIII

我们现在必须把已经排除在外的经验事实与关于利息的基本原则联系起来。首先，与新创造的购买力相比，我们必须列举出已经存在的购买力的所有来源，购买力实际上填充了巨大的货币市场的蓄水池；其次，我们必须表明，利息是如何从其狭小的基础扩展到整个交换经济，以及利息是如何渗透的，以致它好像是整个经济系统的。因此，利息所占据的空间比人们根据我们的理论所预期的要多。只有当这两个方向的利息问题的所有领域都能被我们的观点所解释的时候，才可以说我们的问题已经解决了。

第一个任务没有什么困难。正如我们前面所说的，发展的每个具体阶段都是对于前一阶段的继承。购买力的蓄水池可能已经通过某些要素形成了，

▲19世纪30年代，美国历史上第一列蒸汽火车。莫霍克与哈德逊铁路公司向公众展示了新型的蒸汽火车——蒸汽机车后有带着燃料的煤水车，其后是两节马车风格的车厢。

第五章　资本的利息

这些要素是前资本主义交换经济所创造的，因此，经济系统中总会存在或多或少的购买力，这些购买力可以由新创立的企业暂时或在一段时间之内支配。此外，当资本主义的发展在运行中时，就会有不断增加的购买力流向货币市场。我们将这些购买力分为三个不同支流。第一，目前为止，企业家利润的大部分会被用来"投资"。无论企业家将这些利润投资于自己的事业，还是让这些利润出现在市场中，原则上都是不重要的。第二，如果企业家退休或者他们的继承人退出当前的企业活动导致企业的清算，那么就会使一笔或大或小的款项成为游资，而同时，不一定总有其他款项被冻结。第三，那些由发展带给其他人而没有带给企业家的利润是建立在"发展的反应"基础上的，并在某种程度上会直接或间接地进入货币市场。需要我们注意的是，这个过程是附属的，不仅是由于从一种意思上来说这笔资金来源于发展，还可以从另外的意义上来说，即存在利息这一事实，这笔钱可以得到利息的可能性就能把这种购买力吸引到货币市场上来。获取利息是购买力的所有者提供购买力的唯一动机——如果没有利息，购买力就会被储存起来，或者用来购买物品。

另一个要素的情况与之类似。我们知道，没有发展的经济系统中储蓄的重要性相对来说是比较小的，而通常意义上所说的现代社会的储蓄规模大小，只不过是那些来自发展的利润总和，这些利润从来没有成为一种收入要素。现在，从现实的意义来说，储蓄也许不具有足够大的重要性，甚至在发展的经济系统中，这种重要性从产业需求的角度来说也不具有决定性作用，但是，一种新型的储蓄类型——确实是"真实的"储蓄——出现了，这种储蓄在没有发展的系统中是不存在的。一个人通过借出一笔资金就能得到永久性的收入，这样的事实成为储蓄的新动机。储蓄额的自动增加会导致它的边际效用下降，我们可以想象，此时储蓄额会比没有利息时的储蓄额要少。然而，大多数情况下，利息的存在开拓了一种使用储蓄的货币的新方法，会导致储蓄活动的大幅增加——当然，这并不意味着利息的每一次增加都必然引起储蓄的增加。由此可见，实际中观察到的利息，部分是由现存的利息引起的。在这里，还有一种现象，即"附属的购买力流量"进入货币市场。

供应货币市场的第三种来源是那些长期或者短期闲置的货币，如果借出这些货币能够获得利息，那么这些货币也会被借出。这种货币包括能够用于支配的企业资本等。银行聚集这些资本并用高度发达的技术使每个单位货币都能为购买力供应的增加做出贡献，即使这些货币是为即将发生的支出准备的。还有另外的一个事实也属于这种情况。我们知道，信用支付手段的本质以及对它的存在的解释并不是为了节约金属货币。当然，信用支付手段所需要的金属货币数量，比单独运用金属货币执行相同的交易所需要使用的金属货币数量要少。但是，这些交易也只有借助于信用支付工具才会出现，如果没有信用支付工具，对那些同时已经发展起来的货币需求而言，就不会有任何货币的"节约"。现在，我们必须认识到，除了由增长所引起的信用支付工具，以前可能由金属货币完成的交易也可以通过银行创造的信用来进行，银行是处于迫切增加能够生息的购买力的数量的压力下来创造这些信用的。也就是说，信用支付工具可以由银行的经营技术创造出来，因此，由这个来源产生的可支配货币的数量会进一步增加。

所有这些要素都增加了货币市场的供给，也使得利息处于比较低的水平，利息水平在没有这些要素的情况下是不可能这样低的。如果增长不能持续创造新的生产可能性，利息很快就会降低为0。一旦增长停滞，银行家就不知道如何处置这些可以支配的资金，而且会对货币的价格包含资本本身、风险溢价以及劳动的补偿等持怀疑态度。尤其是在富裕国家的货币市场中，购买力的创造这一要素并不是很重要，而且容易形成这样的印象，即银行家只不过是借款人与贷款人之间的中介，这一认识无论是在经济理论界，还是在金融实践中，都是非常重要的。从这个观点来看，信用支付工具只是这样的一个步骤，即用企业家所需的具体物品，或那些转移必需的生产资料给企业家的人所需的具体物品，来代替出借人的货币。

这里还需要注意，在某些情况下，人们要求和支付利息，只是因为有可能要求和支付利息，正如庞巴维克曾经强调过的一样。银行余额的利息就是一个例子。没有人想以这样的方式把他的购买力转移到银行来进行投资。相反，由于货币希望能够提供购买力给企业或个人使用，因此货币被储存起来。即使需要为此付出代价，这种行为还是会发生。但是，在大多数国家，存款者实际所获得的是利息的一种份额，这种利息是银行家利用该笔资金得到的。一旦这种情况成为平常的事情，人们就不会倾向于把钱存到一家不支付利息的银行。这里，存款者不需要做任何事情就能获得利息。现在，这种现象深入到所有的经济生活中。不论购买力的目的是什么，每一份小的购买力都能够获得利息，这实际上使购买力形成了溢价。这样，利息就强行进入了那些本身与执行新组合没有任何关系的人们的经营事务中。每一单位的购买力都必须与那些尝试把它们吸引到货币市场中的潮流作斗争。此外，很明显，不论人们以何种理由需要信贷，都将与这个基本现象联系起来。

XIV

利息现象以这样的方式逐渐扩展到整个经济系统，为观察者展现了一个广阔的前景，这种前景比人们从利息内部本质所进行的猜想要广阔。因此，在这种意义上来说，时间本身变成了成本的一个要素，这一点我们已经指出。流行的学说把这种随之发生的现象作为基本事实，解释并证明了流行学说与我们的解释之间的差别。但是，我们仍然还要继续进行论述，即解释利息最终变成除工资之外的所有收入的表达形式这一事实。

如同我们说专利或者其他任何商品都能获得垄断收入一样，我们也可以说土地能够产生利息。我们甚至可以说，非永久性的收入也能产生利息，例如，一笔用于投机的资金，甚至是用于投机的商品，也能够产生利息。这难道不与我们的论述相矛盾吗？对物品的拥有可以获得利息，和我们的解释相比，难道不是一种完全不同类型的解释吗？

这种表达收入的方法，在美国的经济学家中，已经产生了明确的成果。这种推动力来自克拉克教授。他把来自具体生产资料的收益称为租金，把生产力的持久的经济基金的结果所产生的相同的收益——他把这种持久的经济基金称作"资本"——称为利息。因此，在这里，利息只是作为收益的特殊方面，而不是国民经济收入流中的独立部分。费特教授用不同的方法更有力地发展了相同的观点。但是，我们最感兴趣的是费舍尔教授在他的著作《利息率》中所表达的理论。费舍尔用人们低估了未来需求的满足来解释利息的事实；最近[1]他这样表述他的理论："利息是一种缺乏耐心而在市场中具体化的比率"。相应地，他把利息与各个时期脱离最终消费品的所有商品联系起来。由于所有消费品所得到的收入都可以"资本化"，所以可以用利息这种形式来表示。利息不是收入流的一部分，而是收入流的全部：工资是人力资本的利息，地租是土地形式的资本的利息，所有其他收入是生产出来的资本的利息。每一种收入都是根据某个贴现比率得到的价值产品，这种贴现比率是根据低估未来需求满足的比率来确定的。我们不能接受这样的理论，因为我们甚至不能认识到这个理论中的基本要素的存在，这是很清楚的事实。同样清楚的还有，对费舍尔来说，这种要素是经济生活中的中心要素，能够用来解释几乎所有的经济现象。

1 科学院，《科学评论》（1911年）。——原注

第五章 资本的利息

▲费城的交易所和吉拉德银行，绘制于1839年。1831年，建筑师威廉·斯特里克兰设计了新的费城商业交易所。

在这里，我们需要考虑的基本原则会在下面论述，这个基本原则能够引导我们理解以利息形式体现的收入这种普遍的实际情况。根据我们的论述，具体的商品从来不是资本。但是，任何拥有商品的人，在一个充分发展的经济系统中，都能够通过出售商品获得资本。从这个意义上来说，具体的商品也许可以被称为"潜在的资本"；至少从所有者的角度来说，这些商品是潜在的资本，因为所有者可以用商品交换资本。但是，这里要考虑两种特殊的情况，那就是土地和垄断地位[1]，这里有两个原因。第一，如果我们忽略奴隶制，那么人们是不可能出卖掉自己的劳动力的，这是很清楚的。但是，在这个意义上，也就不存在流行的观点所宣称的消费品库存以及生产出来的生产

---

[1] 虽然我用这种表达方法，但我并不怀疑垄断地位不是"商品"这一根本事实，这一点很容易能够看出。——原注

资料——因此，原则上，我们回到土地和垄断上来。第二，只有土地和垄断地位能够直接产生持久的收入。既然资本也可以产生持久的收入，那么它的所有者就不会用它来交换不能产生净收入的产品——除非给他一个折扣，使他能够用换来的商品在当前的经济周期中实现利润，并且能够再次投入他的资本。但是在这种情况下，商品出售者就会遭受损失，因此，他只会在非正常条件下才会做出这样的决定，尤其是处境困难的时候才会出售商品。这一点我们将在下面进行说明。

如果存在增长，"自然要素"的所有者和垄断者就有充分的理由对比他们的收入与资本的收入，这种资本的收入是通过卖出他们的自然产品或根据他们的垄断地位获得的，而这种卖出产品的行为可能对他们来说是有利的。资本家也有理由对比他们从租金中获得的利息收入和利用他们的资本获得的永久性垄断收入。这种收入来源的价格有多高呢？只要资本家从获取财富的观点出发，那么就不会使土地价格的估值高于这样一笔钱，即这笔钱能够产生的利息等于土地能够产生的地租。同样的道理，没有一个资本家会使土地价格的估值低于这笔钱。如果一块土地价格的估值高了——忽略那些明显的次级要素——那么它是没有市场的，没有资本家会购买它；如果对这块土地价格的估值低了，那么竞争就会在这些资本家中产生，并提高土地的价格。除非陷入困境，土地所有者不会为了得到比他的土地能够产生的纯租金还少的利息而放弃他的土地。但是，土地所有者也不可能以更高的价格出售他的土地，因为立即会有大量的土地供应给愿意出这个价格的资本家。这样，永久收入来源的"资本价值"就被确定下来。那些能够引起多付或者少付一点的众所周知的环境，多数情况下，并不影响这个基本原理。

对资本化问题的这种解决方法，核心和基本的要素是购买力的利息。所有永久收入来源的收益都是与这种购买力的利息相比较，并且以它为依据——由于利息的存在，它的价格是由竞争机制决定的，所以把潜在的资本回报假设为真实的利息，不会产生任何错误。因此，在现实中，每种永久性的收入都是与利息具有联系的；但是，这种收入的大小在多大程度上与利息具有联系，是由利息的水平决定的。实际上，这种永久性的收入不是利息，而只是简化的表示方法。如果利息的本质能够通过"时间贴现"这种表述被正确地描述，那么这种永久性的收入就不直接依赖于利息。

我们的结果还可以扩展到非永久性净收入，例如准地租。在自由竞争的环境下，一笔暂时的净收入将按照这样的价格交易，即如果交易结束时把相当于上面所说的价格的货币进行投资以获取利息，那么其所积累的利息额应该等于净收益停止时的累积利息之和，这些利息是通过把所有净收入都借出去产生的。在这里，实际上，购买者的资本被认为是产生利息的——并且与永久性的收入具有相同的权利——尽管购买者不再拥有他的资本，并且从一个资本家变成获取租金的人。如果一座高炉不能产生永久性的收入——也可能是垄断性的收入——或者暂时性的净收益，而且这种高炉还是一种循环流动中的经营活动（抽掉可以忽略的租金），这种经营活动就是没有利润的，此时，这座高炉的所有者能够从中获得多少钱呢？现在，没有一个资本家愿意把他的资本"投资"于这样的一种经营活动中。交易一旦发生，这样的活动带给他的收入不仅要能够在工厂清算时收回本金，而且在工厂经营期间，还必须获得一笔与他把这笔投资于其他地方所能得到的利息相当的净收益。因此，如果购买者没有其他打算而只是想从循环流动的系统中获取收益，也就是说他不打算在新的生产组合中运用高炉，那么高炉必然会以低于成本的价格被卖掉。出售者必定要下定决心遭受损失，因为只有这样，买方才能获取与这笔购买资金可取得的利息相等的利润。

在这些情况中，商人的表述和解释都不是正确的。但是，在所有这些情况下，不正确的表述和解释没有任何实际上的结果，同时对于商人为什么要利用这种不恰当的解释也是非常清楚的。在现代经济系统中，利息率是居于

▲用美国地图展示的最先进的交通和通信方式，印刷于1910年。

统治地位的要素，也是整个经济情况的晴雨表，在每个经济行动中都有必要考虑利息率，因此，利息率进入了每一项经济考虑之中。它导致一种理论学家所观察到的现象，即从某个方面来说，经济系统中的所有收入都是趋于相等的。

第五章　资本的利息

XV

在日常生活中，人们常常会谈到具体商品的利息，这种简单的表述当然会把人们引向歧途。这种理论上的错误可能给实际工作带来错误，因为理论上的错误常常把利息的概念扩展到它的真实基础之外。

在永久性收入的情况中，也就是在租金和永久性垄断收入的情况中，采用收入的"利息方面"这样的观点是无害的，其他的情况不能采用这样的观点。为了表明这一点，我们沿用前面说的高炉的例子。在我们的假设下，高炉的购买者在高炉的使用期间获得的收入足以补偿他的购买资金以及由此产生的利息——我们假设他把这些作为收入花掉。现在，如果所有的经济条件不变，那么当高炉报废时，他可以再建另一座高炉[1]，当然，新建的高炉与原来是一样的，所用的成本与原来的高炉也是一样的。但是，如果新建高炉的成本高于原来的成本，那么购买者必须在他的折旧基金的基础上增加一项资金来补偿重置费用。自此之后，高炉就不会给他带来任何净收益。如果高炉的购买者清楚地观察到这些条件，他就不会重新建造高炉，而是把收回的资金投入到其他行业中。如果他没有观察到这些条件，而让自己被利息的表面所欺骗，那么他就是一个失败者，尽管和他一样的卖方已经遭受了损失，也尽管当时他作为买方对自己做了一笔合算的买卖深信不疑。初看起来，这种情况会让人有些迷惑，但是我不会对此做出补充解释，因为适当关注这种事情的读者对这个问题会很清楚。实际中，这种情况也不少，这些情况都是人们把永久性利息收入与并不产生这些收入的商品联系起来的结果。当然，其他错误也会导致这种失败。不过，这种失望在某种有利的环境中也可能不

---

[1] 读者将会很容易发现，如果我们假定购买者希望继续使用高炉，而不让高炉报废，也不再进行重建，而是通过维修使得高炉能够被持久使用，那么在这种情况下，我们的论点也不会发生改变。——原注

会变成现实。我相信每个人都能在实践中找到充足的证据来验证上述情况。

如果净收益实际上存在，但不是永久性的，比如一家企业仍然能够分期产生少量的企业家利润，或者产生暂时的垄断性收入，或者准地租，那么这种情况与上面的情况也是类似的。然而，如果有人把这些东西称之为生息，那么只要他能够意识到这些收入暂时性的特征，就没有什么危害。但是，一旦人们把这些收入解释为利息，那么很明显是把它们看作了永久性的尝试；的确，有时这种表述已经是一种错误的表征。然后，人们当然会产生不愉快的惊讶。这种利息有一种递减的趋势，甚至可能突然终止。处于这些事件中的商人常常抱怨生意不好做，甚至争取要实行关税保护、政府援助等，或者考虑把自己作为特殊灾害的受害者，或者有更充分的理由认为自己是新竞争机制的受害者。这些情况经常发生，明显证明了我们的解释。然而，显然它们又回到基本的错误上来了，这种基本的错误在实际中将导致错误的行动和更痛苦的失望，在理论上将导致那些我们批判的利息解释的产生。

常常听到某人的生意"获利"30%这样的说法。当然，这不仅仅是利息。在多数情况下，是因为没有把企业家的活动作为一项支出来考虑，从而也没有把支付给企业家活动的报酬包括在成本之内，才会得出上述的结论。如果不是这种解释，那么收益就不是永久性的。商业实践完全验证了我们解释的这个结论。什么商业能够永久性地"产生利息"呢？商人们通常没有认识到收益的这种暂时性的特征，而且对收益的不断减少做了很多不同的假设。购买者通常会被能够维持收益的期望所诱惑——他至多认识到前期所有者的经验可能跟这些收益的大小有关系。于是，他自动运用利息公式来代替这种正确的计算方法。如果他严格地将收益按照当前的利息率进行"资本化"，失败就会随之而来。每一个企业的收益在一段时间之后就会消失；任何一家企业，如果它保持不变，就会很快失去存在的意义。

个人的工业企业只是工资和地租的永久性来源，而不是其他收入的永

第五章 资本的利息

久性来源。那些在日常实践中经常忽略这一点，并遭受上面所说的这些不愉快的个人就是典型的股票持有者。有人认为股东完全不用定期的更换投资项目而能够获得永久性的净收益，这与我们的利息理论是相悖的。根据我们的观点，资本家首先必须把他的资本借给企业家，过一段时间后，当这个企业家不能支付利息时，再把资本借给另外一个企业家。由于我们把股东的特征定义为仅仅是货币的提供者，因此股东能够从同一个企业获得一份永久性收入，那么这个反对观点看起来是很有力度的。但是，准确来说，股东的例子——以及每一个把自己的命运与一家企业联系起来的资金出借者——表明了我们的解释是非常接近现实的。这个"事实"是非常令人怀疑的，公司能够永久存在下去，并支付永久性的股息吗？当然，这种事实有，但只在两种情况下存在。第一，有些工业部门，比如铁路，即使没有永久性的垄断，但是在相当长的一段时期内还是能够保证垄断权的。其股东能够收到垄断性的收入。第二，有这样一些类型的企业，它们按照其本质和计划不断创造新事物，它们实际上是新企业形式的连续形态。这些企业的目标和领导者是经常变化的，所以这些企业的本质就是考虑让那些有能力的人经常处于领导者的地位。新的利润总是会出现，如果股东失去了他的收益，这实际上不是必然的，而只能用个别情况下不幸来解释。但是，忽略这两种情况，也就是说，如果企业只经营一种确定的业务，而没有处于垄断地位，那么至多能够获得的是能够作为永久性收入的自然要素的租金。实际上，竞争并不是立即起作用的，因而企业能够在相当长的一段时期内保持剩余，实践有力地证明了这一点。没有任何的一个工业企业能够提供一笔永久性的收入满足其股东；相反，它很快会陷入类似于干涸的泉水一样的困境。因此，资本的偿还总是隐藏在股息之中，尽管机器的磨损等事件总是被谨慎地计入折旧账户中。实际中摊销到成本中的数量往往比实际磨损大得多，企业家总是希望尽快摊销掉全部资本，这是非常恰当的事实。因为，当到了收益与成本正好相等的时期，这种企业就不具有任何价值了。因此，不可能从同一家企业的利息中获取持久的收入，不相信这一点且不按照这一点行事的人，只有在遭受损失后才能明白其中的道理。所以，股东获取股利这样的事实并不能说明我们的解释是错误的——而是正好相反。

XVI

这个理论在多大程度上能够成为与利息有关的统计数据的分析和调查的有效工具，还有待观察。这种解释似乎把货币、信用和银行业等方面的事实与纯理论更紧密地结合起来。作者希望把一些工作的研究成果写成专著，并能够在不久的将来出版，其中会包括下面的这些问题：黄金储备与利息的关系、货币体系对利息的影响、不同国家利息率的差异以及外汇与利息之间的关系等。

我们的论证能够解释利率的时间变动。主要还是基于类似的事实，我们才能期望我们的基本思想得以证实。如果经济生活中的利息——通常称为"生产性利息"——的根源在企业家的利润，那么两者的联系和变动应该更加紧密。事实上，短期内的波动是这样的。对于长期内两者之间的关系，我们仍然可以观察普遍流行的新组合与利息的某些关系，但是其中需要考虑很多要素，而且一旦超过我们所说的期限，比如说10年，那么要证明这段时间内"其他事情"保持不变就变得非常复杂。因为在这段时间内，我们不仅要考虑政府借债、资本转移以及一般价格水平的变动，而且还要考虑更为棘手的问题，这里不可能对此进行讨论。

第五章 资本的利息

在我们的理论中,没有任何论据支持这样一种旧的观点——这种观点对自古典经济学以来的很多人来说已经成为教条——即认为利息从长期来看必定表现出下降的趋势。这种观点给人留下深刻印象的原因主要是它考虑了风险要素,这种风险要素对中世纪的利率进行了解释;而真实的利率并没有表现出这种长期趋势,利息的历史恰恰证实而不是否定了我们的解释。

这些分析和说明已经足够多了。不管我们的论证有多么不完善,也不管我们的论证需要多么精确的表述和多大的修改,我相信,读者都将能够找到其中的某些要素,以此来理解经济现象中迄今为止最难理解的部分。我只需

▼《莫农加希拉河》,美国油画家约翰·凯恩绘制于1931年。凯恩是一个自学成才的画家,在这幅画中他画了一个大型钢铁工厂,还有火车与周边的风景。

要补充一句话：我希望解释利息现象，而不是证实利息现象。从对取得的成就进行奖励的意义上来说，利息不同于作为发展的直接结果的利润。相反，不如说利息是一种经济发展的制动因素——在交换经济中，是一种必要的制动——是一种"企业家利润的税收"。当然，尽管人们把谴责和赞同同时包含在了我们这门科学的任务中，也不足以让我们谴责利息。面对谴责性的审判，我们能够肯定这个"经济系统的监督官"的重要职能，我们也可以得出结论：利息只是从企业家那里拿走一些本该属于企业家的东西，而不是从其他阶层中拿走这些东西——忽略消费信贷和"生产性消费性信贷"的情况。然而，这一事实，连同利息现象并不是经济组织中的必要要素这一事实，将会导致社会条件对利息问题的更多反对性评判。因此，重要的是要表明，利息只是执行新组合这种特殊方法的结果，而且这种特殊方法比竞争性经济系统中的其他基本制度更容易改变。

第六章

经济周期

——初步评述

下面要说的是危机理论,更准确地说是周期性的经济波动理论,它还没有一个令人满意的与其主题相关的陈述,这不像已经说明了的企业家职能理论、信贷理论、资本、货币市场、利润和利息等问题那样。一个令人满意的理论,在今天更需要对大量增加的资料进行综合处理,对建立在不同的商业条件以及它们之间相互关系基础上的数量巨大的个别理论进行阐述和制定。我所允诺的详细研究还没有完成[1],而且根据我的工作计划,这种情况还要持续一段时间。尽管如此,我还是要再次提及本章,不仅因为这一章在对危机的调查中具有自己的地位,还因为我认定它是正确的;不仅因为我相信这一章包含对本书关于这个话题的贡献,还因为这种贡献说明了事物的本质。因

---

[1] 关于这个主题,我在《政治经济学、社会政策和管理杂志》(1910年)发表过,还在《社会科学与社会政策档案》(1914年)发表过《经济生活的波动》。直到今天,我关于危机的理论主要引自这篇文章。我在1914年哈佛大学的一次演讲中详细说明了这篇论文,当时在表述和事实依据方面没有任何改变。此外,还有一篇文章《信用控制》,主要涉及的是其他事情;还有载于《经济一统计通讯杂志》(1925年)上的文章《银行政策》,这篇文章也只是初步涉及了这个问题。1925年,我在罗特达姆的一次演讲中详细论述了这个问题。最后,可以参阅载于《经济学杂志》(1928年)中的《经济周期解说》一文中关于这个问题的简短说明。——原注

此，在这一章，我愿意接受相关批评。

通过对我所注意到的各种反对意见的研究，我确信了自己的信念。这里我只提两种意见。第一，有批评认为我的理论只不过是一种"危机的心理"。这种反对意见是由一位最有才能的权威人士，也是我最尊重的人提出来的。为了让读者清楚看到这种反对意见的真实含义，我必须更加鲜明地阐述它的真实内容。"危机的心理"意味着某种十分确定的含义，它不同于"价值的心理"，比如它意味着我们要坚信那些商业世界中令人害怕的悲喜剧之间的相互交替，这种情景是我们注意到的，也是在过去每一个经济危机时期中已经被注意到的。作为危机的理论，它意味着建立在几种情况基础上的科学解释，这几种情况分别为：同时发生的以及相应发生的现象（恐慌、悲观主义等），之前对股票走势的看涨的趋势以及促销热潮等。这种理论是很空洞的，解释不了任何问题，但这不是我的观点所在。我不只讨论外在行为，在我对经济事件的论述中也可以找到心理因素。我解释经济周期波动的现象——不管现在是否发生——仅仅是运用一串自动运行的客观因果关系来进行的，即通过论述新企业的出现对已经存在的企业所处的条件及环境的影响来进行的，这一连串的因果关系所产生的事实已经在第二章进行了阐述。

第二个反对意见由罗伊提出，他认为我的理论没有解释危机的周期性[1]。对此，我认为周期性意味着两种含义。首先，存在这样简单的事实，即每一次繁荣之后伴随着萧条，每一次萧条之后又伴随着繁荣。我的理论对这种现象进行了解释。其次，周期的实际长度。没有任何一个理论能够从数字上说明周期的实际长度，因为这显然依赖于每种具体情况的具体数据。我的理论对此给出了一般性的回答：在新企业的产品到达市场之前的一段时间内，必然是以繁荣结束，以萧条开始。当吸收创新的过程结束时，一种新的繁荣会战胜萧条。

---

[1] 参阅纪念布伦塔诺的文集第二篇，第351页。——原注

第六章 经济周期

但是罗伊的质疑还有其他含义，这些含义被埃米尔·莱德尔明确地表示了出来[1]。他认为我的论证是"不令人满意的，因为它没有试图解释为什么企业家是周期性出现的、企业家在什么条件下可以出现以及如果条件对企业家有利，企业家是否会不断出现，其原因又是什么"。有人可能坚持认为，我对企业家成群出现以及由此引起的结果与现象（即这种结果和现象是形成繁荣时期的唯一原因）的解释是不能令人信服的。但是，如果说我没有努力对这些现象进行解释——我的所有论证的目的都是为了对此进行解释——在我看来就是站不住脚的。企业家能够出现的条件——忽略竞争性经济中的一般的经济和社会条件——在第二章已经进行了说明，企业家出现的条件也可以用可能性的出现来进行简略的、不完全的表达，这种表达从私人经济的角度来说，是非常有利的——这种企业家出现的条件必须得以实现；由于个人条件的限制以及外部环境的影响，这种有限的可能性是必需的[2]。再加上一种经济情况，它能够相当可靠地被计算出来。如果人们坚持我们关于企业家概念的假设，那么企业家在这些条件下为什么会出现就不是很难的问题了，这好比人们看到机会出现在面前时，就会立刻伸手去抓一样。

现在，为了更加清晰地展现这些观点，我准备把我的理论与迄今为止在这个领域做了最充分努力的斯皮托夫的理论进行对比[3]，这不带有任何批评意图——我的理论很难在彻底性和完整性方面与他的理论相比较。根据朱格拉的观点，经济周期的波浪式波动才是需要解释的基本问题，而不是危机，这个观点对我的理论与斯皮托夫的理论都是适用的。我们同意这样的观点——这个观点是我建立的，不仅出现在这一章中，还出现在第二章中——这种

---

[1] 参阅他的著作《周期性变动和危机》，载《社会经济学大纲》第四卷，第一部分，第368页。——原注
[2] 第二章中的新阐述澄清了罗伊的反对意见，他的反对观点是用"半静态"商人的概念来描述的。——原注
[3] 参阅他近期的论述，首先是载于《政治科学袖珍辞典》中的《危机》一文，其次是他在《汉堡经济通讯》（1926年）第一册中的论述，以及他在波恩大学所做的演讲《现代经济变动考察》。——原注

▲1937年，在佛罗里达温特黑文葡萄柚罐头厂工作的妇女。美国通过的《农业调整法》明文规定，对棉花、小麦、玉米、烟叶、大米等主要作物实行生产定额，对食品加工征税。

变动的情况是资本主义时期经济发展所采取的形式。因此，我们也同意这样的观点，即充分发展的资本主义只能上溯到这种不断变动的情况首次发生时（根据斯皮托夫的观点，英国充分发展的资本主义可以追溯到1821年，而德国可以追溯到19世纪40年代）。进一步，我们赞同这样的说法，即钢铁的消费量是反映经济状况的最好指标，也就是说，斯皮托夫发现并计算出来的这个指标——我在这个方面没有做任何的努力——从理论的观点出发，我也认为这个指标是正确的。我同意这个因果关系首先开始于用资本购买所需的生产资料，而繁荣则首先在工业企业（工厂、矿山、船舶、铁路等）的生产中实现。最后，我们同意这样的观点，即繁荣的产生是因为"更多的资本被投资"，更多的资本被用于新的企业，接着这个资本的冲击会延伸到原材料、劳动力和设备等市场中。从这个意义上来说，我们同样也可以理解资本，只有一个例外的情况，那就是在我的论述中，创造购买力起着根本性的作用，而这没有出现在斯皮托夫的论述中。至此，我应该只需要补充一点，即资本的投入不是随着时间均匀分布的，而是会间隔性地大批出现。这是一个极为基本的事实，为此我提出了斯皮托夫不曾提出的一种解释。我接受斯皮托夫关于标准周期的概念。

我们之间的不同在于对那种结束繁荣，带来萧条的环境的解释。对斯皮托夫来说，这种环境，一方面对现存的资本来说，是一种资本产品的过度生产；另一方面对有效需求来说，也是一种资本产品的过度生产。作为对实际发生的事实的描述，我也可以接受这样的观点。但是，斯皮托夫的观点只是停留在这一点上，而我的理论则试图让人们理解是什么环境引导那些工厂设备、建筑材料的生产者周期性地生产出比当时的市场所能吸收的数量更多的产品。在解释这些事情时，我的理论所采用的方式可以在本章找到，也可以概括如下。关于第二章中已经确认的情况，即新企业通常不是在旧企业基础上产生的，而是另外产生的，新企业产生会竞争性地消灭旧企业，因此，新企业的出现对旧企业和已经建立起来的经济情况的影响，就是要改变条件，这个条件是适应这个特殊的过程所必需的。通过更详细的讨论，我们之间的区别将会进一步缩小。

把我以前的阐述精缩，并使其变得无懈可击，是不可能的。尽管如此，为了让这些基本的观点展现得更加清晰，我还是对它做了一定的压缩。基于同样的原因，我将对论述的步骤进行编号。

1. 我们的问题是：我们所描述的整个发展过程会不间断地持续下去吗？这个过程与一棵树生长的过程是相似的吗？根据经验可以得出否定的回答。经济系统不是连续地、平稳地向前运动的，这是一个基本事实。逆向运动、挫折等多种不同的运动方式的出现阻碍了发展的道路；在经济价值系统中，也存在干扰发展的因素。为什么会发生这种情况？我们遇到了新的问题。

经济发展理论

如果从发展的平稳直线中出现的经济系统的偏离很小,那么,它们几乎就不能构成理论学家所特别关注的问题。在一个没有发展的经济中,个人可能会遇到对他来说非常严重的不幸或者损失,但也不足以构成任何理由使理论对这种现象进行深入研究。同样,那些可能破坏整个国家经济发展的事情如果是很稀少的,并且被当作偶然事件的话,那么就不需要对其进行全面调查。但是,我们这里所说的反向运动和反馈是经常发生的,这种经常性使得我们一考虑这些问题,类似于必需的一些周期性就表现出来了。实际上,如果不是从逻辑上对这种现象进行抽象,是不可能看出什么问题的。

进一步说,如果克服一种挫折之后,早期的发展又从它被中断的地方再次开始,若出现这种情况,这种挫折的意义从原则上来说就不是很重要。即使我们没有解释这些干扰事件本身,或者从这些干扰事件中抽离出来,我们也可能会说我们考虑了发展的所有基本事实。然而,情况并非如此。逆向运动不仅阻碍了发展,还结束了发展;很多价值被消灭掉;经济系统中处于领导地位的人的基本条件和前提被改变了。经济系统在重新开始发展之前,必须振奋精神,恢复精力;其价值系统也需要重构。再次开始的发展是一个新的过程,而不仅仅是旧过程的继续。经验告诉我们,这种过程或多或少都会朝着与前期过程相同的方向运动,但是这个"计划"的连续性被打断了[1]。新的发展过程产生于不同的条件下,部分来源于不同人们的行为;很多旧的希望和价值被埋葬了,产生了新的事物。从经验上来说,这些存在于挫折之间的所有局部发展的主线,与总体发展的轮廓是吻合的,但是从理论上来说,我们不能仅仅考虑整个发展的轮廓。企业家不能跨越挫折这个阶段,然后把他们的计划带入到下一个发展阶段实施,因为这种做法脱离了现实,找不到任何科学依据。

现在,我们必须调查这样一类现象,这种现象与其他发展现象相比,显

---

[1] 当然,托拉斯过程越发展,这种情况越少。——原注

然处于对立的位置,而且特别突出。首先,存在下面的可能性。第一,危机可能是也可能不是一种完全相同的现象。我们从经验得知的、被描述为危机的发展中的特殊的崩溃现象,对人们来说具有相同的形式,是一种相同的现象。然而,这种危机的同一性不会持续很久。相反,这种同一性只存在于危机对经济系统和个人影响的相似性上,而且存在于一些事情在很多的危机中总是习惯性出现这一事实基础上。但是,这些影响和事件,是与经济生活中的内部与外部的多种形式的干扰同时出现的,并不足以证明危机总是具有相同的现象。实际上,不同种类和原因的危机是可以进行区分的。没有任何事情能够证明我们可以事先假设危机之间的共同点比我们开始时所说的要素之间的共同点要多,也就是说,危机是使之前经济发展过程停止的所有事件。

第二,不管经济现象是同质的还是异质的,危机不一定有能力对纯粹的经济情况进行解释。当然,危机本身属于经济范畴,这是毋庸置疑的。但是,这绝不是说危机属于经济系统的本质,或者从危机必然产生于经济要素本身这个意义上来说,也绝不能说危机属于这样的一种经济系统。相反,危机的真正来源很有可能存在于经济范畴之外,即危机是外界事物作用于经济领域产生干扰的结果。危机发生的频率,甚至人们通常所说的危机的规律性,都不是定论,因为这些干扰因素在实际生活中经常发生,这是很容易想象的事实。危机仅仅是经济生活对新条件的适应过程。

对于第一点,我们可以谈到这样的一种情况。如果我们认为危机是我们在任何地方所碰到的大的干扰,那么除了干扰这个事实之外,就不会存在任何具有一般属性的事实了。目前来说,也可以从这种广泛的意义上构想危机。经济过程可以被分为三种不同的类型:循环流动的过程、发展的过程、阻碍没有干扰的发展的过程。这种分类绝没有脱离现实。只有进行更详细的分析才能表明其中的一个经济过程类型是否从属于另外两个经济过程类型的某一个。

危机的历史已经证明了干扰的普遍特征并不存在。这种干扰可以在每个经济实体所有可以想象到的地方爆发，甚至在不同的地方以不同的方式爆发。它们有时出现在供给方，有时出现在需求方：出现在供给方时，有时出现在技术性生产过程中，有时出现在市场中或信贷关系中；出现在需求方时，有时是通过需求方向的变化体现的（例如时尚风格的变化），有时是通过消费者购买力的变化体现的。各种工业企业所受的干扰不是相同的，但是第一个工业企业受到的干扰是最多的，第二个次之。有时，危机是以信用系统的崩溃为特征的，尤其是对资本家的影响，有时工人或土地所有者遭受的危机最多。企业家也是通过不同的方式受到危机影响的。

由此看来，试图在危机所表现的形式中找到共同要素是很有前景的研究。实际上，正是这种共同要素导致了一种流行的、科学的信念，认为危机总是一个，并且是同一个现象。然而，这只是通过外部的肤浅性所获得的外在特征，除了作为发展中的一种干扰要素之外，对所有的危机来说，这种外在特征既不是共同的，也不是本质上的。比如，恐慌这种要素就是很明显的。它是早期危机的一种显著特征，但是也存在有恐慌但是没有危机的情况。更进一步说，也存在没有真正恐慌的危机。恐慌的强度在任何情况下，与危机的重要性都不具有必然联系。最后，恐慌更多的是危机爆发后的结果，而不是危机爆发的原因。这对"投资热潮""生产过剩"[1]等情况也是适用的。一旦危机爆发并改变了整个经济情况，大量的投机交易看起来就是没有任何意义的，而且每一种生产出来的产品的数量通常都是过剩的，尽管危机爆发之前，这两种情况和当时的经济情况是完全相适应的。类似地，个别因素的崩溃、生产的各个部门之间适当性关系的缺失、生产与消费的不一致以及其他要素，都是危机造成的结果而不是引起危机的原因。从这个意义上来说，没有任何令人满意的关于危机的标准，这一点可以由下面的事实表

---

[1] 我这样说，并不是指详尽的生产过剩理论，而只是关于这种要素的一种流行的说法。——原注

▶20世纪初，富裕的美国中产阶级女子在一年一度的迈阿密海滩时装秀上展示自己的新时装。当时美国经历了一段高度繁荣和经济稳定增长期，城市建设热潮掀起，大量资本被投入到基础社会建设中，横穿东西部的公路、铁路纷纷建立起来，汽车及电视机、冰箱等日用品走入千家万户，很多人过上了富裕生活，社会生活变得喧嚣、奢华、梦幻。

明，即尽管根据这一主题的描述性文献，一定数量危机必定重复出现，但除此之外，危机的个别细节之间并不互相符合。

其次，我们转入另一个问题，是否所有危机都是纯粹的经济现象，即是否所有危机以及它们的形成原因和结果，都能从对经济系统的学习所得到的解释要素中去了解。很明显，情况并不总是如此，也不一定必然如此。例如，战争的爆发可能构成足够大的干扰，因而形成我们所说的危机，这种情况我们应该立即承认。当然，这绝不是规律。比如，19世纪的战争，并没有立即导致危机。不过，这样的情况是可以想象到的。我们假设存在这样一个岛国，它与其他的国家具有很积极的贸易往来，而且它的经济系统是处于我们所说的充分发展状态。一旦这个国家被军队切断了与外界的联系，它的进口和出口就会被阻碍，价格和价值系统就会被粉碎，债务不能保持，信用的链条被切断——所有这些都是可以想象得到的，所有这些实际上都已经发生，并标志着一种危机。而且，由于引发这场危机的因素是战争，而战争是经济系统之外的要素，因此这种危机不能单纯从经济学的角度来解释。这种经济实体之外的因素在经济范畴内所起的作用导致了危机，同时也解释了危机。因此，这些外界要素经常被用来解释危机[1]。一个重要的例子就是不好的收成，这显然很容易引发危机，而且已经成为危机的一般理论的基础，这是众所周知的。

从纯粹理论的角度，环境因素必须被看作外界干扰原因，因而在原则上看作是偶然的，虽然环境没有像战争或气象条件一样明显地作用于经济系统。举个例子，保护关税政策突然废除可能会引发危机。这种商业措施当然是一种经济事件。但是我们不能精确判断它的形式，只能调查它的作用。从经济生活规律的角度来看，它只是一种外界的影响。因此，从我们所理解的意义上来说，它不是一种纯粹的经济现象。因此，从纯粹经济视角出发，我们通常说不出任何有关它们起因的事情。对我们来说，它们一定被认为是不幸的偶然事件。

现在产生的问题是：在我们所理解的意义上，是否存在纯粹的经济危机？是否存在没有我们刚才所举的这些例子中的外部冲击所产生的危机？事实上，这些观点是可以被想象到的，而且实际上已经接受了危机总是外界环境作用的结果这样的观点。毫无疑问，这种观点似是而非。如果这种观点是正确的，那么就不会存在真实的危机经济理论，我们将做不了任何事情，除了仅仅证明这些事实，或者至多试着对危机的外在原因进行分类。

在回答我们的问题之前，我们必须摆脱一种特殊类型的危机。如果一个国家的工业是靠另一个国家进行资金支持的，如果繁荣围绕着后面的这个国家，提供资金给后者所获得的利润比迄今为止把资金提供给前者所获得的利润要多，那么就会存在把资金从前者的投资中抽离出来的趋势。如果这种情况的发生非常迅速而且轻率，就会在第一个国家引起危机，这是很清楚的。

---

[1] 不仅在世界大战爆发时，类似危机的现象属于这种情况，而且战后所有的国家危机都是属于这种情况。此外，这些危机的本质，并没有像"稳定危机"或"紧缩危机"所表述的那样，被详尽地描述出来。——原注

第六章　经济周期

这个例子表明了一个国家的经济因素可能导致另一个国家的危机。这种现象是很常见的，而且一般来说能够被认识到。显然，这种情况不仅会发生在不同的国家之间，而且还会发生在一个国家的不同地区之间，一定的环境下，这种情况还会在同一经济范围内不同的工业部门之间发生。一旦一个地区发生了危机，通常会牵连其他地方。这种危机属于我们正在寻找的那种纯粹经济因素吗？答案是否定的。对给定的经济系统来说，其他地区的经济条件只是数据，并且在解释这种危机现象时，只能起到非经济要素的作用。对于正在考察的经济系统，这些其他地区的经济条件只是一种偶然事件，尝试在其他地区发生的这种危机中找到一般性的规律，是不会有收获的。

最后，在抛弃危机的所有外界原因之后，我们发现还存在其他的具有纯粹经济特征的原因，也就是说，这些原因是产生于经济系统内部的，但是，这并不代表提出一种新的理论问题。用我们之前常用的表述，每种新的组合都被暴露在明显地导致失败的危险之中。尽管工业的所有分支犯致命性错误的情况非常少，但还是会发生，如果存在问题的工业非常重要，那么危机的很多特征可能是产生于它们的。但是，这种类型的事件仅仅是一种比较小的灾害或意外，其出现的每种情况都可以被单独解释，而且，从经济过程所必需的要素或因素的结果这个意义上来说，这种类型的事件不是经济过程所固有的。

如果我们考虑可能导致这种干扰的一系列原因，那么下面的这些情况就是值得怀疑的。如果我们把所有项目进行抽离，是否还会留下任何东西？如果由于外部或内部的偶然事件以及任何重要事情的差错导致危机的发生，我们是否能更好地谈论导致危机发生的原因而非危机本身？历史与这种理论并不是矛盾的。几乎所有的历史事件都存在很多"偶然"，因此对造成危机的更普遍和更基本的原因进行搜集的必要性就没有我们想象的那么明显，另外，这些偶然事件可能会为实际发生的危机负责，而这是没有任何明显的荒唐之处的。尽管我们可以对这些问题进行决定，但是历史上很多重大危机的个别背景，还有在每一个具体的例子中通过具体观察所得出的解释要比一般理论重要得多——假定这种一般理论是存在的——因此只能期望这些一般理论在实际例子中的诊断和补救措施能够具有更重要的贡献。如果商人们几乎总是试图用手中掌握的一些特殊的环境来解释任何危机，这并不完全错误。"经验主义者"对试图在没有任何基础的条件下构建一般理论持对抗的态度，也不是完全错误的——尽管它不是这种情况中所谓的对抗，但它是这两种完全不同的任务之间的一个明显的区别。

这种决定性的发现，解决了我们的问题，同时把我们的问题转移到略有不同的环境下，并确立了以下事实，即在所有情况下，存在着一种危机，这种危机自资本主义产生以来就渗透进了经济生活[1]；不论怎么说，即使这种危机不是必要的事实，那么它也是有规律的，这种危机是繁荣与衰退交替时期的波浪式运动的要素。这种危机的现象产生于可能用于解释各种衰退或崩溃的、大量形形色色的、不同质的事实基础。经济生活的这些巨大突变正是我们首先要解释的。一旦掌握了这个问题，为了进行理论分析，我们不仅要替这种理论进行辩护，还不得不假定：经济生活所揭示的所有其他的干扰——外部的和内部的——都是不存在的，这样做是为了从理论观点的角度把这个最有意义的问题独立出来。但是，我们不能忘记，这样做并不是由于我们所抛弃的那些东西并不是由于它们不重要；如果我们的理论局限在我们所讨论问题的狭小范围内，那么这种理论分析必定变得与其他建立在广阔视角范围内的理论分析的努力不对称，这种理论分析的努力是为了给全面理解事情实际发生的过程提供一种工具。

现在，问题可以表述如下：为什么我们所说的经济发展不能像树木的生长一样均匀地进行，而是跳跃式前进？为什么它表现出这样上升和下降的特征？

---

[1] 这个发现以及对这个结果的全面认识归功于朱格拉。——原注

2. 回答不可能太简短，也不可能绝对准确：这完全是因为新的组合不是像人们根据一般性概率原则所期望的那样，在时间上是均匀分布的——如果新组合在时间上是均匀分布的，那么人们就可以选择等间隔的时间，在每一个间隔的时间内实施新组合——但是，新组合是以不连续的方式成群或者成组出现的。

这个答案现在要被（a）解释，这种成群出现的方式也要被（b）解释，根据这些答案，还要分析这些事实的结果以及它们所产生的因果关系的过程（本章的3.）。第三点包含一种新的问题，理论如果找不到解决这种新问题的办法就是不完整的。尽管我们接受朱格拉的表述："衰退的唯一原因是繁荣"——这意味着衰退只不过是经济系统对繁荣的一种反应，或者一种对繁荣带到系统中的条件的适应，因此，对衰退的解释也根源于对繁荣的解释——然而，繁荣走向衰退本身就是一种独立的方式，在这一点上读者很容易能够看出我的观点和斯皮托夫的观点之间的区别。人们也会立即看出我们的论证已经回答了这个问题——没有任何的困难，也没有借助任何新的事实或者理论工具。

（a）如果我们所说的新企业是相互独立出现的，那么就不会有任何繁荣和衰退，也就没有那些特殊的、可区分的、明显的、按规律发生的现象。因为一般情况下，它们的出现是连续的；它们将按照时间均匀地分布，而且在循环流动的系统中，受它们的影响而发生的变化相对来说是非常小的，因此这种干扰只具有局部重要性，而且对整个经济系统来说很容易被克服。这样就不会有我们所考虑的循环流动中的干扰，因此也不会有增长的干扰。值得注意的是，这对所有的危机理论而言都是适用的，这些危机理论都把这种要素看作危机产生的原因；如果不能解释为什么整个原因不能以这样的方式发挥作用，从而使结果是连续的且容易被吸纳，那么不论这个现象是什么情

▲送电报的童工，1908年，拍摄于印第安纳波利斯。这些小小的电报信使，通过递送纸质电报使长途通信完成了最后一段旅程。

况，都是不容易被理解的[1]。

即使这样，也存在繁荣与衰退。黄金或其他通货膨胀仍然会加速经济的增长，通胀紧缩会阻碍经济的增长；政治和社会事件以及经济立法仍将发挥作用。例如，像世界大战这样的事件，由于战争的需要对经济系统的调整、战后必要的清理、对所有经济关系的干扰、它的破坏性以及社会动乱、它对重要市场的破坏、对所有数据的修改，所有这些事件都已经告诉人们什么是危机和衰退，即使人们对它们还不了解。但是，这些不是我们所要考虑和讨论的繁荣和衰退类型。这样的事件是不具有规律性的，而且它们也不是必然产生于经济系统本身的，而是必须通过特殊的外在原因来解释，我们对

---

[1] 对此，我的意思是，我们这一部分的论证必须被每一种危机理论所接受。即使从反对意见的角度来说，也不存在任何能够准确解释这种情况的论述。——原注

第六章 经济周期

这些已经进行了充分强调。一种有利的环境尤其应该被记住，这种环境促进并部分解释了繁荣，也就是每一个衰退时期所创造的状态。众所周知，一般来说总存在大量的失业者，以及库存的原材料、机器、建筑物等，这些物品以低于生产成本的价格待售，通常作为一种规则，还存在不正常的低利率。的确，这些事实在对这些现象的每一次调查中起到了一定作用，正如斯皮托夫和米切尔的例子所说的那样。但是，如果我们希望避免从繁荣中衍生出衰退，从衰退中衍生出繁荣，那么我们就不能用这些现象的结果来解释这种现象。因此，我们在这里只是讨论一个事情的原理的问题，而不是详尽阐述在繁荣或危机时期具体起作用的那些情况（不好的收成[1]、战争谣言等）。我们将完全忽略这些情况。

三种情况增强了新企业成群出现的影响，而它们却不是这些影响出现的真正原因。第一，第二章我们的论述中，允许出现这样的期望——经验也证实了这种期望——大量的新组合不是从原来的老厂商中产生的，也不会立即替代这些老厂商，而是与老厂商并排出现，并与这些老厂商进行竞争。从我们的理论角度出发，这既不是一种新的要素，也不是一种独立的要素；这对繁荣和衰退的出现也不是关键性的，尽管这些现象在解释波浪式运动的生产方面具有很重要的作用。

第二，企业家需求的大批出现，意味着整个商业领域购买力的巨大增加。这开始了第二次的繁荣，它将延伸到整个经济系统，是普遍繁荣这种现象的工具——只有用这种方式才能充分了解它，用其他的方式对它进行解释都不能令人满意。因为新的购买力大量从企业家手中转移到生产资料所有者手中，或者转移到产品生产者手中用来进行"再生产性消费"，或者转移到

---

[1] 例如，好的收成能够促进并延长繁荣，或者减缓并缩短衰退。它们对解释个别的情况通常是非常重要的：穆尔对此做过很多论证，但是他的论证与我们这里所说的因果关系绝不是等同的；它们只能通过着这种因果关系起作用。——原注

经济发展理论

工人手中，然后渗入每一个经济环节，所以最后，所有现存的消费品都以不断增长的价格出售。零售商增加了订单，生产者扩大了生产，为了这些目的，很多之前不受欢迎的而且已经被抛弃的生产资料又被重新投入到生产中。因此，仅仅由于这些原因，任何地方的生产和贸易暂时产生了利润，这和在通货膨胀时期产生利润是一样的，比如，用纸币来支持战争的开支和这种情况就是一样的，可以获得暂时的利润。很多事物浮动在这些所谓的"次级波浪"上，这些波浪没有任何来自真实驱动力的新的或直接的冲击，但是投机性预期却具有一种因果意义上的重要性。最后，这种繁荣迹象的征兆以人们所熟悉的方式成为繁荣的一个要素。对于整个商业指数理论和对商业情况的理解，这当然是非常重要的。然而，就我们的研究目的而言，只有主波浪和次级波浪之间的区别是关键的，而且，次级波浪可以追溯到前面的主波浪，这是应该足够引起我们的注意的。根据建立在我们的原则基础上的经过详细推导得出的一种理论，在周期性运动所观察到的所有事物都将找到自己确定的位置。但是在前面的论述中，不可能公平地对待这些事情，从而产生远离现实的一种印象，而这在实际上是没有任何意义的[1]。

第三，从我们的论证中可以得出，错误在繁荣的开始以及在衰退的过程中，必定起着相当重要的作用。事实上，很多危机理论都在以某种方式利用这个要素。但是，错误不会在超过所需要的程度上发生，生产只是建立在少数明智的人对事实进行或多或少的调查基础上的。尽管失误或者错误的计算可能在一定程度上对个别的商业经营造成很大危害，在特殊的例子中，可能对整个工业造成较大危害，但不足以构成对整个经济系统的危害。这种一

---

[1] 在其他的危机理论中起着原因作用的各种情况，在我们的理论框架中都能找到它们的位置，如果读者能够深入思考这个问题，那么就会很容易看到这样的情况。当然，在本书中，我们对周期的解释总会招致一种反对意见，这类似于第二章中对发展理论的那些反对意见，也就是说，它片面地、夸张地强调了很多元素中的一个元素。这种反对意见混淆了两种问题，即对周期的性质与机制的解释及循环中的个别具体要素的理论。——原注

般性的错误是如何形成的？这种一般性的错误又是如何影响整个经济系统的？如何解释这个一般性的错误只是引起衰退的一个独立原因而不仅仅是衰退的结果？一旦有其他原因，那么因这些其他原因产生的衰退自然会打乱之前很多非常合理的计划，并且使原先很容易改正的错误变得非常危险。最初的错误需要一种特殊的解释，如果没有这种解释，什么东西都将变得不能被解释，我们的分析提供了这种解释。如果一个周期的繁荣的特征不只是增加企业活动，而是执行新的和从未尝试的组合，那么就像第二章所提到的，过失此时起到了一种特殊角色的作用，这种作用与在循环流动的系统中过失所起到的作用在本质上是不同的，这是非常清楚的。然而，这里找不到任何的"错误理论"。相反，为了避免产生这种印象，我们应该把这个要素分离开来进行研究。它的确能够支持和加强"错误理论"，但却不是造成这一理论的必要原因。即使没有人做过从他自己的角度来说认为是"错误"的事情，即使这里不存在技术的或商业的"错误"或"投机热潮"，即使每个人都具有远大的眼光等天赋，但是仍然会存在周期性的运动——尽管是以一种温和的方式进行运动。如同我们将要看到的一样，繁荣必然创造的客观条件唯一地解释了事情的本质[1]。

（b）为什么企业家不是连续出现的，也就是说，为什么企业家是在每一个适当的间隔内成群地出现？这是因为一个或多个企业家的出现促进了其他企业家的出现，而这些企业家的出现又促进了更多企业家的出现，这样企业家的数量就是以递增的形式出现的。

第一，这意味着，根据第二章所解释的理由，新组合的执行是非常困难的，而且只有具有一定品质的人才有能力执行这种新组合，通过设想一个较

---

[1] 当然，这不是意味着错误这个要素的实际重要性被否决，也不意味着通常所称的投机热、欺骗等的实际重要性被否决——生产过剩也属于这种类型。我们只是认为所有这些事情都是部分地互为因果关系，甚至如果情况不是这样，这种现象的本质也不能从这些要素中进行理解。——原注

经济发展理论

早时期的例子，或者设想一种经济状态，它类似于没有发展的经济阶段的情况，才能够较清楚地看待这个问题。只有很少的人具有这些领导者的品质，也只有很少的处于这种情况的人能够沿着这个方向获得成功，这种情况指的是经济还没进入繁荣的状况。然而，如果有一个或一些企业家取得了成功，那么很多困难就会消失。其他人可能跟随这些成功的先驱者，就像他们在成功的激励下一样。通过不断克服第二章中所说的那些障碍，其他人的成功再一次使困难变小，因此有更多的人跟随他们进行生产，直到最后，这种创新成为人人都熟悉的，并且成为人们自由选择去接受的事情。

第二，由于我们所看到的企业家品质和其他的品质是一样的，是按照过失法则在同种类的群体内分布的，所以在这方面，满足递减标准的个体数目是不断增加的。这里不考虑特殊情况——例如黑人人口中出现少部分欧洲人——随着任务难度的不断减轻，越来越多的人能够并且即将成为企业家，因此企业家成功之后出现的是更大数量的企业家，但企业家的品质是逐渐降低的。这就是实际中的情况，我们只是对这些情况出现的证据加以解释。在工业中，仍然会存在竞争以及大量独立的个人，我们首先看到的是创新的单独出现——在企业中被势不可挡地创造出来——然后，我们看到的是现存的企业如何快速把握这种创新，开始是少量的企业，然后会不断出现新的企业。我们对这种与消除企业家利润的过程相联系的现象已经进行了清楚的说明。在这里，我们从另一个角度再次对这种情况进行论述[1]。

第三，这解释了企业家的成群出现，并且达到了消除企业家利润的地步，这些首先发生在出现先驱者或者说创业者的工业部门中。现实情况也揭露了每一个正常的繁荣都开始于一个或者几个工业部门（铁路建设、电力、化学工业等），而且繁荣产生的工业部门的创新形成了繁荣的特征。这些先驱者不仅在他们首次出现的工业部门为其他人消除了障碍，而且，由于这些

---

1 因为企业家利润的消除——大多数已被预见——不是我们危机理论的某个原因。——原注

第六章 经济周期

障碍的自然属性,他们也为其他的部门扫除了障碍。很多的事情可以被后来的追随者复制,这些例子对这些追随者也适用;很多成就也是直接为其他部门服务的,例如,国外市场的开放,暂且不论紧接着会出现的第二重要的情况,即价格的上升等。因此,第一批领导者在他们直接行动的范围之外也具有影响力,从而企业家团体将进一步增加,经济系统将更迅速、更彻底地注重技术的和商业的重组过程,这比其他情况都更加迅速和彻底,而这些技术

▲一个工人正在复杂的机器前操作,拍摄于1938年。20世纪30年代,美国的工业已经实现了机械化,1930年,载客40人的大型飞机已经在国际航线上飞行。1935年到1945年,道格拉斯DC3号飞机累计制造了13000架。1931年后,约翰·盖奇在新罕布什尔州创办了机床制造公司。

的和商业的重组过程构成了繁荣时期的意义。

第四，发展的过程越被人们所熟悉，并且变成对一切有关方面只是一个计算问题，那么随着时间的推进，障碍就会变得越微弱，唤起创新所需要的"领导者才能"就越少。因此，企业家的成群出现就变得越来越不显著，周期运动也变得越来越温和。我们所解释的这个结果很显然也被事实所确认了。经济生活的日益托拉斯化在相同的方向起着作用，这种作用使得创新所带来的具有普遍性的有利条件延迟到了衰退时期，尤其是建筑行业。即使在今天，这些托拉斯与销售和金融需求的大规模联合仍然依赖于市场状况，而这个市场状况在很大程度上取决于竞争。美国铁路的政策就是这样一个例子。然而，只要这个要素起作用，它就能证实我们的解释。

第五，新组合的成群出现，很容易并且必然解释了繁荣时期的基本特征。它解释了为什么不断增加的资本投资是即将到来的繁荣的首要征兆，为什么生产生产资料的工业首先展示了超乎寻常的激励作用，尤其是，为什么铁的消费会增加。它能够解释大量购买力的出现[1]，从而解释繁荣时期价格上升的特征，这些现象仅仅靠增加的需求或成本来单独进行解释是不可能的。它能够解释失业率的下降、工资的上升[2]、利率的上升、货运的增加、对银行收支和储备的日益缩减等，并且，它还解释了次级波动的释放——使得繁荣传遍整个经济系统。

3. 企业家成群的出现是繁荣的唯一原因，它对经济系统的影响，与在一定的时间之内企业家均匀连续的出现对经济系统的影响在本质上是不同的，只要这种成群出现不像后者一样连续且难以察觉，而是一种跳跃式的对经济

---

[1] 不论购买力的创造这个要素在我们的解释中多么重要，我们的理论仍然不属于那些在货币和信贷系统中寻找周期原因的理论，这几乎是不必强调的。然而，我们并不否认周期性的波动会受到信贷政策的影响，甚至是阻碍——一般意义上来说，这种类型的经济发展也受到它们的影响。——原注

[2] 原则上，租金也必须上升。但是，由于土地是以长期租约的形式出租出去的，地租就不能上升，此外，也有很多情况阻碍这种收入分支的迅速上升。——原注

的干扰，一种对经济有着不同重要性的干扰就可以了。企业家连续出现所引起的干扰可以被连续吸收，而企业家的成群出现则需要一种特殊的、可识别的吸收过程，这个过程可以吸收新的事物，使经济系统适应这种新出现的事物，这是一种清理的过程，或者说，是一种达到新的静止状态的途径。这个过程是周期性衰退的本质，从我们的观点来定义，这个过程也是经济系统围绕新的均衡位置所进行的斗争，即经济系统适应因繁荣的干扰而改变的环境的过程。

这个事情的本质不在于这样的事实，即仅仅关心自己企业的计划的单个企业家，完全不考虑其他企业家成群地跟随他们，从而导致失败。从个别企业的角度看，这个行为是正确的，但其产生的结果却可能因与这个行为相似的很多其他行为的普遍影响而被消除。当我们解释了生产者是如何在他们寻求最大利润的过程中建立一种机制的时候，即在经济系统中趋向于消除整个系统剩余价值的运动机制，我们就能够认识到上面所说的这个例子的最重要的意义了。类似地，上面所说的很多相似的其他行为的普遍影响也可能引起错误，这种错误对个人来说可能是正确的，这个要素在很多危机中实际上都起着作用，尽管可以预知个别企业家之后会有成群的追随者出现，但是对其规模和发展速度的估计常常是错误的。然而，由繁荣引起的干扰的本质，并不在于它常常扰乱企业家的计算[1]，而是在下面的三种情况。

第一，新的企业家对生产资料的需求，是建立在新的购买力基础上的——繁荣时期，著名的"生产资料之争"——提高了生产资料的价格。实际上，这个趋势被这样的事实所削弱，即至少某些企业与旧企业并不是并行存在的，而是产生于旧企业，另外，旧企业也不仅仅是进行生产而不获得任何的利润的，它们仍然可以获得一部分的准地租收入。然而，如果我们假设，所有的创新都体现在新企业中，所需的资金都要通过新创造的购买力来

---

[1] 也不在于生产普遍扩张的结果被证明是错误的。——原注

支持的，并且创新都严格属于循环流动的经济系统且经营没有利润的企业的旁边，这些企业由于成本的增加而开始亏本生产。在这样的假设下，我们就能够对这种经营的本质做最好的说明。现实与我们的这个假设相矛盾的情况，比人们所想象的可能要少。实际上，繁荣时期的氛围隐藏了这样的事实，即在繁荣开始后不久，只要这种繁荣还表现为需求的增加，尽管当产品的价格上升时这种需求在上升之后又会减少，但是对很多生产者来说，这种繁荣意味着不幸。这种不幸是以下过程的一种形式，即生产资料从旧企业中撤离出来，并用于新的目的，就像第二章所说的那样。

第二，新产品在几年之后或更短时间内就会进入市场，并与老产品进行竞争；对之前创造的购买力的商品补充——理论上来说，这种商品能够抵消这种新创造的购买力并有结余——进入了循环流转的系统中。然后，这一过程的结果被我们前面所提到的原因缓和了，进一步，由于很多投资距离产品的完成还很远这样的事实，这种商品的补充过程是逐渐出现的。但是，这并没有涉及过程的本质。繁荣开始时，旧企业的生产成本开始上升，随后，它们的收入会减少，这种现象首先出现在与创新进行竞争的旧企业中，然后扩散到所有旧企业，只要消费的需求变化有利于创新，这种过程就会继续。暂且不说创新所带来的盈利可能性，这些旧企业进行亏本生产受到了准地租这种作用的缓冲，这种准地租只是短期有效的。正因为这些旧企业大多数基础雄厚，尤其是受到信贷的支持，所以，即使进行亏本生产，它们也不会立即崩溃。它们的部分破产会影响新企业的成功。企业的破产被这样的事实所缓和，即繁荣刚开始从来都不是普遍性的，而是集中于一个工业的某一个或几个部门，不会进入其他的领域，而随后只是会以不同的次要的方式影响其他的领域，这个事实很符合我们的解释框架。由于企业家是大批出现的，所以他们的产品也会大批出现，而且由于企业家并不是做不同的事情，而是做相似的事情，因此他们的产品几乎是同时出现在市场中的。在新产品出现之

第六章 经济周期

▲一个非裔美国家庭坐在一辆精致的马车里，拍摄于1899年。车主是殡葬业者大卫·托拜厄斯·霍华德，车上有他的母亲和妻子。

前市场所必须经历的平均时间[1]——当然，尽管实际上依赖于很多其他的要素——从根本上解释了繁荣时期的时间跨度。新产品的出现引起了价格的下降[2]，这种价格的下降结束了繁荣，可能导致危机或衰退，所有其他情况会相继出现。

第三，新企业的出现导致了信贷的紧缩，因为企业家处于需要还清所欠债务的位置，他们有充分的积极性；同时，由于没有其他借款方干涉企业家的这种位置，导致新创造的购买力的消失，当这种购买力的供应品出现

---

[1] 这个平均时间首先是从技术方面决定的，然后被其他的产品跟随主导产品的速度所决定。——原注
[2] 这种价格的下降实际上通常被很多的环境推迟出现。然而，事情的根本状况可能由于这种价格的下降的推迟而得到加强，而不是被消除。被这种推迟所唯一消除的事情是作为周期性特征的物价指数的可用性。——原注

241

时，这种供应品就能以循环流动的方式进行重复生产。这个论点需要仔细论证。首先，这种紧缩必须和其他两种类型区分开。新产品的出现必然导致紧缩，即使在企业家偿还债务的时候，支付工具没有完全消失，但是，由于新产品的总的价格水平显然比债务的总和要大，因此这些价格不仅与繁荣时期的价格水平相对立，而且理论上，也与前面的衰退时期的价格水平相对立。这种情况和债务的清偿应该具有相同的效果，只是程度上可能会小一些；但是我们现在考虑的是债务减少的影响。紧缩也会发生在已经存在的或银行界预期的衰退时期，因为银行会主动努力去限制它们的信贷。这个因素实际上是非常重要的，经常会引起真正的危机；但是，这只是附属品，在这个过程中不具有内在的本质属性。在这里，我们不考虑这种因素，尽管我们不否认它的存在，也不否认它的重要性，我们只考虑它主要的因果作用[1]。其次，我们的公式包含了两种抽象概念，它们将清晰地表现事情的本质，但是它们排除了重大的实际作用的缓冲影响。它忽略了这样的事实，即新产品通常只包含生产它们时所进行的投资的折旧额的很少部分，因此，当新企业准备进行生产时，在繁荣时期的总支出中，通常只有很少一部分是以销售的形式出现在市场中的。因此，新创造的购买力只是逐渐从循环流动的系统中转移出来，部分购买力在繁荣后期把更多的信贷寻求者带入到货币市场中才能从循环流动的系统中转移出来。在紧缩的过程中，通过储蓄对新购买力的吸收不会改变任何的东西——但是，很多国家、地区和农业抵押银行一旦插手干预不断减少的企业需求，情况就不同了。除了企业家债务的逐渐消失，还必须记住，在现代经济系统中，利息已经渗透到循环流动的过程中，信贷甚至可能永久存在于这种循环中，只要现在有生产的产品年复一年地与这种信贷相对应——这是进一步缓和这个过程的第二个要素。但是，由于所有的这些要

---

[1] 主要的因果作用，是因为银行所发起的信贷控制是限制事情进一步发展的"原因"，否则这将是无法预料的。——原注

素，通货紧缩的趋势仍然是起作用的，并且成功的企业家清偿了其所欠的债务——因此，当繁荣已经进入到很完善的状态，通货紧缩即使以一种非常温和的形式，也必定会自动地由于客观情况的必然性而出现。这个理论会导致这样一种结论，即在发展的过程中，"长期的"物价水平必定下跌，事实上，19世纪的物价历史已经对此做了证明。有两个时期没有被革命性的货币制度的变动所干扰，那就是从拿破仑战争[1]到加利福尼亚金矿的发现[2]，以及1873—1895年，这两个时期展现了我们期望从我们的理论中所得到的特征，也就是，每一个周期的低潮都比前一期的低潮要深，消除了周期性波动的价格曲线是向下倾斜的。

最后，还必须解释为什么其他寻求信贷的企业家不总是处于清偿他们所欠债务的位置。这里有两个原因，实际上还可以其他的原因，这些其他的原因被描述为其他要素的结果，这些要素的结果我们可以称为外界产生的基本的或偶然的影响，在我们所说的这个意义上，这些基本要素的结果也是次要的、非本质的或者说是附属的原因。第一，在出现繁荣的工业的成功激励下，会出现很多的企业，这些企业在充分发挥它们的作用的时候，将生产大量的产品；通过产品价格的下降和成本的上升——即使我们所说的这些企业的生产服从所谓的收益递减规律，这种价格的下降和成本的上升还是会出现——将消除企业家的利润，然后朝着这个生产方向继续前进的动力就会耗尽。实际上，即使在有竞争的社会中，利润的消除也只是近似的，而且这个过程既不排除某些利润的存在，也不排除损失的立即出现。对其他产业中企业家出现的限制，以及对发展的次级波所创造的现象的限制就可以进行类似

---

[1] 拿破仑战争（1799—1815年），指拿破仑担任法兰西第一共和国执政官时期（1799—1804年）和法兰西第一帝国（1804—1814，1815年）时期，法国资产阶级为了在欧洲建立法国的政治和经济霸权，同英国争夺贸易和殖民地的领先地位，以及兼并新的领土而进行的战争。——译者注
[2] 1848年初，当整个环太平洋地区还处于前资本主义的不同发展阶段时，在太平洋彼岸的加利福尼亚发现了金矿，并由此而引起了震动世界的"淘金热"。——译者注

的对比。当达到了这种限制，这种繁荣的冲击力就耗尽了。第二个原因解释了为什么新的繁荣不会伴随而来：企业家群体的行为同时也改变了经济系统的运行数据，打破了经济系统的均衡，在经济系统中开始了一种不规则的运动，我们把这个过程想象为围绕着新的均衡位置做斗争的一种运动。一般意义上来说，尤其是对新企业的生产计划来说，这使得我们不能进行精确的计算。实际上，只有后一种要素——繁荣的创造中所具有的不确定的特征——常常是可以被观察到的，而首次提到的那个限制大部分都表现在个别方面。然而，它们两者的区别是模糊的。第一，被很多个人所预料的作为结果的现象弄得模糊不清。很多个体比其他个体更快地感觉到紧张，比如银行，或者很多个体比其他个体更快地感觉到成本及其他要素的价格上涨，比如很多旧企业就是如此，然后这些个体会做出反应——在很多情况下，这种反应比较迟，但是当这些个体开始进行反应的时候，他们的确是非常恐惧的，尤其是那些较弱的个体。第二，它们被偶然发生的事件搞得含糊不清，这些事情总是会发生的，但是这些事情是从繁荣所创造的不确定性中获得它们的重要性的，这种重要性是它们之前所不具备的。这就解释了有实际经验的人为什么在每次危机中都认为他能碰到这些偶然事件，不受欢迎的政治谣言就是一个例子。第三，它们被来自外界的干涉行动搞得模糊不清，中央银行对经济有意识的调节是干涉行为中最重要的一种。

4. 如果读者思考我们所说的这些内容，并根据实际的资料或者任何危机理论的论点和经济周期理论的论点来对这些内容进行检验，那么他就会明白繁荣是如何从自身创造一种客观的状态，这种状态忽略了所有附带的和偶然的因素，并能结束繁荣，引起新的危机，且必然会产生衰退，因此会导致相对稳定的暂时位置和没有发展的状态。我们可以称这种衰退为再吸收和清理的"正常"过程；以危机的爆发为特征的一些事件的过程——恐慌、信贷系统的崩溃、破产的扩散及其深远影响——我们把它称为"清理的异常过

第六章 经济周期

程"。为了对某些观点进行完善和重复，我们现在对这个过程有一点要进行说明，但是只针对正常的过程而言，因为不正常的过程不能表现任何根本性的问题。

我们所说的这些直接导致对衰退时期的主要特征和次要特征的理解，现在这种特征看起来成为一种因果联系的组成部分。繁荣本身必然导致很多的企业经营出现亏损，引起价格的下降，另外，通过信用的紧缩还会引起通货紧缩——这些都是在事件的发生过程中伴随而来的次要现象。进一步说，资本投资[1]和企业家活动的减少，以及生产生产资料的工厂的停滞，斯皮托夫指数（钢铁消费）以及类似指数的下降，比如美国钢铁公司未完成的订单，都可以得到解释。对生产资料需求的减少，利率——如果不考虑风险系数——以及就业量就会下降。随着货币收入的减少——这种减少可以从原因上追溯到通货紧缩——即使它还会由于破产等原因又增加，但是最后对所有商品的需求还是会下降，这个过程就是这样渗透到整个经济系统的。萧条就这样完成了。

但是，有两个因素会阻止上面所说的这些特征在一定时间内按照它们在因果关系中的位置顺序出现。第一是由于这些特征能在不同程度上被个人的行为所预期。这尤其会发生在专业性的投机起很大作用的市场中。因此，股票市场在一个真正的拐点到来之前，有时已经表现出投机性的初期危机，于是，这些危机会被克服，并为更进一步的运动创造空间，这属于相同的繁荣时期（1873年和1907年）。但是，还有一些情况更加重要。实际上，产品价格的上涨常常预示着成本的增加，然而，这种成本的增加又是产品价格上涨的原因，所以在这里，出现了类似的情况。只要在繁荣到达其外部顶点之

---

[1] 现在讨论的现象，应该与债务清理而引起的信用紧缩所包含的投资减少区别开来。这里所说的是出于另外的新的目的而进行的投资。对发行的股票和债券的统计，实际上是一种很好的经济指数，主要反映了第三种要素，当然不是唯一的反映，这第三种要素就是通过储蓄加强银行的信贷。——原注

245

前，考虑到这个过程的逻辑性，刚才所说的投资减少、企业家活动的相应减少，以及生产生产资料的工厂的停滞，都可能会出现；但是，这些情况不一定就应该必须如此。相反，如果这些征兆在繁荣结束之前有规律地出现，那是因为它们受到能够相对准确地预测将要发生的事情的要素的影响。第二，各种情况的影响将导致在事情的实际过程中，次要因素常常比主要因素更加突出。例如，出借资金方的忧虑，会在利率上升的过程中表现出来，然而只有在衰退的晚期，这种忧虑才会发生作用。对劳动力需求的减少应该是这种改变的一个早期特征，但是就像工资在繁荣时期不会立即上涨一样，工资和就业数量通常也不会像人们所预料的那样迅速下降，因为作为一般性的规律，总会存在失业的工人，人们在了解这些工资和就业数量的增减情况时也总存在一系列的障碍。所以企业总会尽最大努力防止价格的下降，尤其是在没有完全"自由"竞争的行业中——实际上这种竞争根本不存在——当银行给这些企业提供信贷支持时，能够为暂时的成功提供支持，所以最高的价格水平通常要在转折点之后出现。确立所有这些事情是进行危机调查的首要任务。但是，这里不需要做进一步的说明，就已经足够说明这样的事实，即所有这些都不会改变事情的本质，我上面提到的在其他领域发生的类似事情，会支持反对价格理论的观点。

在萧条时期，事情的过程会体现出一种不确定性和无规则性的景象，对这种不确定性和无规则性，我们是从寻找新的平衡的角度来进行解释的，或者是从适应已经相对迅速变化的一般情况来进行解释的。这种不确定性和无规则性很容易让人理解。对不同企业来说，数据通常是不同的。对这种数据变化的程度和本质的了解只能从经验中获得。这样，就有了新的竞争者。老顾客和经销商没有出现，必然出现的对新经济事实的正确态度，不可估计的事件——对信贷不可预料的拒绝——在任何时候都可能出现。"纯工商业者"面对的是常规之外的问题，以及他不习惯的问题，在面对这些问题时，

第六章 经济周期

他会出现错误，而这些错误又会成为产生问题的一个重要的次要原因。投机是更进一步的原因，投机者所遇到的不幸以及他预见到的价格进一步下降的事实，两者共同作用能够使人们所熟悉的各种要素之间互相作用，从而增加数量。没有任何结果是可以清楚看到的；而那些与危机没有任何关系的弱点也可能会出现在任何地方。企业收缩或扩张最终会证明哪种方式是正确的反应类型，而企业的收缩或扩张不可能在当时成为某个问题值得信任的理由。情况的复杂性和不清晰性，在我看来，理论毫无根据地用它们来解释衰退的原因，将真正成为实际事件中的重要因素。

数据和价值的不确定性，明显会出现的不规则和不可估计的损失，形成了衰退时期的独特氛围。那些组成股票交易思想的投机要素，在繁荣时期的经济方面和社会方面都是非常引人注意的，在衰退时期，这些投机要素尤其

▼管理者与工人一起站在轨道平板车上，拍摄于20世纪初。

会受到影响。对很多人来说，特别是对投机阶层和部分依赖于奢侈品需求的奢侈品生产者来说，情况比它们所表现出来的要糟糕——对他们来说，这些所有的事情似乎已经走到了尽头。从主观上来说，转折点似乎出现在生产者面前，尤其是，如果生产者拒绝接受不可避免的价格下降，这种价格的下降就像迄今为止发生的生产过剩以及由此产生的衰退一样。已经生产出来的产品没有办法销售出去，更严重的是那些即将要生产出来的产品，把这些产品按照成本价出售会导致人们所熟知的货币紧缩现象，甚至可能导致无力支付或企业破产，而这些现象是每一种经济周期理论都必须进行解释的。我们的理论对此也要进行解释，正如读者所看到的那样，但是，我们的理论没有把这种典型的事实作为基本的、独立的原因[1]。生产过剩被我们已经注意并解释了的繁荣的扭曲所加强了。一方面是这种环境，另一方面是衰退时期很多工业中出现的有效需求和供给之间的缺口，这两方面使得我们用不同的理论术语来描述衰退的外部形式成为可能。每种理论的主旨在于试图解释这种不协调的出现，以及据认为不协调存在其中的有关的特殊数量。对我们来说，商品的数量和价格之间的不协调与生产过剩一样，是一种中间现象，而不是主要原因，这种不协调在很多情况下，是由于经济系统失去了均衡而产生的。与这种商品的数量和价格之间的不协调相联系的，还有工业部门之间收入的不协调，但是这种不协调不存在于不同的经济等级之间，因为企业家的利润与可能受到干扰的其他人的收入不存在正常的比例关系，而除了这些固定的

---

[1] 每种危机理论都把生产过剩作为一个原因，或者作为主要原因，在我看来，即使这些危机理论没有坚持"一般性的生产过剩"的观点，仍然会导致循环推论的反驳（暂且不说萨伊已经阐述的反对观点）。我必须把斯皮托夫的理论从论断中排除。他用非常简短的论述具体说明生产品的周期性生产过剩，他的这种简短的论述没有得到任何的最终判断。此外，还要注意，斯皮托夫的目的是对所有这一主题的细节进行透彻的分析。对于这种分析，居于统治地位的外部情况要素——生产生产资料的工业的停滞当然是属于这种情况——与主要原因的关系比这种外部情况要素的外部说明，具有更加重要的作用。最后，在强调生产生产资料的工业时，还要提到一些参考要素，这些要素在我看来构成了问题的本质，因此，把斯皮托夫的分析仅仅描述为一种生产过剩理论，是不正确的；对他的理论做更深入的细节分析，比我现在所期望的要具有更加深远的意义。——原注

货币形式的收入，其他收入具有以相同的速度变化的趋势，而且通常是根据有损于或者有利于固定收入来获得相应的收益或遭受相应的损失，此时不会干扰总的消费者需求。

繁荣的扭曲在其他情况下也有这样的结果，即对所有工业部门来说，情况的紧张和危险程度不具有同等重要性。经验告诉我们，正如阿夫达农[1]所表明的，很多工业部门根本没有被干扰，有些部门只是受到了很小的干扰。在每一种工业中，新企业受影响的程度一般要比旧企业大，这似乎与我们的解释相矛盾。对这一点的解释如下。旧企业具有准地租这种缓冲工具，而且更重要的是，它们有积累的准备金。旧企业通常处于被保护的关系中，而且常常得到确立多年的银行关系的支持。这些旧企业有可能失败了若干年，但是其债权人并不感到忧虑。因而，旧企业比新企业维持的时间要长，因为新企业总是受到严格的、充满怀疑眼光的审核，而且它没有准备金，至多只有透支工具，只要新企业表现出一点处于困境的迹象，就会被认为是一个不好的债务人。因此，在所有情况下，变化带给新企业的冲击要比旧企业更加明显。对新企业来说，这种变化的冲击更容易导致最终的结果：破产；对旧企业来说，这只会导致一种缓慢的衰退。这歪曲了现实的情景，也解释了危机中的选择过程为什么以一种重要限定条件来描述；因为只有得到大力支持的厂商，而不是本身最完善的厂商，才有渡过危机的最好机会。但是，这并不影响现象的本质。

5. 尽管有充分的理由认为组成衰退时期的调整和再吸收的过程引起了经济系统中最有活力的要素的不安，这些最有活力的要素对创造商业氛围做出了最大的贡献；也尽管每一种事情都以完美的形式出现，衰退也必定消灭了

---

[1] 参阅《生产过剩的周期性危机》，第一册。不同于我们这里所描述情况的另一个事实是，周期性运动总是在工业中带有强烈的生产新的工业企业的标志，而且非常清晰。根据我们的观点，这同样是可以理解的。当然，这与我们陈述的解释并不矛盾。——原注

很多的价值实体；但是，如果仅从对繁荣的冲击和仅用否定的特征来描述衰退，那么，这仍然不能充分把握衰退的本质和作用。对于衰退，还存在比刚才我提到的情况更能反映其本质的特征，这是非常令人高兴的。

第一，就像刚才所提到的，衰退将导致一个新的均衡位置。为了让我们自己确信，衰退时期发生的所有事情都可以从这个观点进行理解，而且这些发生的事情显然是不具有任何意义的和无法控制的，让我们再一次考虑衰退时期的个人行为。这些个人必须调整自己，从而适应由繁荣所引起的干扰，即他们必须使自己适应新组合及其产品的成群出现而产生的干扰，适应由于新企业与旧企业的同时出现以及这些新企业单独出现而产生的干扰。旧企业——理论上指除了形成于繁荣时期的所有存在的企业，以及进一步排除了那些因垄断位置、特殊优势或者持续的拥有优势技术的企业之外的现存企业——面对三种可能性：如果这些旧企业因主客观原因不能适应，将衰败下去；减少企业活动，试图在更稳定的状态下生存；依靠它们自己的资源或者依靠外力的帮助，这些旧企业要么转向另一个行业，要么采用其他的技术或商业方法以较低的成本扩大生产。新企业不得不经历它们的首次考验，一种比它们如果是陆续出现而不是成群出现所要经受的考验困难得多的考验。一旦建立新企业，这些新企业就必然会适当地参与到循环流动的系统中，而且即使当这些新企业建立时没有发生任何错误，在其他很多方面也肯定会存在需要进行修改的地方。即使从不同的、次要的原因出发，这些新企业所面对的问题和可能性也与旧企业所面对的是类似的；而且，如上面所说，这些新企业在很多方面处理问题的能力比旧企业要差。在衰退时期，商人的行为特征包括采取纠正，以及为解决这个问题所采取的各种措施；所有这些现象，除了没有事实根据的恐慌和错误的结果——它们表现为危机中事物的非正常过程的特征——都可能包含在由繁荣所造成的情况的概念中，包含在由繁荣所造成的商人的行为特征中，包含在均衡以及对均衡的反应的干扰中，也包含在经济数据的改变以及对这些改变的成功或失败的适应中。

围绕着新的均衡位置所做的努力，将使创新具体化，并对旧企业施加它们的影响。我们从经验中可以得知，这些努力是衰退时期的真正意义，同样，这种努力必然导致更加接近均衡位置：一方面，衰退过程的驱动力，直到它真正发挥作用并带来均衡状态，理论上讲是不会停止的；另一方面，除非达到新的均衡位置，否则以新繁荣的形式出现的干扰是不会自动从经济系统中产生的。衰退时期的商人行为，显然是受到实际的或即将发生的损失这个要素所控制的。但是，损失的到来或者即将发生——这在整个经济系统内不是必然的，但是部分地导致风险——与所有企业以及整个经济系统不是处于稳定的均衡位置是一样的；这实际上就是说，直到这些企业再次以与成本相当的价格进行生产，损失才会到来或发生。因此，理论上说，只要这种均衡没有完全达到，那么就总存在衰退。从这个意义上还可以说，生产过程在发挥它的作用之前，是不会被新的繁荣所干扰的。因为直到那时都肯定存在对新的经济数据的不确定性，这就使对新的组合的计算变得不可能，而且使必要因素的合作变得很困难。如果遵守下面的限定条件，那么这两个结论就都是符合事实的。对现代经济世界所特有的周期性运动和机制的认识，将使商人能够预测即将到来的繁荣以及这些繁荣的次级现象；很多个体对新均衡的适应，以及很多价值对新均衡的适应，常常被一种期望所延缓或阻碍，这种期望就是这些个体认为自己还能坚持进行生产，这种坚持在占据统治地位的繁荣时期是非常重要的，它挽救了很多实际上不能适应生存的厂商，不论如何，这种坚持延缓或阻碍了到达均衡、稳定状态的过程。

经济生活的逐渐托拉斯化，在大型联合企业的内部及外部，形成了永久的、连续的失衡，因为，如果在所有的生产部门都存在自由竞争，那么实际上就只能存在完全的均衡了。此外，由于很多企业，尤其是旧企业，具有很强的财政支持能力，所以这种调整就不总是非常迫切的，也不是与生死存亡

▲纽约华尔街,拍摄于1910年。从布罗德街的十字路口向东望去, 前面左边是联邦大厅,右边是摩根大通银行。

密切相关的问题。还有一种对处于困难中的公司或整个行业进行外部支持的做法,如政府救助,它的发放是基于困难只是暂时且是由外界环境造成的这样的假设。在衰退时期,常常也有实行关税的要求;所有这些行为,与旧企业所具有的财政支持一样,都以同样的方式发挥着作用。更进一步说,还存在机会因素——比如,发生在关键时期的好收成。最后,衰退过程的非正常情况有时会产生过度补偿的影响。例如,如果某种未经证实的恐慌使得某家企业的股票价格下降了,随后就会开始对股票价格的纠正性上升,而这种纠正性上升可能进行得过于激烈,使得该企业的股票价格维持在高位,并导致小规模的虚假繁荣,这种情况在一定条件下可能会持续下去,直到出现真实的繁荣。

第六章 经济周期

当然，最后所达到的状态绝不会与没有发展的经济系统的理论情景完全一致，在没有发展的经济系统的理论情景中，将不存在利息形式的收入。相对短暂的衰退时期独自阻止了这种现象的发生。然而，最后的状态总是会接近没有发展的情景，而且这种状态是相对稳定的，可能又会成为执行新组合的起点。因此，在这个意义上，我们得出结论，即根据我们的理论，在两个繁荣之间总是会存在吸收的过程，它的功能是产生均衡，最终会到达接近均衡的位置。这对于我们是很重要的，不仅是因为这种中间的吸收过程是存在的（对这种中间过程的解释是每一种周期理论的责任），还因为这种周期性均衡位置的必要性的证据能够完成我们的论证。因为我们是从这样的位置出发来进行论证的，而发展的波动首先是从这个位置产生的——不管这种情况在历史上是否出现过，也不管这种情况什么时候在历史上出现过。为了更加突出显示波动的本质属性，我们甚至可以仅仅假设一种初始的"静止"状态。但是，就我们的理论用来解释这种现象的本质而言，仅仅说每一个经济周期都具有波峰和波谷是不够的，还必须说明哪些是不能被简单地假定的，也不能用事实来代替对它的证明的。因此，在这部分，进行一定量的研究还是必要的。

第二，除了对刚刚引起我们注意的创新的关注和消化作用，衰退时期还存在其他的一些作用，这些作用确实不如某些现象重要：它完成了繁荣时期承诺的事情。这些作用是持续的，而那些现象是暂时的。这些作用体现在：商品流被丰富起来，生产被部分地重新组织，生产的成本减少了[1]，起初看起

---

[1] 我们两次谈到了繁荣对成本增加的作用。首先，企业家的需求推高了生产资料的价格，然后处于第二波发展的所有人的需求进一步增加。这些不断增加的成本与古典经济学家所称的那种长期增长没有什么关系，古典经济学所说的这种长期增加是建立在人口的增加会带来生产资料的生产的可能增加的基础上。现在，上面所提到的成本的减少不是对以货币为计量的成本增加的补充，而是繁荣所实现的生产进步的结果，标志着每单位产品真实成本的下降，这种成本的真实下降首先会出现在与旧企业对立的新企业中，然后会出现在旧企业中，因为它们必须使自己适应——比如，削减产量，将它们自己限制在最好的可能性中——否则，它们就会消亡。每一次繁荣过后，这种经济系统就能以更少的劳动和土地的支出来生产产品。——原注

来是企业家利润的收入最终增加了其他阶层的永久性的真实收入。

尽管这些作用一开始遇到了各种障碍，但由我们的理论得出的结论还是被这样的事实证明了，即衰退的正常时期的经济状况[1]的整个过程并不像渗透于衰退时期的情绪那样沉闷。在衰退的正常时期，除了作为规则的经济生活的大部分几乎不被干扰这样的事实，在很多情况下，总交易的实物数量只是以极小的幅度下降。衰退所引起的破坏是如何被夸大的，这样的流行概念可以通过任何危机的官方调查来表明[2]。尽管周期性的运动体现在繁荣时期就是通货膨胀，体现在衰退时期就是通货紧缩，在这两种情况下，对周期性运动的分析不仅要根据商品，还要根据货币来进行，尤其是，它是以货币形式强烈地表现的。与平均年份的总收入数字相比，繁荣时期总收入的上升以及衰退时期总收入的下降在8%~12%之间，甚至在因发展强度大而使波动比欧洲更加显著的美国也是如此（参考米切尔的论述）。阿夫达农已经表明，衰退时期价格的下降只构成了平均水平的很少一部分，真正大的波动是在特殊条件下产生的，与周期性的运动的关系很小。这对于所有大的一般性的运动都是一样的，比如战后时期。当那些非常事件（恐慌、破产的蔓延等）的过程变得不断衰弱，以及由此而生的对不可预测的危险的焦虑消失的时候，公众也会对衰退发表不同的意见，做出不同的判断。

我们可以看到衰退时期的真正特征，如果我们考虑这样的事情，即衰退时期给不同类型的个人带来了什么又带走了什么——对从衰退时期事件的非正常过程的现象提取出来的事实，这里我们并不涉及。对企业家及他的追随

---

[1] 当然，战后的衰退是不正常的，我认为，把经济周期理论的一般性结论运用于战后经济资料的分析，是不正确的。但人们常犯这种错误。很多对危机进行判断的现代经济学家是通过信贷政策的帮助来进行的，这可以由这样的事实来得到解释，即他们坚持维护仅仅适用于战后危机的正常周期性运动。——原注

[2] 例如，1895年之前显著的衰退时期的英文报道，著名的《衰退时期贸易的第三次调查报告》。对衰退时期的精确调查只是近期才有的，如《伦敦和剑桥经济服务的第8号特殊备忘录》及美国的《议会和总统对失业问题的报告》中的数据和估计。有个有趣的方法，能够产生与1921年相同的结果，尽管1921年不是衰退的年份，这个方法的提出者就是斯奈德（《管理》杂志，1923年5月）。——原注

者来说，尤其是对那些偶然幸运地或投机地能够享受到繁荣时期的价格上涨所带来的成果的人们来说，衰退使他们失去了获得这种利润的可能性——尤其是在投机的情况中，这种投机被衰退中出现的看跌的可能性所代替。在正常情况的例子中，企业家已经获得了利润，并将这种利润包含在了已经建立起来且经过调整适应的企业中；但是，他不再产生进一步的利润，相反，他会受到损失的威胁。在正常情况下，即使在事件的理想过程中，他的企业家利润将会枯竭，他的其他企业家利润的收入也将降至最小值。在事件的真实过程中，尽管很多不利影响已经被上面所提到的要素所减弱，但这些不利影响还是会发生。与旧企业有关联的一些事情，正在被竞争性地消除，但它们还是会遇到困难。具有固定货币收入的人，或者收入在很长时间之后才会变化的人（比如领取养老金的人、收租金的人、政府工作人员以及长期出租自己土地的土地所有者），都是衰退时期的典型受益人。他们的货币收入所能购买到的商品，在繁荣时期被压缩了，但在衰退时期却扩大了，而且，在原则上，这种扩大的程度比繁荣时期被压缩的程度更大，这一点我已经进行了说明（参阅前面的3.中的"第三"）。进行短期投资的资本家，从每单位收入和资本所增加的购买力中获益，而由于更低的利息率受到损失。理论上，他们所遭受的损失要大于收益，但是很多次要的情况——首先是遭受损失的风险，其次是对风险补偿的需求——使这个理论上的原理失去了实际的重要意义。那些没有用长期合约把自己的租金固定下来的土地所有者——主要是拥有土地的农民——在根本上与工人处于相同的地位，所以，对有关工人问题的论述也适用于他们。工人与土地所有者之间的差别在实践中很重要，但在理论上就不值得考虑了，人们对这种差别通常是非常熟悉的，我们在这里对此不进行论述[1]。

---

[1] 同样，也没有必要讨论衰退对不同行业的不同程度的影响——例如，对奢侈品行业的影响要大于对食品生产工业的影响。对这些不同程度的影响，哪些具有理论意义，我们已经在本章的不同地方都有所涉及。——原注

在繁荣时期，工资必须增长。因为对劳动力的需求会增长，首先是企业家对劳动力的新的需求，其次是次级波动上升时，那些扩大经营活动的人也会增加对劳动力的需求，这些都会直接或间接增加对劳动力的需求。因此，就业首先会增加，伴随而来的就是劳动力的工资总数的增加，然后是工资率以及个别工人收入的增加。正是由于工资的增加，引起了对消费品需求的增加，从而又导致了一般物价水平的提高。

理论上与工人具有相同地位的土地所有者的部分收入，因为上面提到的原因不会随着工资的增加而增加，而他们的固定收入根本不会增加，所以总工资的增加与更大的实际劳动收入是相等的，而这会导致尚未增加的社会产品中的份额增大。

下面这种情况是普遍真理的特殊情况。新创造的购买力在影响消费品的价格之前必定会对工资产生影响，那么通货膨胀就不会立即损害工人的利益。只要情况不是如此，或者只要工资的上涨遇到了外界的障碍（比如世界大战），那么工资就会按照经常被描述的方式滞后于物价而上涨[1]。如果通货膨胀确实是过度消费的工具（比如如果战争是靠通货膨胀来获取资金支持

---

[1] 对这个理论的统计性检验遇到了各种困难。首先，我们对工人所消费的商品的零售价格的数据，远没有我们所期望的完整——这样，货币工资的变动当然就没有任何意义了；如果人们对这种状况满足的话，就证明了我们的观点。对就业程度的测量仍然不能使我们满意，但我们又不得不用这个数据。据我所知，在战前测量短期的劳动量是根本不可能的，而且只有借助于工会的数据和偶然的人口调查才能测算完全的失业。现在，这些手段和方法将会更加成功，因为从我们的目的出发，我们只考虑战前的数据，这是前面已经提及的。这里有一篇著作，即伍德的《1850年以来的实际工资和人们的满足标准》，刊登在《皇家统计协会杂志》（1909年3月），它试图寻找我们所需要的东西，并将它的论述延伸到了1902年，并且证实了我们的预期。然而，世纪之交出现了非周期性的、长远的价格运动，它歪曲了整个情景，并且包含了周期性运动的越轨行为。根据鲍利教授对伍德的著作的继续以及伍德的文章《1900—1912年伦敦实际工资的过程》（发表在《皇家统计协会杂志》，1913年12月）中所做的研究，以及汉森的《影响实际工资趋势的要素》（发表在《美国经济评论》，1925年3月），我们可以确切地说这个理论是不符合实际情况的，而我们所提到的这些文章与就业程度都是无关的。但是，很容易可以看出，如果消除价格的长期上涨趋势，那么我们的结论就会被证实。关于黄金的生产与工资水平的关系，可以参阅庇古在1923年6月的《经济杂志》中的论述。

本文接下来的论点有充足的数据支持。在衰退时期，真实的工资是有规律地下降的，而下降的程度只是繁荣时期所获得利益的一部分。这也正是我们应该期望的。——原注

第六章　经济周期

▶玛塞拉·哈特是三个孩子的母亲，受雇于铁路车站做擦拭工，她的工作是清洗列车发动机和机械的表面。拍摄于1943年4月，美国艾奥瓦州。

的），那么由此造成的经济系统的贫困[1]必然会对工人的地位产生影响，即使这种影响不如对其他群体的地位所产生的影响那么严重。但是在我们的例子中，发生了相反的情况。

一方面，在衰退时期，每单位工资的购买力增加了。而以货币形式表现的对劳动力的有效需求，由于繁荣而开始的自动的通货紧缩而有所下降。如果仅出现这种情况，那么对劳动的有效真实需求[2]将保持不受干扰。劳动的真实收入将继续保持在比较高的位置，这种收入不仅高于前期的均衡位置时的收入，还高于繁荣时期的收入。因为，之前的企业家利润会流向——理论上和根据我们对这个概念的定义会全部流向，但实际上只是逐渐且不完全的流

1　在支付工具的数据大致保持不变的情况下，由于贫困及产生的问题，即使不采用膨胀性的融资政策，也会出现相对的通货膨胀。本文还提到了纸质货币或者信贷膨胀所带来的影响程度的加剧的情况。——原注
2　这个新的概念在这里仅指以一种理想的标准单位所衡量的劳动的需求，这种标准单位不会由于流通中的媒介的数量的变化而经历周期性变化；因此，这种概念仅仅指的是对劳动总需求的实际变化，而不是名义上的变化。——原注

向——劳动和土地的服务，只要这种企业家的利润没有被产品价格的下降所消化吸收掉。但是下面的这些情况在短期内阻碍了这种事情的发生，并且会引起由统计数据所表示的真实收入的暂时性下降，但是，与我们的理论相一致的期望的真实收入的上升，在现实中通常会被下一个繁荣的出现所掩盖。

（a）在衰退时期我们所称的数据和事件的不确定性和明显的无规则性，以及更多异常事件过程中的恐慌和错误，扰乱了很多厂商，并且使很多其他厂商在一段时间内无所事事。这必然会导致失业等其他事情的发生，但本质上这些现象都是暂时的，这种暂时性的特征不会改变这样的事实，即它是一个重大的事件，在一定条件下可以消除人们所关心的不幸和灾难，以及对它的恐惧——仅仅是因为它的发生是不可计算的——这种暂时性的特征实质上有助于反映衰退时期的情况。这种暂时性的失业特征是衰退时期的典型特征，也是劳动恐慌性供应的来源，会导致之前由工会的行动所获得的利益的损失，有时，虽然不是必然的，但也会对工资施加比较大的压力，而它所造成的这些影响可能比失业数据的影响还要大。

（b）从这些事情中，我们必须分清这样的事实，即新的企业要么会完全消灭掉旧企业，要么迫使这些旧企业限制它们本身的经营活动。作为对这种情况所引起的失业的抵制措施，新企业的执行肯定会引起对劳动力的新需求。这种对劳动力的新需求的数量在多大程度上能够超过由此引发的失业数量，可以通过铁路和大众马车的例子来说明。但是，并不是所有的情况都是如此，而且即使所有的情况都是如此，也会碰到困难和摩擦。同时，由于劳动力市场作用的不完全，这两者（对劳动力的新需求的数量和引发的失业数量）在平衡中，它们之间的不对称可能还要更加偏重一些。

（c）由于曾经创造了新的投资的企业家对劳动的需求最终会停止，上面所提到的由于繁荣的到来而产生的对劳动的新需求也会失去其重要性。

（d）作为规则，繁荣最终意味着生产过程进一步机械化，因而必然会减少每单位产品所必需的劳动量；而且，繁荣还经常包含着工业对劳动需求量的减少，尽管工业会出现生产的扩张，当然，繁荣对工业的这种包含不是必然的。这样，技术性的失业就表现为周期性失业的一个组成部分，而且不应该与后者对立以致它看似与这个周期循环无关一样。

衰退所带来的这种要素是巨大的、让人感到痛苦的，但这些要素所面对的这些困难主要还是暂时的[1]。因为对劳动力总的真实需求一般来说不会持续下降。忽略所有补充的以及次要的因素，企业家利润中那部分未被价格下降所消除的支出必然会超过任何永久性收缩所需要的量，所以对劳动力的需求不会持续下降。即使这部分的支出仅仅花在消费方面，它也必定要分解为工资和租金，因此我反复强调，这里所说的每一个问题，在理论上都适用于工资和租金。一旦它们被投资，在某种程度上就会产生对劳动的真实需求的增加。

（e）繁荣只会以一种方式直接或间接地使对劳动的真实需求持续降低：如果在新的组合中，繁荣转化为土地和劳动的相对边际重要性，而土地和劳动产生于之前对劳动不利的旧的生产组合中。于是，不仅劳动在社会产品中所占的份额，而且劳动的真实收入的绝对数量都可能持续下降。实际上，比这种情况更重要的——但未必属于永久性的性质——是一种对已经生产出来的生产资料的需求的转变。

基于这个限定条件，我们回到我们的结论，即衰退的经济本质在于，通过力求均衡的机制，把繁荣的成果扩散到整个经济系统；而那种对于这个经济系统来说仅仅是部分必需的暂时反应，掩盖了这个基本特征，并产生了一种可以表达为衰退的氛围，同时产生了一种反响，即那些指数所表现的形式不属于（或者说不完全属于）货币、信贷和价格的范畴，而且那些指数不仅

---

[1] 对于这一点，请读者参阅我的论文《分配学说的基本原理》，载于《社会经济与社会政策文献》（第二卷）。——原注

仅反映了衰退时期自动的通货紧缩的特征。

6. 危机的爆发开始了事件的异常过程，或者说危机的爆发是事件过程的异常开端。正如我们已经提到的，这没有提出任何新的理论问题。我们的分析表明，恐慌、破产、信贷制度的崩溃等现象很容易在繁荣转向衰退的转折点出现。这种危险会持续一段时间，但是只要衰退的过程更加彻底地发挥其作用，那么这种危险就会变小[1]。如果出现恐慌，那么首先出现在这种恐慌中的错误或者仅因试图解除这种恐慌而出现的错误，以及公众舆论等，就会成为独立的原因，而这些错误以及公众舆论在事件的正常过程中是不可能出现的。这些错误和公众舆论就成为衰退的原因，这种衰退表现出了不同的特征，并导致最后不同的结果偏离正常轨道。在这里，最终所建立的均衡状态，与其他情况下所建立的均衡状态，是不同的。重大的错误和破坏等不能被改正和修复，它们创造的情况反过来会产生进一步的影响，这样，这些情况必须共同努力寻找解决的办法；这些错误和破坏意味着新的干扰，而且它们还会包含适应的过程，而这种适应过程在其他情况下都是多余的。事件的正常过程与非正常过程之间的区别是非常重要的，这种重要性不仅体现在理解事情的本质方面，还体现在与理解这些事情的本质相联系的理论和实际问题方面。

我们已经看到——与我们在经济周期中看到的货币现象，或者根源于银

---

1 随着衰退的继续，经济系统崩溃和信贷结构崩溃的风险就会越来越小。这种论述和这样的事实是相符的。即大多数的破产并不是恰好发生在转折点附近，而是发生在转折点之后，甚至有时会发生在经济系统的风险过去之后。因为，一家厂商经历了致命的打击，但是它不一定会立即破产。相反，每个人都会尽可能地抵制破产。大多数厂商都可能在或多或少的时间内做到这一点。他们希望自己——还有他们的债权人也希望——能够处于比较有利的地位。他们深思熟虑，借助新的支持和一定的手段、方法，有时会获得成功，有时至少会获得同意他们进行债务清理的成功——当然，更多的时候，他们没有成功，但是即使没有成功，垂死的挣扎也会延迟破产或重组的过程，常常会延迟到下一个上升过程，这就相当于干涸的土地上重现了新生。这并不是新的灾难所带来的结果，实际上这种高风险在逐渐降低，这种结果是很早之前就发生的灾难的结果。这里，与别的地方所做的努力一样，我们只考虑主要的原因以及所需要的解释的基本特征，而不关心什么时候这种原因才是明显可见的。这就产生了我们的理论与所观察到的事实之间明显的不一致。但是，如果这种不一致没有得到满意的解释，那么每一种不一致就只能成为一种反对或异议。——原注

▲1933年12月，禁酒令结束后，费城一家酒吧里顾客正在痛饮。1920年1月17日，美国宪法第18号修正案（禁酒令）生效，任何制造、售卖、运输酒精含量超过0.5%以上的饮料，以及聚众饮酒皆属违法。从这一天起，美国进入了长达14年的"禁酒时代"。禁酒令出台的背景是当时数十万工人在岗位上受伤或死亡，其中一个很重要的原因就是酒精，而聚众饮酒更会直接导致劳动效率集体下降。因此，出于生产的需要，禁酒法案在1920年通过。

行信贷的现象相对立的学说，在今天特别地与凯恩斯、费舍尔、霍特里的名字联系在一起，也与联邦储备局的政策联系在一起——无论是繁荣时期的利润还是衰退时期的亏损，都是没有意义的和不产生作用的。相反，私营企业家与其竞争对手仍然在进行竞争，他们之间的相互作用是经济发展机制的基本要素，而且不会被消除。如果不进行把那些同没有希望改变的事物不可避免地联系在一起的实体加以完全破坏的彻底斗争，那么经济系统就不能发挥作用。但是，伴随着事情的非正常过程的损失和破坏确实是没有意义和不起作用的。对危机的预防和整治的各种建议的论证，主要依靠这些伴随衰退的损失和破坏。其他对危机的整治措施的出发点是基于这样的事实，即使是正常的衰退也包含着与周期的原因和意义没有任何联系的个人，即工人。

对危机最重要的治疗措施，也是唯一不会引起反对意见的措施，就是对经济周期预测的改进。商人们对周期理论的不断熟悉以及逐渐形成的托拉斯化，就成为真正的危机现象变得越来越弱的原因[1]——世界大战以及战后那段时间都不属于这种情况。由政府的企业或大的企业联合体所进行的新建设推迟到衰退时期，从我们的观点来看似乎是对新组合成群出现的结果的一种缓和，也似乎是对衰退时期的通货紧缩和繁荣时期的通货膨胀的一种减弱，因而，这似乎是减缓周期运动和危机风险的有效手段。对信用工具不加区别的普遍的增加，仅仅意味着通货膨胀，正如政府印制纸币的行为一样。它可能像阻碍非正常的过程一样，阻碍正常的过程。它不仅会遇到反通货膨胀的一般争论，还会遇到这样的论点，这种论点认为它破坏了可以归结为衰退的选择性措施，它还使经济系统负担那些不能适应的以及无法生存的厂商。与之相比，通常由银行无系统地并且没有预见性地实施的信贷控制，却能够出现在值得公开讨论的政策面前，这种政策通过让严重的结果自由发展来医治灾难。这种政策实施的过程可以用其他的措施来补充，但这些其他的措施可能会使个别生产者很难抵制价格的必要下降。但是，也可以构想一种信贷政策——部分是在个别银行方面，更多的是在中央银行对私人银行的影响方面——这种政策能将具有经济职能的衰退过程的正常现象和具有破坏作用而没有经济职能的衰退过程的非正常现象区分开来。这种政策肯定会导致一种特殊种类的经济计划，这种计划必定会增加政治因素对个人和团体命运的影响。这个过程也包含政治的判断，这与我们的论述不相关，我们并不关心。这种政策必备的技术性前提条件，以及对经济和文化生活的事实和可能性的全面洞察和了解，尽管理论上说是能够及时得到或实现的，但是在目前，这

---

[1] 不断增加的对周期的预见也削弱了正常的周期运动。但是，这不能阻碍危机的发生，如果从这个观点来检查我们的论点，这一点就会被认可。因此，当亚当斯这样说："预测周期就是使得周期失效"，他未免预测得太远了。这与早前提到的要素有所不同，即随着时间的进程，经济发展不断变为一种"计算的事情"。这种要素与我们所讲的熟悉程度和预见性有所不同。它也缓和了周期运动，但是由于另外的原因：它趋于消除产生繁荣的基本原因，它的运动比周期过程的预测的速度要慢，但在趋势上更加完整——只要产生繁荣的原因存在，这些都是不可避免的。这也不同于托拉斯化：由于同样的原因，它减缓了事件的正常和非正常过程。——原注

第六章 经济周期

▲大萧条期间,加利福尼亚州萨克拉门托附近,失业的田纳西州煤矿工人的女儿正悲伤地在加利福尼亚移民工人营地休息。拍摄于1936年。

些无疑是不能得到或不能实现的。但是在理论上,确立下面的一些事情引起了人们的兴趣,即这种政策不是不可能的,不能简单地把它的出现归因于幻想,也不能归因于那些在本质上不能用作达到目的的手段,或者不能归因于那些其得到的反作用必然大于其直接影响的手段。不能仅仅从概念上来区分事件的正常过程和异常过程中的现象。实际上,在现实中,它们是不同的事物;通过进行充分深入的研究,即使在今天发生的具体情况也可以立即被普遍性地认定是属于这种事物,还是属于另一种事物。在受任何衰退时期的灾难所威胁的大量企业中,这种政策会区分出那些由于繁荣而在技术上或商业上过时的企业,和那些受到次要环境、反作用和偶然事件影响而陷入危险境地的企业;这种政策将不会扶持前一种企业,而对后一种企业给予信贷支持。如同有意识地制定的种族卫生政策可能会成功一样,这种有意识地扶持特定的企业的政策也可能会成功，然而如果放任事情自由发展，那这种有意识的政策就不可能实现。然而，无论情况如何，作为资本主义制度产物的危机，都将比资本主义制度更早地消亡。

但是，没有任何措施能够永久性地阻碍大规模的经济和社会过程，在这个过程中，企业、个人的地位或位置、生活方式、文化价值和理想等，都将沉没，并最终消失。在存在私有财产和竞争的社会中，这个过程是不断出现的新的经济和社会形态的必要补充，也是所有社会阶层不断上升的真实收入的补充。如果没有周期性的波动，这种过程会更缓和，但是，这也不能完全归因于周期性的波动，而且这个过程与周期性的波动是相互独立的。在理论上和实际上，在经济上和文化上，这些变化比经济的稳定性更加重要，但很长时间以来，所有分析的注意力都集中在经济的稳定性方面。家庭和公司的兴衰，在它们特殊的变动方式中，比在静态的社会中观察到的任何事物都具有更多资本主义经济系统的特征，在家庭和公司兴衰的特殊变动方式所形成的文化和作用效果方面，更加具有资本主义经济系统的特征。而在静态的社会中，家庭和公司是以固定速度进行自我再生产的。